SO HABEN SIE
ERFOLG

Jörg Löhr/Ulrich Pramann

SO HABEN SIE
ERFOLG

Wie Sie Ihre persönlichen Ziele leichter erreichen

Strategien für Job, Partnerschaft und Alltag

SÜDWEST

INHALT

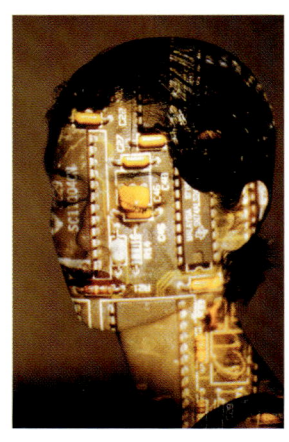

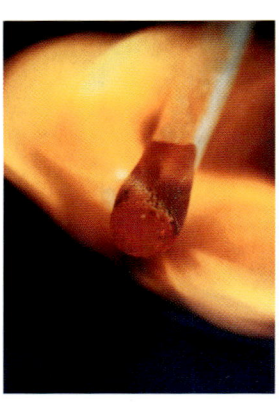

Vorwort

Was wünschen Sie sich insgeheim am allermeisten? Gesundheit, Glück, Geld – klar, diese Universalwünsche stehen bei den meisten Menschen obenan. Aber mal ganz ehrlich: Bestimmt gibt es doch in Ihrem Leben auch noch diese ganz konkrete Hoffnung – einfach Beachtung zu finden. Ist es nicht so, dass Sie von anderen akzeptiert, mehr noch, bewundert werden möchten? Ist Ihnen nicht auch wichtig, sich wichtig zu fühlen?

Dieser Wunsch hat übrigens nichts mit einem Egotrip zu tun, solche Bedürfnisse nach Bestätigung sind ganz normal, sie sind in jedem Menschen tief verwurzelt. Ob bewusst oder unbewusst: Jeder ersehnt sich im Leben einen Logenplatz, jeder möchte erfolgreich sein, Erfolg haben, Lebenserfolg.

Dieses Buch ist eine Art Betriebsanleitung für den persönlichen Erfolg – aber auch ein Arbeitsbuch. Wir möchten Sie einladen, mit diesem Buch aktiv zu arbeiten.

Jeder kann seinen Erfolg planen

Erfolg – ja, das ist eines der ganz großen Zauberwörter. Von Erfolg sind die Menschen fasziniert. Warum interessieren wir uns wohl sonst für die Reichen und Erfolgreichen? Wir lesen gern Erfolgsstorys. Wir würden gern das Geheimnis des Erfolgs kennen. Wir würden gern selbst Erfolg haben. Und um des Erfolges willen würden wir alles tun. Wirklich alles?

Was Sie tun können – und müssen, erfahren Sie in diesem Buch. Es könnte der erste Schritt zu Ihrem persönlichen Erfolg sein. Erfolg ist erstrebenswert, Erfolg macht das Leben lebenswert. Erfolg ist ein perfektes Parfüm, Lebenserfolg das höchste Glück. Und das Schönste ist: Prinzipiell hat fast jeder von uns alle Voraussetzungen und Möglichkeiten in sich, die für Erfolg nötig sind. Wie also kann ich Erfolg im Leben haben?

Von allen, die je Kluges über Erfolg gesagt haben, brachte es Paul J. Getty am besten auf den Punkt. Was er, der Milliardär, anderen raten würde, um erfolgreich zu werden? Ganz einfach: »Sich mehr anstrengen!« Aber dafür muss man raus aus dem bequemen Sessel – und genau das wollen viele nicht.

Ein Rezept für Erfolg

Erfolg haben ist ein bisschen wie Kuchen backen. Wir wissen, was nötig ist, wenn der Kuchen gelingen soll: das richtige Rezept, die richtigen Zutaten, die richtige Mischung, die richtige Backzeit.

Klar, die Spielregeln für Erfolg sind etwas komplizierter als »backe, backe Kuchen«. Aber prinzipiell gibt es durchaus Parallelen. Also, man nehme:

- Das richtige Konzept (das Sie sich in diesem Buch erarbeiten)
- Die Erfolgstugenden (die dieses Buch vermittelt)
- Die richtige Mischung (die Ausdruck Ihres Charakters ist)
- Die Erfahrungen von Erfolgreichen (die Orientierung bringen)
- Die richtige Einstellung zum Erfolg (dabei hilft dieses Buch)

»Erfolg ist nicht alles, aber ohne Erfolg ist alles nichts.«
Ottmar Hitzfeld, Fußballlehrer von Bayern München.

Erfolg ist keine Hexerei

Wenn Sie Erfolg wollen, müssen auch Sie sich ein bisschen mehr anstrengen. Erfolg fällt nicht vom Himmel. Erfolg ist weder Glückssache noch Hexerei. Erfolg kann und muss man planen.

Das mächtigste Erfolgssymbol der Glitzerwelt: Der Oscar, Materialwert 200 Dollar, ist für jeden Gewinner ein kostbares Karrierekatapult.

9

*Erfolgsteam:
Autor Ulrich
Praman (links) und
Jörg Löhr, Hand-
ball-Europapokal-
sieger und Erfolgs-
trainer (rechts).*

Nein, Erfolgsmenschen machen nicht grundsätzlich andere Dinge, sie machen nur ein paar grundsätzliche Dinge ein bisschen anders. Erfolgsmenschen müssen auch nicht in allen Belangen tausend Prozent besser sein, meist reicht es, nur ein bisschen besser zu sein. Und das ist möglich, wenn man sich mehr anstrengt. Wie das geht, worauf es wirklich ankommt – von diesen kleinen und großen Geheimnissen des Erfolgs handelt dieses Buch.

Stimmt, zum Thema Erfolg gibt es nicht nur Dutzende Bücher – es gibt Hunderte. Manche wurden Millionenseller. Manchmal lassen sich kluge Gedanken aufspüren. Doch die meisten so genannten Erfolgsbücher halten nicht, was sie versprechen; sie sind oft nur reißerisch, dilettantisch – oder schwer lesbar. Die Erfolgslehre strotzt nur so von abschreckendem Pseudowissen oder Psychoungetümen, mit denen der Leser meist allein gelassen wird.

**Er stimmt eben
doch, der alte
Sponti-Spruch:
»Erfolg ist
machbar,
Herr Nachbar.«**

Ich war so ein Leser. Weil ich in einer tiefen persönlichen Krise steckte, begann ich mich intensiv mit dem Thema Lebenserfolg zu beschäftigen. Ich las alles, was das Thema hergibt, besuchte Kurse, buchte Seminare, recherchierte, was populäre Erfolgsprofis (z.B. Vera Birkenbihl) unter die Leute bringen. So lernte ich schließlich auch Jörg Löhr kennen, den »Motivationstrainer des Jahres 1998«.

Der Mittdreißiger, Ex-Handball-Nationalspieler und Europapokalsieger, verkörpert auf natürliche Weise jene Erfolgstugenden, um die es in seinen Seminaren geht – vor allem Begeisterungsfähigkeit.

Erfolgsdenken ist die Basis für Erfolg

Der Erfolgstrainer hat mich begeistert und mir zum Thema tiefen Zugang verschafft. Wir wurden ein Team. Jetzt wollen wir Sie begeistern. Wir haben uns sehr angestrengt, mehr angestrengt. Wir haben uns vorgenommen, für Sie das unendliche Thema Erfolg überschaubar zu machen – fassbar. Wenn Sie dieses Buch durchgearbeitet haben, kennen Sie die Spielregeln für Ihren persönlichen Erfolg. Sie wissen:

- Wie Sie die richtige Einstellung zum Erfolg finden und wie Sieger denken.
- Wie Sie sich aus den gemeinen Fallen befreien, die echten Erfolg verhindern.
- Wie Sie Ihre verborgenen Kräfte entfesseln und Schwächen in Stärken umwandeln.
- Wie Sie sich immer wieder selbst motivieren.
- Wie Sie mit anderen Menschen besser auskommen und sie für Ihre Ziele gewinnen.
- Wie Sie wirklich ins Handeln kommen.

»Von nichts kommt nichts.« Und Handeln kommt nun mal von Hand – nicht von Maul. Diese einfache Einsicht ist ein Schlüssel zum Erfolg.

Wir wollen ganz ehrlich sein: Die Lektüre dieses Buches allein garantiert noch keinen Erfolg. Sicher – Wissen ist eine wichtige Basis für Erfolg. Aber Wissen allein löst nicht alle Probleme, Wissen allein bringt sogar meist keinen Millimeter weiter. Sie müssen unbedingt ins Handeln kommen, wenn Sie Erfolg wollen.

Wir wollen und können Ihnen die Richtung auf der Straße zum Erfolg weisen. Nicht mehr, aber auch nicht weniger. Den Weg müssen Sie selbst gehen. Sie können schaffen, was Sie wollen. Aber Sie schaffen es nur, wenn Sie wirklich wollen. Allerdings: Eines wird auch Ihnen nicht erspart bleiben, wenn Sie den Erfolg suchen: Sie müssen sich anstrengen, mehr anstrengen. Dazu gehört, dass Sie immer wieder heraus müssen aus Ihrer Komfortzone. Das mag manchmal mühsam sein und unbequem. Aber, verdammt: Just do it! Es lohnt sich.

Ulrich Pramann

WIE GEWINNER DENKEN

Ein Priester fuhr seines Weges und kam an einem außergewöhnlich schönen Bauernhof vorbei. Er hielt an und bestaunte das Anwesen. Zufällig tuckerte der Bauer des schönen Hofs auf seinem Traktor vorbei und hielt auch an. Der Priester sagte: »Da hat es der Herr aber gut mit Ihnen gemeint, als er Sie mit diesem wunderbaren Hof segnete. Sie sollten dafür sehr dankbar sein.«

»Bin ich auch«, antwortete der Bauer. »Ja, der Herr hat mich mit einem schönen Bauernhof gesegnet. Aber Sie hätten das hier mal sehen sollen, als noch alles dem Herrn gehörte.«

Diese kleine Geschichte trifft den Kern, was Erfolg ist. Erfolg ist mehr als eine himmlische Belohnung oder reine Glückssache oder ein zufälliger Geniestreich. Ein schlauer Kopf brachte Erfolg mal auf folgende Formel: »Fünf Prozent Inspiration und 95 Prozent Transpiration.« Also Schweiß! Erfolg ist immer auch das Resultat von Einsatzfreude und Arbeit. Erfolg ist vor allem aber das Ergebnis unserer Einstellung zu Erfolg und Misserfolg. Unsere Einstellung können wir beeinflussen – also auf Erfolg polen. Davon wird in diesem Kapitel ausführlich die Rede sein.

> »Erfolg hat nur, wer etwas tut, während er auf den Erfolg wartet.«
> *Thomas A. Edison, Erfinder und Entdecker.*

Jeder kann Erfolg haben

Jeder möchte Erfolg haben. Schließlich zählen die wohltuenden Resultate und die Glücksgefühle, die Nebenwirkungen des Erfolgs, zu den stärksten Eindrücken, die Menschen erleben können. Erfolg muss kein großes Geheimnis bleiben oder gar ein Mysterium.

- Es gibt Regeln und Gesetze, nach denen Erfolg funktioniert.
- Erfolg lässt sich planen.
- Die Strategie des Erfolges kann jeder lernen.

Erfolg und Misserfolg sind seit Jahrzehnten ein weites Feld für wissenschaftliche Forschung. Gelegentlich tauchen neue Theorien auf, aber sie stützen im Grunde immer eine alte, tröstliche Weisheit: Jeder ist seines Glückes Schmied. Ja. Jeder kann erfolgreich sein. Jeder kann sein eigenes Leben, also auch seinen Lebenserfolg gestalten. Erfolg ist die Fähigkeit,

- seine Chancen zu sehen und zu nutzen
- das Beste aus seinen Möglichkeiten machen
- sich alle Wünsche selbst zu erfüllen.

Erfolg ist der Sieg der Einfälle über die Zufälle.

Erfolg haben die Erfolgsbewussten

Keiner kann sich seine Eltern aussuchen, das heißt die Gene und Umgebung, die frühkindlich prägen. Aber sie sind nicht alles entscheidend – ebenso wenig wie jene Erfolgsfaktoren, die Erfolglose gern bemühen: Zufall und Glück.

Zufall? Es mag Zufälle geben, aber als Basis für Erfolge reicht das nicht. Man muss auch die Gunst glücklicher Umstände nutzen. Das Wort Zufall weist zwar auf etwas Zufallendes hin. Aber wurden die Beatles zum Beispiel zufällig die erfolgreichsten Musiker aller Zeiten? Natürlich nicht. Sicher, für den Erfolg spielt der richtige Zeit-

Im Leben ist nichts unmöglich: Da beißt die Maus keinen Faden ab.

punkt immer eine wichtige Rolle. Sicher, im Fall der Beatles war die Zeit gerade reif für ihre Art der Musik. Aber die vier Pilzköpfe aus Liverpool (»Yeah, yeah, yeah«) haben ihre Sache auch brillant gemacht. Anfang der sechziger Jahre trafen sie absolut den Takt der Teenies, mehr noch: Sie fassten das Lebensgefühl einer ganzen Generation in einen völlig neuen, stimmigen Rhythmus, der viele Jahre lang Millionen Menschen mitriss.

Erfolgsfaktor Glück

»Erfolg oder Versagen ist eher die Folge unserer geistigen Einstellung als unserer geistigen Fähigkeiten.« *Walter Scott, Psychologe.*

Glück? Nach einem sensationellen Schlag sagte der Golfspieler Gary Player einmal: »Stimmt, das war ein Glücksschlag. Allerdings: Je mehr ich übe, umso mehr Glück habe ich.« Der Erfinder Alexander Graham Bell bemühte sich lange Zeit außerordentlich, um eine Hörhilfe für seine schwerhörige Frau zu entwickeln. Das gelang ihm nicht. Aber bei seiner Arbeit entdeckte er ein Prinzip, das schließlich die Welt verändert hat. Hatte Bell also bloß Glück, als er so ganz nebenbei das Telefon erfand? Natürlich nicht.

Es ist bequem, Glück oder glückliche Umstände als Grundlage für Erfolg zu betrachten. Der Boden muss schon beackert sein, damit das Glück überhaupt keimen kann. Und wenn eine glückliche Gelegenheit da ist, muss man vorbereitet sein, um die Gelegenheit beim Schopfe zu packen. Und auch dann bleiben Anstrengungen nicht erspart. Der bekannte Volksschauspieler Gustav Knuth wusste: »Erfolg ist eine Chance, verpackt in harte Arbeit.«

Zu hoffen, dass das Ausfüllen eines Lottoscheines zum Erfolg führt, ist töricht. Zum echten Erfolg gibt es keine Abkürzungen. Vor den Erfolg haben die Götter bekanntlich den Schweiß gesetzt.

Vergleiche sind gefährlich

Auf der Straße zum Erfolg stehen wir uns selbst oft im Weg – weil wir vielleicht zu sehr auf die glanzvollen Erfolgsstorys starren, nur Erfolgstypen sehen. Wenn wir nur auf den Lohn des Erfolgs bei anderen schielen, auf ihre Lorbeeren – klar, da können wir uns schon leicht als

Nicht die Größe des Hundes ist im Kampf entscheidend, sondern die Größe des Kampfes im Hund.
Texanisches Sprichwort

kleine, graue Mäuslein fühlen und darüber vergessen, uns auf uns selbst zu konzentrieren. Wir sollten also besser unser persönliches Ziel im Auge behalten – und den Weg zu unserem Ziel. Statt zu vergleichen, was andere haben und ich nicht, sollten wir bei uns selbst Vergleich anmelden:

- Was habe ich erreicht, verglichen mit dem, was ich eigentlich erreichen könnte?
- Was tue ich für meinen Erfolg, verglichen mit dem, was mir möglich wäre?
- Bringt mich das, was ich heute für meinen Erfolg tue, wirklich schon meinem Ziel näher?

In den Medien werden uns die Reichen und Erfolgreichen, die Schönen und Schlanken ständig als Vorbilder präsentiert. Ihr oftmals beschwerlicher Weg nach oben wird meist unterschlagen.

Check: Was tue ich heute schon, um erfolgreich zu sein?		
Plane ich bis in alle Details, um meine Ziele zu erreichen?	❏ ja	❏ nein
Bin ich bereit, für den Erfolg einen Preis zu zahlen?	❏ ja	❏ nein
Bin ich wenigstens auf einem Gebiet besser als andere?	❏ ja	❏ nein
Bin ich bereit, mir ständig neues Wissen anzueignen?	❏ ja	❏ nein
Habe ich Geduld?	❏ ja	❏ nein
Habe ich mal wirkliche Ausdauer bewiesen?	❏ ja	❏ nein
Kenne ich meine Gewohnheiten, die mich klein machen?	❏ ja	❏ nein
Stehen mir häufiger engstirnige Prinzipien im Weg?	❏ ja	❏ nein
Verhalte ich mich in Stresssituationen wirklich souverän?	❏ ja	❏ nein
Bin ich in der Lage, schnell Energiereserven zu mobilisieren?	❏ ja	❏ nein
Kann ich mich gut selbst motivieren?	❏ ja	❏ nein
Bin ich bereit, mich ständig zu verbessern und dazuzulernen?	❏ ja	❏ nein
Bin ich echt davon überzeugt, dass für mich alles möglich ist?	❏ ja	❏ nein
Habe ich schon eine Strategie, die mir den Erfolg bringen soll?	❏ ja	❏ nein

Was wir als Erfolg betrachten

Was heißt das denn eigentlich – erfolgreich sein? In den Augen der anderen als großer Maxe zu erscheinen? Alle angesagten Lifestyle-Attribute haben? Sind das wirklich schon Erfolge? (Nein). Oder heißt Erfolg nicht viel mehr: eine starke Persönlichkeit zu sein? (Ja). Über positive Lebenseinstellung verfügen? (Ja). Mut zu haben und Mut zu zeigen? (Ja).

Es gibt ein paar Merkmale, die von fast allen Menschen angestrebt und allgemein als Erfolg definiert werden:

- Ein dickes Konto, ein dickes Auto, ein großes Haus
- Das Leben in vollen Zügen genießen zu können
- Anerkennung bekommen
- Erfolg bei den Frauen/Glück mit den Männern
- Karriere

Letzteres besonders. Bei uns wird der Erfolg eines Menschen allzu oft mit dem beruflichen Erfolg gleichgesetzt. Das ist, wie wir sehen werden, ein bisschen kurzsichtig. Beruflich Profi, privat Amateur – unter dieser »Managerkrankheit« leiden viele engagierte Erfolgstypen. Sie müssen irgendwann die bittere Erfahrung machen, dass beruflicher Erfolg niemals ein völliger Ersatz für mangelnden privaten und zwischenmenschlichen Erfolg sein wird. Erfolg ist mehr.

Was Erfolg für Erfolgreiche heißt

Erfolg ist immer subjektiv. Erfolg bedeutet für jeden etwas anderes. Auch wenn Otto Waalkes meint: »Über Erfolg redet man nicht, Erfolg hat man« – natürlich sprechen Erfolgsmenschen gern über Erfolg. Als Henry Kissinger amerikanischer Außenminister war, prägte er das schöne Bonmot: »Erfolg ist ein perfektes Parfüm.«

Erfolg macht attraktiv und sexy. Erfolg zieht Erfolg an. Mit Erfolg lässt sich prima kokettieren. Es ist aufschlussreich, was erfolgreiche Zeitgenossen als persönlichen Erfolg sehen ...

- »... dass ich mit der C-Jugend Vizekreismeister im Handball wurde« *(Comedyheld Stefan Jürgens).*

»Immer mehr Menschen koppeln sich ab von den Karrierefallen und Statussymbolen der alten Erfolgsmentalität – angeödet, angeekelt und erschöpft vom Kampf um Geld, Titel oder Macht. Sie entdecken, dass Erfolg darin besteht, die Autonomie im eigenen Leben zurückzugewinnen.«
Heiko Ernst, Chefredakteur der Zeitschrift »Psychologie heute«.

»Erfolg ist für mich, dass ich eine große Operation am Bauch meiner Mutter überlebt habe, während ich noch in ihrer Gebärmutter war.«
Desmond Morris, Verhaltensforscher (»Der nackte Affe«).

- »... dass ich mehr über mich selbst lachen kann als über andere« *(Schriftstellerin Annemarie Schoenle, »Eine ungehorsame Frau«).*
- »... meine gelungene Flucht aus Russland« *(Peter von Zahn, Reporter der »Windrose«).*
- »... dass ich unseren Hund stubenrein bekommen habe« *(Schlagersängerin Vicky Leandros).*
- »... dass mein Fahrlehrer meine Fahrstunden überlebt hat« *(Rocksängerin Jule Neigel).*
- »... dass ich viermal die Puttkrankheit ›Yips‹ überwunden habe« *(Golfer Bernhard Langer).*
- »... dass ich meinen Vater losgelassen habe und allein geschwommen bin« *(FDP-Politikerin Cornelia Schmalz-Jacobsen).*
- »... dass ich einer Marzipankugel widerstehen kann« *(Soziologe Ulrich Beck, »Die Risikogesellschaft«).*
- »... dass ich meine Frau erobert habe« *(Toni Polster).*
- »... meine Kinder« *(Tommy Hilfiger).*
- »... zwei Kinder und vier selbst gezogene Avocadobäume« *(Schriftstellerin Keto von Waberer).*
- »... dass ich Survival und Yanomami-Indianer zu festen Begriffen gemacht habe« *(Abenteurer Rüdiger Nehberg).*

Erfolg durch Ausdauer und durch Cleverness: US-Präsident Bill Clinton ist allen Krisen gewachsen, auch »Monicagate«.

Check: Erfolg – was bedeutet das für mich persönlich?

- **Persönlicher Erfolg (in einem Satz formuliert) heißt für mich:**

- **Als erfolgreiche Vorbilder fallen mir ein (fünf Beispiele):**

- **An ihnen schätze ich folgende Eigenschaften und Erfolgstugenden:**

- **Meine Vorstellung von Erfolg wurde geprägt von:**

- **Was erfolgreiche Menschen meiner Meinung nach von Versagern unterscheidet:**

Was Erfolg wirklich bedeutet

So viel steht fest: Auch wenn sich manche hinter einer Fassade verstecken, wir wollen alle mehr oder weniger dasselbe, nämlich Geld, Glanz, Macht, Bewunderung, Liebe, sexuelle Befriedigung – Erfolg eben. Das war immer so. Menschen wollen, wie es bereits in der Bibel heißt, »unter ihrem Wein und Feigenbaum sitzen, und niemand soll ihnen Angst machen«. Erfolg ist eben mehr als das große Geld oder der Luxus, sich kleine Marotten leisten zu können. Erfolg ist auch mehr als Ruhm oder Ansehen.

Wir wollen uns alle sicher und geliebt fühlen. Wir spüren, dass materielle Werte nicht alles sind. Wir wollen ausgeglichen, gelassen, glücklich leben – das Leben erfolgreich meistern. Erfolg ist auch:

- Vitale Gesundheit
- Lebensfreude und Wohlbefinden
- Positive Lebensenergie
- Erfüllende Beziehungen
- Kreative Freiheit
- Emotionale Stabilität und Seelenfrieden

Erfolg, so steht es im Lexikon, bedeutet das »Erreichen eines Ziels«. Dieses Ziel oder diese Ziele müssen wir zunächst mal für uns selbst finden. Erfolg muss nicht heißen, dass wir viel in unserem Leben erreichen – verglichen mit anderen. Erfolg heißt viel mehr, dass wir das Beste aus unserem Leben machen – verglichen mit den Möglichkeiten, die in uns stecken.

Die persönliche Zielsetzung ist für den Erfolg ein ganz wesentlicher Punkt. Schließlich hängt jedes Erfolgserlebnis davon ab, ob das Ergebnis mit den selbst gesetzen Erwartungen übereinstimmt.

Bestandsaufnahme und persönliche Erfolgserwartungen: Bitte beantworten Sie die folgenden 14 Fragen schriftlich.

Klare Bestandsaufnahme

»Wie geht es dir?« Wie oft werden wir das gefragt! Und wie oft antworten wir dann ausweichend oder pauschal: »Na, gut geht's.« Wirklich? Wer im Leben Erfolg haben will, muss für sich klären:

- Was genau verstehe ich unter Erfolg?
- Welchen Erfolg strebe ich in Zukunft an?
- Wie steht es gegenwärtig um mich?

Check: Meine Erfolgserwartungen

1. Was waren in den letzten zwölf Monaten Ihre größten Erfolge – und wie haben Sie die erzielt?

2. Überlegen Sie, in welchen Lebensbereichen Sie noch mehr erreichen möchten. Bitte beschreiben Sie Ihre Vorstellungen möglichst genau:

- Im eigenen Verhalten und der Einstellung zu sich selbst:

- Im Verhalten zu Ihrer Familie:

- Im Verhalten gegenüber anderen im beruflichen Umfeld:

- In der Klärung der Ziele, die Sie erreichen möchten:

- In der Verbesserung körperlicher und geistiger Fitness/Energie:

Check: Meine Erfolgserwartungen

3. Welche vier Werte bedeuten Ihnen in Ihrem Leben ganz besonders viel? Worauf legen Sie am meisten Wert?

4. Was sind Ihre drei größten Stärken?

5. Bitte erstellen Sie nun eine Liste mit den fünf wichtigsten Zielen und bewerten Sie sie nach Priorität:

6. Welches ist der sehnlichste Wunsch, den Sie sich in Ihrem Leben noch erfüllen möchten? Warum ist dieser Wunsch so wichtig für Sie?

Check: Meine Erfolgserwartungen

7. Beschreiben Sie bitte in ein paar Sätzen Ihre Fertigkeit zu kommunizieren und auch die Bereiche, in denen Sie noch besser werden wollen.

● Beruflich:

....

....

....

● Privat:

....

....

....

....

8. Beschreiben Sie, ob/wie Sie mit Ihrem Körper, Ihrer Fitness zufrieden sind:

....

....

....

....

....

9. Möchten Sie etwas an Ihrem Körper, Ihrer Fitness ändern? Was?

....

....

....

....

....

Check: Meine Erfolgserwartungen

10. Was hat Sie bislang daran gehindert, Ziele zu erreichen, die Sie sich selbst gesteckt haben?

- Private Ziele/Hinderungsgründe:

- Berufliche Ziele/Hinderungsgründe:

- Persönliche Barrieren für ein erfülltes (erfolgreiches) Leben:

11. Welche Gewohnheiten oder Eigenschaften möchten Sie ablegen, weil Sie glauben, die behindern Sie in Ihrem Weiterkommen?

12. Welche Eigenschaften/Gewohnheiten/Fertigkeiten möchten Sie noch erwerben, weil Sie glauben, die seien besonders wichtig für Ihr persönliches Weiterkommen?

Check: Meine Erfolgserwartungen

13. Schätzen Sie mal auf der Skala 1 bis 10 Ihre Qualitäten und Fähigkeiten ein. (Die Zahl ⑩ bedeutet bestens, ① sehr schlecht; Mehrfachnennungen einer Zahl sind möglich):

Erfolg, den ich bisher mit Freundschaften hatte ① ② ③ ④ ⑤ ⑥ ⑦ ⑧ ⑨ ⑩

Die Beziehung zu meiner Mutter ① ② ③ ④ ⑤ ⑥ ⑦ ⑧ ⑨ ⑩

Die Beziehung zu meinem Vater ① ② ③ ④ ⑤ ⑥ ⑦ ⑧ ⑨ ⑩

Erfolg in intimen Freundschaften ① ② ③ ④ ⑤ ⑥ ⑦ ⑧ ⑨ ⑩

Meine Fähigkeit, Ziele zu erreichen ① ② ③ ④ ⑤ ⑥ ⑦ ⑧ ⑨ ⑩

Die Beziehung zu Mitarbeitern, Kollegen, Arbeitgeber oder Chef ① ② ③ ④ ⑤ ⑥ ⑦ ⑧ ⑨ ⑩

Meine Fähigkeit, mich selbst zu motivieren ① ② ③ ④ ⑤ ⑥ ⑦ ⑧ ⑨ ⑩

Meine Fähigkeit, mit Geld umzugehen ① ② ③ ④ ⑤ ⑥ ⑦ ⑧ ⑨ ⑩

Erfolg in meinem Job ① ② ③ ④ ⑤ ⑥ ⑦ ⑧ ⑨ ⑩

Der Umgang mit mir selbst und meinem Körper ① ② ③ ④ ⑤ ⑥ ⑦ ⑧ ⑨ ⑩

14. Wenn Sie jetzt noch einmal anschauen, was Sie hier ausgefüllt haben – welche Konsequenzen wollen Sie daraus für Ihre Zukunft ziehen?
(bitte formulieren Sie Ihre Ziele unbedingt positiv!)

Die richtige Einstellung – ein wichtiger Erfolgsfaktor

Vielleicht sind Ihnen schon mal ganz ähnliche Gedanken in den Sinn gekommen, als Sie an einem schönen Sommertag einen See voller Segelboote gesehen haben: Komisch, obwohl der Wind aus einer Richtung weht und alle dieselben Bedingungen haben, segeln sie doch in alle möglichen Richtungen, noch dazu mit ganz unterschiedlichem Tempo.
Wie ist das möglich?

Es kommt nicht darauf, wo du herkommst. Nur die Richtung, die du jetzt einschlägst, entscheidet darüber, wo du ankommen wirst.

Aus den Umständen das Beste machen

Der Wind (also die Bedingungen) ist für alle gleich. Aber es ist nicht der Wind, der entscheidend ist. Alles hängt davon ab, wie die Segel gesetzt sind. Und das ist Sache des Seglers.
So ähnlich funktioniert auch unser Leben – und der Erfolg im Leben. Wir können zwar den Wind nicht beeinflussen, aber wir können entscheiden, wie wir die Segel setzen. Wir können an den Umständen oft nichts ändern, aber wir können unsere Einstellung ändern.
Wir können uns als ein Opfer der Umstände sehen. Oder aber als ein Macher, der aus den Umständen in jedem Fall das Beste macht.

Drei Typen – drei Einstellungen
1. Menschen, die beobachten, wie sich etwas bewegt.
2. Menschen, die sich wundern, wenn sich etwas bewegt.
3. Menschen, die selbst etwas bewegen.

Was für ein Typ sind Sie? Wollen Sie nicht auch ein Mensch sein, der sein Leben absolut im Griff hat, etwas bewegt selbstverantwortlich, selbstständig, selbstbewusst?
Die Entscheidung liegt letztlich bei jedem selbst. Auch wenn Sie es vielleicht noch nicht glauben können: Sie können erreichen, was Sie wollen. Wenn Sie es schaffen, es für erreichbar zu halten.

David – der erste positive Denker

Sicher kennen Sie die Geschichte aus dem Alten Testament, in der David gegen Golitath kämpft. Da war also dieser Riese Golitath, der die Dorfbewohner terrorisierte. Alle duckten sich ängstlich vor ihm, der wegen seiner gewaltigen Größe unbesiegbar erschien. Eines Tages kehrte der Schäferjunge David in sein Dorf zurück, machte sich ein Bild von der bedrückenden Situation und fragte seine Brüder: »Warum kämpft ihr nicht gegen den bösen Riesen?«

Sie antworteten kleinmütig: »Siehst du nicht, er ist zu groß, um ihn zu besiegen.«

Da sagte David: »Nein, er ist nicht zu groß, um ihn zu besiegen, er ist nur zu groß, um ihn zu verfehlen.«

Der Rest ist Geschichte. Wie wir alle wissen, besiegte David Goliath. Der scheinbar Schwächere triumphiert über den scheinbar Übermächtigen, weil er das scheinbar unerreichbare Ziel mit einer ganz anderen Einstellung anvisiert – und dann tatsächlich erreicht.

Der mutige David dürfte einer der ersten Helden sein, dessen positive Denke dokumentiert ist. Die Amerikaner sprechen in so einem Fall gern von der richtigen »attitude«.

»Probleme kann man niemals mit derselben Denkweise lösen, durch die sie entstanden sind.«
Albert Einstein

Riesentriumph: Cleverle David präsentiert das Haupt des Riesen Goliath, den er mit einem Schleuderstein getötet hat.

Die Kraft in unserem Kopf

Mit »attitude« ist die Kraft im Kopf gemeint, die Gesinnung, die geistige Haltung, die das Verhalten lenkt. Dass die richtige Einstellung zum Beispiel im Berufsalltag einer der elementaren Erfolgsfaktoren ist, wird durch eine Studie der Harvard University bestätigt. Da wurde untersucht, was wirklich ausschlaggebend ist bei der Jobvergabe. Die meisten werden denken: Klar, das Fachwissen des Bewerbers. Oder sein ganzes Auftreten. Selbstverständlich spielt es eine Rolle, wie smart und kompetent jemand ist – aber diese Qualitäten fließen nur zu 15 Prozent in die Bewertung ein. Bedeutend wichtiger (85 Prozent) ist die innere Einstellung zu seinen Aufgaben, zu den Kollegen. Und vor allem zu sich selbst. Einige Beispiele:

- »Ich will diesen Job gut machen.«
- »Ich will Erfolg haben.«
- »Ich erreiche, was ich will.«

Wir können sicher nicht alle Ereignisse in unserem Leben kontrollieren. Aber wir haben Kontrolle darüber, was wir fühlen und denken und wie wir mit all den Ereignissen umgehen.

Die Entscheidung liegt bei uns

Der große Pädagoge und Geistliche Johann Heinrich Pestalozzi hat nicht nur Gottvertrauen gepredigt, sondern auch eine ganz wichtige Kraft angesprochen: »Vergiss es nicht, Mensch! Alles, was du bist, alles, was du willst, alles was du sollst, geht von dir selbst aus.« Er meinte damit das menschliche Privileg der Wahlfreiheit. Jeder hat das, was er jetzt macht, und das, was ihn ausmacht, letztlich frei gewählt. Seine Art zu leben, seinen Alltag, seinen Partner, die Arbeit, die Wohnung, den Wohnort.

»Wenn einem das Wasser bis zum Hals steht, darf man den Kopf nicht hängen lassen.«
Szenespruch

Die Lüge von den Sachzwängen

Auch wenn das Wort populär geworden ist und viele so gern davon Gebrauch machen: »Sachzwänge« gibt es in Wirklichkeit nicht, sie sind letztlich nur eine beliebte, bequeme Ausrede. Denn alles, was jetzt ist, ist die Folge von früheren Entscheidungen: Was wir gelernt haben – und was nicht; woran wir glauben und wofür wir uns eingesetzt haben; was wir denken, was wir uns zugetraut und was wir angepackt haben. Wer sagt: »Ich kann nicht« – der will nicht.

Wie sich Winner und Looser unterscheiden	
Der Verlierertyp	**Der Siegertyp**
... sagt: »Es ist vielleicht möglich, aber es ist zu schwierig.«	... sagt: »Es ist vielleicht schwierig, aber es ist möglich.«
... sieht ein Problem in jeder Antwort.	... hat eine Antwort für jedes Problem.
... hat ein Problem.	... hat ein Programm.
... macht Versprechungen.	... macht verbindliche Zusagen.
... ärgert sich über unvorsehbare Ereignisse: »Das ist Scheiße.«	... nimmt unvorsehbare Ereignisse an: »Das ist ja interessant.«
... hat sein Schema F.	... hat Träume.
... sagt: »Es müsste was getan werden.«	... sagt: »Ich muss was tun.«
... denkt: Das ist nicht mein Job.	... denkt: Was kann ich für dich tun?
... redet sich nach einem Fehler raus: »Das war nicht mein Fehler.«	... entschuldigt sich nach einem Fehler: »Das war mein Fehler.«
... lässt geschehen.	... packt an.
... folgt seiner privaten Philosophie: Tue anderen etwas an, ehe sie dir was antun.	... handelt nach dem Grundsatz: Tue anderen nichts an, was sie dir nicht antun sollen.

»Der Himmel hilft nie einem Menschen, der nicht handelt.« *Sokrates*

Der Erfolg beginnt im Kopf

»Die größte Revolution meiner Generation ist die Entdeckung der Tatsache, dass Menschen durch die Veränderung ihrer inneren Einstellung ihre äußeren Lebensumstände verbessern können«, sagte der Harvard-Professor Dr. James bereits 1905. Alle erfolgreichen Menschen haben diese Erfolgsmentalität. Sie vertrauen auf sich. Sie wissen, dass sie in der Lage sind, alles zu lernen und alles Nötige zu tun, um zu ihrem Ziel zu kommen.

Wer seine Einstellung ändert, verändert sein Verhalten. Wer sein Verhalten ändert, verändert seine Einstellung.

Wenn man Erfolgsstorys genauer betrachtet, wird man feststellen, dass Erfolgreiche stets nach dem so genannten Realitätsprinzip leben. Für sie ist die Welt, der Alltag kein Wunschkonzert. Fakt ist: Wir müssen mit der Welt so umgehen, wie sie ist. Und nicht so, wie wir sie uns wünschen, wie sie sein sollte oder könnte.

Wunschdenken bringt nichts. Aber mit Realitätssinn erleben wir, dass wir letztlich doch alles in der Hand haben – all unsere Entscheidungen, die unser Schicksal bestimmen.

Das Prinzip »Love it, leave it or change it«

Wir können, wenn wir wirklich wollen, jede Situation ändern. Denn wir können in jeder Situation zumindest aus diesen drei Möglichkeiten wählen: Love it, leave it, change it.

- Verändern Sie, was Ihnen nicht gefällt (change it).
- Lassen Sie doch, was Ihnen nicht passt. Verlassen Sie das Spielfeld, die Situation, wenn sie Ihnen nicht gefällt (leave it).
- Lieben Sie das, was Sie tun (love it).

Erfolg kommt von Er-Folgen

Egal, in welcher Epoche und unabhängig von ihrer Religion haben so viele schlaue Köpfe, Denker und Philosophen immer diese eine Lebenserfahrung formuliert: Was wir im Leben geben, kriegen wir zurück. Nicht immer sofort und auch nicht immer in derselben »Währung«. Dieses so genannte Kausalitätsgesetz, das in den Wissenschaften unstrittig ist, gilt ebenso für den Job, für unsere Beziehungen, für Familie, Freundschaften, Partnerschaften. Ein unbekannter Dichter fasste dieses urmenschliche Phänomen von Ursache und Wirkung in schöne Worte: die Gesetze des Lebens.

Die Gesetze des Lebens

- Je großzügiger wir sind, umso fröhlicher werden wir.

- Je begeisterter wir sind, umso geschätzter werden wir.

- Je interessierter wir sind, umso lebendiger werden wir.

- Je tatkräftiger wir sind, umso erfolgreicher werden wir.

- Je geselliger wir sind, umso hilfreicher werden wir.

- Je beharrlicher wir sind, umso erfolgreicher werden wir.

- Je dankbarer wir sind, umso frommer werden wir.

- Je mehr wir vergeben können, umso freier werden wir.

- Je wissbegieriger wir sind, umso kreativer werden wir.

- Je vertrauensvoller wird sind, umso weiser werden wir.

- Je geduldiger wird sind, umso verständnisvoller werden wir.

- Je aufmerksamer wir sind, umso ruhiger werden wir.

- Je fröhlicher wir sind, umso attraktiver werden wir.

Was ist das für eine geheimnisvolle Kraft, die Menschen vorwärtsträgt, ihnen Reichtum und Glück bringt – während andere nie eine Chance haben? Was verleiht den einen große persönliche Macht – während andere ewige Versager bleiben? Warum können manche im rauen Alltag immer ihre Probleme lösen und ihre Träume erfüllen – während sich andere stets vergeblich abmühen? Was also zeichnet die Erfolgreichen aus? Welche Gemeinsamkeiten haben sie?

Die erfolgreichsten Erfolgsforscher

Schon viele haben sich mit diesen fundamentalen Fragen und dem Erfolg beschäftigt. Den größten persönlichen Erfolg erzielten damit folgende Persönlichkeiten:

Wer ernten will, muss zuerst säen. Jeder Bauer akzeptiert dieses Naturgesetz. Mehr noch: Vor der Aussaat und während der Wachstumsperiode muss das Feld beackert, bewässert und bereitet werden. Diese Gesetze gelten auch für den Erfolg.

- **Napoleon Hill:** Anfang des Jahrhunderts sollte der Reporter berühmte Amerikaner porträtieren, u. a. den Stahlkönig Andrew Carnegie. Der war so sehr beeindruckt, dass er den Habenichts Hill beauftragte, für ihn die Arbeitsmethoden der reichsten Männer des Landes zu erforschen. Eine Fleißarbeit, die Hill mit Hingabe erfüllte. Er interviewte 20 Jahre lang über 500 Supererfolgreiche,

> **»Du bist heute das Ergebnis dessen, was du gestern gedacht hast.«**
> *Buddha*

Der natürliche Rhythmus des Erfolgs

- Wir müssen den festen Wunsch und Willen haben, etwas zu säen – und dann hinaus aufs Feld. Es gilt die alte Bauernregel: »Bauernschweiß ist der beste Dung.«

- Wir müssen säen, bevor wir ernten können. Wir können nicht den Lohn erwarten, bevor wir etwas getan haben. Erst die Investition, dann der Gewinn und eventuelle Zinsen.

- Was wir säen, können wir ernten – aber nur das. Wenn wir einen Pflaumenbaum pflanzen, dürfen wir nicht erwarten, dass wir eines Tages Bananen pflücken werden.

- Wir ernten, was wir säen. Wenn das Saatgut von guter Qualität ist, wird Gutes gedeihen. Wenn wir schlechte Qualität aussäen, wird die Ernte auch schlecht ausfallen.

- Wir müssen akzeptieren, dass wir nicht gleich nach der Aussaat die Früchte ernten können. Dazwischen liegt natürlich die Zeit der Reife und des Wachstums.

- Wir müssen immer mit einem Restrisiko leben. Es kann passieren, dass ein Teil der Ernte verhagelt, der Wurm drin ist, die Saat nicht so aufgeht, wie wir das wünschen.
  Hier noch ein paar Bauernregeln mit kerniger Wahrheit:
  »Sät man im März zu früh, ist's oft vergebene Müh.«
  »Wer sät, ehe er pflügt, dem fressen die Vögel die Samen.«
  »Wenn der November blitzt und kracht, im nächsten Jahr der Bauer lacht.«

> **»Zum Erfolg gibt es keinen Lift. Man muss die Treppe benutzen.«**
> *Emil Oesch*

darunter Henry Ford und Rockefeller, Woolworth, Firestone, Gilette, Thomas A. Edison und drei amerikanische Präsidenten. Seine Erfolgsphilosophie (deutscher Titel: »Denke nach und werde reich«) kam 1928 heraus und bescherte Napoleon Hill einen Megaerfolg. Heute ist das Buch ein Klassiker.

- **Dale Carnegie:** Der New Yorker sah sich als Totalversager. Lehrer, Kaufmann, Schauspieler, Journalist – stets scheiterte er. Fand beim YMCA – dem Christlichen Verein Junger Männer – »Unterschlupf«, tauchte in die Gesammelten Werke großer Denker ein (von Laotse, Konfuzius bis Jesus Christus) und strickte auf dieser Basis leidenschaftliche Reden. Thema: Wie man Erfolg hat. Der Erfolg des Dale Carnegie (1888–1955) ist phänomenal. Bis heute. Seine Lebenshilfebücher (»Sorge dich nicht, lebe!«, »Wie man Freunde gewinnt«) sind weiterhin Bestseller.

- **M. R. Kopmeyer:** Der arme Lehrling arbeitete sich bis zum Präsidenten von acht Konzernen hoch, wurde Berater von über 100 Firmen. 40 Jahre lang erforschte er die Karrieremethoden von ein paar Hundert erfolgreichen Zeitgenossen und verfasste darüber ein vierbändiges Schlüsselwerk – heute ein absolutes Standardwerk für praktische Lebenshilfe.

»Nehmen Sie jeden Tag wie ein Geschenk. Richten Sie Ihre Energie, Ihre Aufmerksamkeit, Ihr Streben auf das, was zählt: auf das Heute.« *Dale Carnegie, Erfolgsautor.*

Dale Carnegie, der »Urvater« der Lebenshilfeliteratur: Die Bücher von Dale Carnegie (1888–1955) haben eine Weltauflage von über 100 Millionen Exemplaren.

Brian Tracy: Ebenfalls aus armen Verhältnissen, musste er in den sechziger Jahren ohne Abschluss die höhere Schule verlassen. Gelegenheitsarbeiter, Verkäufer. Folgte dem Rat eines Topverkäufers, erzielte so Spitzenergebnisse und bildete sich fortan wie besessen weiter. Inzwischen einer der erfolgreichsten Persönlichkeits- und Managementtrainer der Welt, jährlich 350.000 Seminarteilnehmer. Sein Motto: »Du kannst alles lernen, was du brauchst, um jedes Ziel zu erreichen, das du dir selber setzen kannst.«

Wenn wir positiv sind, fliegen uns Freunde zu. Andere arbeiten lieber und besser mit uns zusammen. Weil unser Zustand unser Verhalten beeinflusst und unser Verhalten die Resultate – also auch unsere Erfolgschancen.

Es war Aristoteles, der schon vor 2.400 Jahren dieses wichtigste aller Erfolgsprinzipien erkannte: Erfolg kommt nicht von ungefähr. Was Ihnen widerfährt, hängt nicht von Glück oder Zufall ab. Es gibt für alles einen Grund. Alles, was wir tun, denken oder sagen, hat Auswirkungen auf unser Leben. Auch alles, was wir unterlassen, verweigern oder manchmal nicht sagen, wirkt sich ebenfalls aus. Wenn wir negativ eingestellt sind, werden die Ergebnisse eher negativ sein. Das wird zu Enttäuschungen führen, dadurch kommen wir noch tiefer in die negative Spirale. Sie kennen das sicher aus eigener Erfahrung: Wenn wir positiv sind, fliegen uns Freunde zu, andere sind lieber mit uns zusammen, sie arbeiten auch lieber und besser mit uns. Unser Zustand beeinflusst unser Verhalten, unser Verhalten beeinflusst unsere Resultate. Also auch unsere Erfolgschancen.

Noch ein wichtiges Beispiel: Wir sollten nach Möglichkeit immer sagen und denken, was wir wünschen und wollen – und nicht, was wir nicht wollen und fürchten.

Erfolgsformel Positives Denken

Wenn wir traurige Gedanken denken, machen diese uns traurig. Wenn wir ängstliche Gedanken denken, werden wir ängstlich. Wir haben gewissermaßen einen Magneten im Bauch. Wenn wir weinerlich, depressiv oder luschig sind, ziehen wir wahrscheinlich auch weinerliche, depressive oder luschige Menschen an. Wenn wir ans Scheitern denken, werden wir wahrscheinlich scheitern. Wenn wir uns von Selbstmitleid beherrschen lassen, werden wir unweigerlich einsam, weil uns andere meiden – und das wird den Pegel unseres Selbstmitleids weiter erhöhen.

Die Erfolgsgrundsätze des Dale Carnegie

- Erkennen Sie die eigenen Qualitäten – das ist der erste Schritt zum Erfolg.

- Zeigen Sie echtes Interesse an anderen Menschen.

- Spenden Sie echte Anerkennung und echtes Lob.

- Sehen Sie die Dinge immer auch aus der Sicht des anderen.

- Niemand ist überzeugender als ein guter Zuhörer.

- Behandeln Sie andere so, wie Sie behandelt werden möchten.

- Seien Sie der erste, der Fehler einräumt, und der letzte, der Kritik übt. Vor allem aber seien Sie konstruktiv.

- Verlieren Sie nie die Übersicht. Sehen Sie das Wesentliche.

- Leben Sie von Tag zu Tag. Richten Sie Ihre Energie, Ihre Aufmerksamkeit, Ihr Streben auf das, was zählt: auf das Heute.

- Sorge dich nicht, lebe!

»Machen Sie immer weiter. Geben Sie nie auf. Das war die Maxime der meisten, die Erfolg hatten. Es gibt Rückschläge. Das Wichtigste ist, sie zu überwinden. Wenn Ihnen das gelingt, gehört die Welt Ihnen.« *Dale Carnegie, Erfolgsautor.*

»Denke erfolgreich, und du hast Erfolg«

»Denke glückliche Gedanken, und du wirst glücklich. Denke erfolgreiche Gedanken, und du wirst Erfolg haben« – Mit solchen Gedanken wurde Dale Carnegie unsterblich – und erfolgreich. Sein prominentester Schüler übrigens: Topmanager Lee Iacocca, seinerzeit bei Ford gefeuert, der später – gestärkt durch Carnegies positive Polung – die Kraft, Fantasie und Energie entwickeln konnte, um den maroden Autokonzern Chrysler zu retten.

Dale Carnegies Grundsätze für erfolgreiches menschliches Zusammenleben sind zeitlos und sicher für viele Menschen auch erbaulich. Sie geben Trost und nehmen den Druck. Vorläufig. Doch Sorgen lösen sich nun mal nicht allein durch den Appell »Sorge dich nicht« in nichts auf. Mythos positives Denken!

Warum positives Denken allein nicht reicht

»Denken Sie an Erfolg, stellen Sie sich Erfolg vor, und Sie werden die machtvolle Kraft eines solchen Wunsches in Bewegung setzen. Wenn Vorstellungskraft und Überzeugung intensiv genug sind, dann vermögen Sie tatsächlich Bedingungen und Umstände zu bestimmen«, ermunterte Norman Vincent Peale, der Urvater des postiven Denkens, seine Zuhörer und Leser. An seinem Prinzip ist was dran. Denn bekanntlich kann der Glaube Berge versetzen. Und sicher müssen wir auch fest an den Erfolg glauben, wenn wir erfolgreich sein wollen. Aber positives Denken, also sich nur ein positives Ergebnis vorzustellen, reicht nicht aus.

Ich muss unter anderem auch folgende Dinge tun:

- Selbstkritisch sein
- Schwächen erkennen
- Die eigene Leistung konstruktiv bewerten
- Lösungen suchen
- Ein Konzept entwickeln
- Den Weg zum Ziel erkennen
- Ins Handeln kommen
- Defizite abbauen
- Hart arbeiten

Positives Denken verleitet zum Alles-wird-gut-Fatalismus. Anders produktives Denken. Da habe ich Bodenkontakt, mir ist klar: Träume ohne Arbeit und Anstrengung bleiben bloß Träume. Und: Ich habe mein Leben wirklich selbst in der Hand.

Produktives Denken

Unsere innere Einstellung ist der Schlüssel zum Erfolg. Selbstkritisch sein heißt nicht negativ sein. Negative Gedanken (»Ich kann sowieso nichts ändern«, »Ich Pechvogel«, »Immer ist alles gegen mich«) wirken leistungshemmend. Wir müssen uns davon befreien. Wir müssen negative Gedanken (»Das geht sicher wieder voll daneben«) durch produktive Gedanken ersetzen: »Das ist jetzt eine gute Gelegenheit, da kann ich zeigen ...«

Ein Beispiel: Es geht mir schlecht. Weder selbstmitleidiges Wehklagen (»Scheiße, warum geht es mir bloß so schlecht«) noch positives Denken (»Sicher scheint bald wieder die Sonne«) ändern etwas an der momentanen Situation. Gefragt ist jetzt produktives Denken: »Was kann ich tun, damit es mir bald besser geht?« Und: »Was muss ich als Erstes tun, damit es mir bald besser geht?« – Nur dann komme ich auch wirklich ins Handeln. Und das ist entscheidend.

»Wer glaubt, dass nettes Aussehen und ein paar coole Sprüche für den Erfolg ausreichen, hat sich geschnitten. Ausdauer und Disziplin sind gefragt.«
Franziska von Almsick, Schwimmstar.

Die Erfolgsstrategien von erfolgreichen Menschen

Gewiss, der Erfolg entwickelt irgendwann eine Art Eigendynamik. »Wenn's läuft, dann lauft's«, so einfach erklärt Hermann Maier, Österreichs Skiass (»Der Herminator«) sein Erfolgsrezept. Allerdings: »Du kannst Erfolg nicht auf Zufall aufbauen. Es muss auch ein Konzept dahinter stecken, eine Strategie.« Das sagt einer, dessen Erfolgsstory so geradlinig und gleichzeitig so unangestrengt wirkt: Franz Beckenbauer. »Mein Erfolg besteht aus Beharrlichkeit und harter Arbeit – was glauben Sie denn?«

»Bedeutende Leistungen werden nur von bedeutenden Menschen erreicht; und bedeutend ist jemand dann, wenn er fest entschlossen ist, es zu sein.«
Charles de Gaulle

Erfolgsmethoden übernehmen

Erfolg ist, wie gesagt, kein Schloss mit sieben Siegeln. Die Schlüssel zum Erfolg sind für jeden greifbar. Wir können Erfolg fassen, wenn wir uns anschauen, was erfolgreiche Menschen tun. Wir können es ebenso tun. Wir können es nachmachen – auf unsere Weise. Wir können dann zu ähnlichen Resultaten kommen.

Volles Risiko: Ski-überflieger Hermann Maier fährt und lebt nach dem Motto: »Alles ausreizen, so lange es geht«.

Alle Erfolgstrainer empfehlen diesen Weg übrigens unisono: Studieren Sie die bewährten Erfolgsmethoden, nehmen Sie sich ein Beispiel und übernehmen Sie (wenigstens teilweise) deren Strategien, die sich nun mal bewährt haben.

> **»Auf die Dauer hilft nur Power!«**
> *Willi Lemke, ehemaliger Fußballmanager und Bremer Kultur-Senator.*

Alle erfolgreichen Menschen sind außerordentlich aktiv

Im Zweifelsfall nicht länger zögern – handeln Sie sofort! Was passiert denn, wenn Sie weiterhin untätig bleiben? Nichts. Gar nichts von dem, was sie wollen. Trägheit und »Aufschieberitis« sind die größten Erfolgsverhinderer. Nur durch Ihren ersten Schritt, durch Ihre Initiative und Aktion, durch Ihre Energie setzen Sie etwas in Gang. Sie werden Feedback erhalten. Feedback stärkt Ihre Motivation, die Begeisterung, das Selbstvertrauen – und all das erzeugt natürlichen Rückenwind für mehr Aktivität.

Alle erfolgreichen Menschen geben immer ihr Bestes

Erinnern Sie sich an das Erfolgsrezept-Zitat von Milliardär Paul Getty, der als Erfolgsrezept empfahl: »sich mehr anstrengen!« Ehrgeiz und die Macht des entschiedenen Wollens lassen keine halben Sachen zu. Bestleistungen sind nur möglich, wenn Sie immer das Beste geben, wenn Sie das Beste aus jeder Situation machen. Vielleicht tröstlich: »The Winning Edge« (Der entscheidende Vorsprung), eine dieser amerikanischen Managementtheorien, fokussiert den kleinen Unterschied und die großen Folgen. Die Besten ihres Faches sind nämlich alle nur ein klein bisschen besser als der Durchschnitt. Aber machen Sie sich stets aufs Neue klar: Drei Prozent besser sein sind entscheidend für den Erfolg.

> **»Wer aufhört, besser zu werden, hat aufgehört, gut zu sein.«**
> *Philipp Rosenthal, Unternehmer.*

Alle erfolgreichen Menschen sehen Probleme als Chance

Keiner hat gern Probleme. Aber Probleme sind nun mal ein unangenehmer, unvermeidlicher Teil des Lebens, eine Quelle der Unzufriedenheit. Probleme sind Hindernisse auf dem Weg zum Ziel. Also: Take it easy, but take it! Denn wir können vor Problemen nicht weglaufen. Fest steht: Wir Menschen wachsen an unseren Widerständen. Wir können Probleme am besten lösen, wenn wir aktiv werden, Einfluss nehmen, also das Problem konstruktiv anpacken. Betrachten Sie Probleme aus der positiven Perspektive:

- Was will mir das Leben durch dieses Problem sagen?
- Was kann ich tun, um mein Problem zu lösen?
- Was muss ich tun, um mein Problem zu lösen?
- Wen könnte ich eventuell um Hilfe bitten?

Alle erfolgreichen Menschen wollen einzigartig sein

Was können Sie besser als andere? Was können Sie exzellent? Was haben Sie zu bieten, das andere nicht bieten können? Wenn es um die Platzierung eines neuen Produktes geht, fragen Werbeleute sofort nach dem USP (Unique Selling Proposition), dem einzigartigen Verkaufsargument. Tatsächlich sind Erfolgreiche mindestens in einer Sache einzigartig.

- Was also ist Ihr spezieller, persönlicher Wettbewerbsvorteil?
- Welcher könnte es sein – falls Sie noch nichts anführen können?
- Welches sind Ihre natürlichen Fähigkeiten und Talente?
- Woran könnten Sie ab sofort arbeiten – und zwar konsequent?

Alle erfolgreichen Menschen ergänzen ständig ihr Wissen

Wissen ist wertvoll, Wissen ist Macht. Je mehr Sie wissen, je mehr Sie dazulernen, umso mehr entwickeln Sie Ihre persönlichen Fähigkeiten, umso mehr wächst Ihr Selbstvertrauen – und Ihr Marktwert. Erfolgreiche Menschen sind offen für Neues und Veränderungen. Sie haben immer ein offenes Ohr für neue Informationen und neue Ideen. Sie kleben nicht an alten Vorstellungen. Zum Beispiel »Stern«-Gründer Henri Nannen. Der revidierte gern von heute auf morgen seinen Standpunkt, der gestern noch in Stein gemeißelt schien: »Was kümmert mich mein Geschwätz von gestern!«

Alle erfolgreichen Menschen tun das gern, was sie tun

Alles, was wir tun, sollten wir gern tun. Denn was wir mit Freude machen, fällt leichter. Und was leicht fällt, wird auch besser. Kann ein Lehrer ein guter Lehrer sein, wenn er seinen Beruf mit einer Egal-Einstellung ausübt? Kann ein Schüler mit einer Leck-mich-Einstellung jemals ein guter Schüler werden? Können wir gute Eltern sein, können wir mit unserem Partner gut auskommen, können wir gut im Job sein – können wir also erfolgreich sein, wenn es an unserer inneren Haltung hapert? Nein!

> **»Der Erfolg ist ein schlechter Lehrmeister. Er lässt sogar kluge Leute glauben, sie könnten nichts verlieren. In der Uni war man cool, wenn man das Studium nachlässig betrieb. Ich habe viele Vorlesungen geschwänzt und stattdessen gepokert. Das strategische Denken und das Geld, das ich gewann, halfen mir später, als ich ins Geschäft einstieg.«**
> *Bill Gates, Gründer des Giganten Microsoft.*

39

Alles ist Einstellungssache. Wir können wählen, was wir wollen. Und wir sollten wollen, was wir gewählt haben. Sicher kennen Sie dieses berühmte Beispiel mit dem halb gefüllten Glas. Man kann sagen: Das Glas ist halb voll oder das Glas ist halb leer. Es kommt immer auf die Perspektive an. Und die ist von unserer Einstellung abhängig. Es ist vor allem die Einstellung, die Menschen zu Gewinnern macht.

Erfolgsfaktor Einsatzfreude

Es gibt da eine kleine Geschichte über den Bau des Kölner Doms, die Olaf Henkel, Präsident des Arbeitgeberverbandes, gern zum Besten gibt: Da arbeiteten also drei Steinmetzen am Fuße des mächtigen Bauwerkes, alle hatten den gleichen Job. Der Erste blickte grimmig. Der Zweite normal. Der Dritte war richtig gut drauf. Man fragte den Ersten: »Was machst du da?«
»Ich muss mir hier mein Brot verdienen.«
Der Zweite sagte: »Ich behaue einen Stein.«
Der Dritte antwortete: »Ich arbeite am Kölner Dom.«
Es ist wohl klar, wer von den dreien besonders verantwortungsbewusst und gut arbeitete, wer die meiste Energie hatte, wer am wenigsten krank feierte, wer glücklicher war, wer die besten Resultate – und unweigerlich Erfolge erzielte.

Was Erfolgsintelligenz ist

Zwei Jungen spielen im Wald. Den einen halten die Lehrer für gescheit. Er hat gute Noten in der Schule. Der andere Junge wird als weniger intelligent eingeschätzt. Er hat keine guten Zeugnisse, man sagt ihm aber eine gewisse Schlauheit nach. Die beiden schlendern also durch den Wald, stehen plötzlich vor einem Problem. Das Problem steht auf zwei Beinen und ist mehr als mannshoch und nicht mehr weit weg: ein Bär. Der Bär wirkt hungrig und stürmt sofort auf sie los. Die beiden Jungs rennen also um ihr Leben. Der Erste rechnet sich aus, dass sie der Bär in etwa zehn Sekunden eingeholt haben wird, und gerät in Panik. Verzweifelt schaut er zu seinem Kumpel hinüber.

Die zehn Gemeinsamkeiten von Supererfolgreichen

Was machen sehr, sehr erfolgreiche Menschen anders? Was macht sie so anders? Glück oder ein besonders glückliches Händchen? Execu-Time Newsletter, ein amerikanischer Insiderdienst für Manager, listete ihre Topqualitäten und Erfolgsgeheimnisse auf:

- Sie lieben das, was sie tun. Wenn sie nochmals am Anfang ihrer Karriere stünden, würden sie sich wieder für denselben Weg entscheiden.

- Sie stellen den Beruf über ihre Hobbys. In ihrer Freizeit beschäftigen sie sich am liebsten geistig.

- Sie sind gesellschaftlich aktiv. Wenn sie auf einer Party niemanden kennen, machen sie sich eben selbst bekannt.

- Sie sind Optimisten mit einer Alles-ist-machbar-Einstellung.

- Sie leben gesund, sie feiern selten krank.

- Sie waren als Kinder keine Engel. Sie waren Anführertypen, häufig frech.

- Sie können sich im Allgemeinen gut konzentrieren und im Besonderen auf eine Sache.

- Sie verlassen sich bei Entscheidungen auf ihre Intuition, aber vorher sammeln sie solide Informationen.

- Sie kennen Leute aus allen gesellschaftlichen Schichten und pflegen nützliche Kontakte.

- Sie verlieren sich nicht in Details, sie behalten immer das große Ganze im Auge.

Quelle: Execu-Time Newsletter

»Nichts auf der Welt ist erfolgreicher als das Einmalige. Das kann für den Einzelnen nur heißen: Sei du selbst, unverwechselbar, einzigartig. Tue nur, was du absolut erstklassig kannst, wo dein Talent wie eine Sonne leuchtet. Unterlasse alles, worin du nur zweitklassig bist. Heraus aus dem Mainstream! Von ›Me-too‹-Produkten haben wir überall genug. Erfolg ist immer so einmalig, wie der Mensch, der ihn anstrebt.« *Reinhard K. Sprenger, Unternehmensberater und Bestsellerautor (»Mythos Motivation«).*

Was macht der? Der zieht erst mal seine klobigen Schuhe aus. »Was machst du da, bist du wahnsinnig«, schreit der erste Junge, »wir können doch unmöglich schneller laufen als der Bär.«
»Richtig«, antwortet der zweite Junge, »aber ich muss gar nicht schneller laufen als der Bär, ich muss nur schneller sein als du.«

41

Je besser unsere Erfolgsintelligenz entwickelt ist, umso mehr können wir unsere Stärken nutzen, die Schwächen ausgleichen und aus unseren Fähigkeiten das Beste machen.

Mit dieser kleinen Story würzt der Yale-Intelligenzforscher Robert J. Sternberg gern auf anschauliche Art eine wichtige Fähigkeit, die er »Erfolgsintelligenz« nennt. Beide Jungs sind intelligent, aber ganz unterschiedlich. Der Erste hat das Problem rasch analysiert, aber das nützt ihm nichts. Denn analytische Intelligenz allein – das ist in diesem Fall ein gefundenes Fressen für den Bären. Der zweite Junge hat das Problem erkannt und zusätzlich eine kreative und praktische Lösung gefunden. Er hat Erfolgsintelligenz an den Tag gelegt.

Das Gefühl für Maß und richtigen Zeitpunkt

Was lernen wir daraus? Der Erfolg erfordert vor allem den Einsatz kreativer und praktischer Fertigkeiten. Wissen, Können, Kreativität, emotionale Intelligenz – all das sind noch keine Garantien. Wir können unsere Fähigkeiten erst dann wirksam einsetzen, wenn wir auch »erfolgsintelligent« sind. Erfolgsintelligenz bedeutet: das Gefühl für den richtigen Zeitpunkt, das richtige Maß und auch Diplomatie.

- Analytische Intelligenz, um ein Problem zu durchdenken.
- Kreative Intelligenz, um eine Lösung zu entwickeln.
- Praktische Intelligenz, um eine Lösung zu verwirklichen.

Der richtige Zeitpunkt spielt für viele Entscheidungen im Leben eine zentrale Rolle.

Die wichtigsten Tugenden des Erfolgs

Arbeitswille

»Übung macht den Meister!« Noch so ein altkluges Sprichwort – aber es stimmt nun mal. Sind Sie Tennis- oder Golfspieler, spielen Sie ein Instrument? Dann haben Sie Ihre Lektion ja schon gelernt: Keine Fertigkeit fällt uns einfach so in den Schoß. Selbst Ausnahmetalente müssen trainieren – und zwar täglich. Die besten Beispiele sind Sportler, Schauspieler und Musiker. Ohne Arbeit und Anstrengung kein Erfolg. Michelangelo sagte einmal: »Wenn die Menschen wüssten, wie sehr meine Kunst auch harte Arbeit ist, würde meine Kunst sicher nicht mehr so wundervoll erscheinen.«

»Erfolg ist das Ergebnis einer richtigen Entscheidung. Richtige Entscheidungen sind das Ergebnis von Erfahrungen. Und Erfahrungen sind oft das Ergebnis falscher Entscheidungen.« *Anthony Robbins, Erfolgstrainer.*

Beharrlichkeit

Der Autor Stephen King begann Horrorstorys zu schreiben, weil er als Lehrer keinen Job fand. Er verdiente sein Geld als Tankwart, Bügler – und schrieb. Niemand wollte seine Texte drucken. Selbstmitleid, Suff – aber er schrieb immer weiter. Erst sein fünfter Roman (»Carrie«) wurde – nach Absagen bei 30 Verlagen – gedruckt. So leidvoll begann die Karriere des Stephen King (»Es«, »Shining«, »Sara«), der heute der am besten verdienende Schriftsteller der Welt ist. Der junge Cartoonist Walt Disney musste 302 Banken abklappern, ehe man ihm einen Kredit gewährte, damit er »den glücklichsten Ort auf der Welt« schaffen konnte – Disneyland. Der SAT.1-Chef Fred Kogel erklärt sein Erfolgsrezept: »Durchhaltevermögen ist ein ganz entscheidender Erfolgsfaktor.«

»Der kürzeste Weg, ein Ziel zu erreichen, führt oft über Umwege.« *Malcolm Forbes, Unternehmer.*

Begeisterungsfähigkeit

Begeisterung ist die positive Kraft der Zuversicht. Begeisterung kommt von innen. Echte Begeisterung ist ansteckend und mitreißend. »Begeisterung erwirbt man, wenn man an das glaubt, was man macht, und an sich selbst, wenn man etwas Bestimmtes erreichen möchte«, schrieb Dale Carnegie. Ein Fußballtrainer wie Christoph Daum kann ein Team total begeistern. Sein Kollege Hans-Hubert Vogts ist das

Die 16 gefährlichsten Feinde des Erfolgs

1. Das Unvermögen, sich ein klares Ziel zu setzen.

2. Die Neigung, notwendige Entscheidungen hinauszuschieben.

3. Mangelndes Interesse, sich nötige Fachkenntnisse anzueignen.

4. Wankelmut und die Gewohnheit, anderen den schwarzen Peter zuzuschieben, statt selbst Schwierigkeiten zu lösen.

5. Die Gewohnheit, immer neue Ausflüchte zu suchen, statt einen klaren Plan auszuarbeiten.

6. Selbstzufriedenheit: Wer mit dieser Art von Blindheit geschlagen ist, für den gibt es nur geringe Hoffnung.

7. Gleichgültigkeit: Lieber auf alle möglichen Kompromisse einzugehen, als eigene Überzeugungen durchzusetzen.

8. Anderen die Fehler in die Schuhe zu schieben oder sich herauszureden.

9. Mangel an Begeisterung, weil der Beweggrund zu schwach ist.

10. Die Versuchung, gleich die Flinte ins Korn zu werfen.

11. Das Versäumnis, Pläne und Ziele schriftlich festzulegen. Nur schriftlich lässt sich die Planung vervollkommnen.

12. Mangelnde Aufgeschlossenheit gegenüber neuen Ideen oder sich plötzlich bietenden Gelegenheiten.

13. Bloßes Träumen anstelle von aktivierter Willenskraft.

14. Die Gewohnheit, sich mit Armut abzufinden, statt nach Reichtum zu streben. Sie entspringt einem Mangel an Ehrgeiz, jemand zu sein, etwas zu tun und etwas zu besitzen.

15. Der Versuch, schnell und mühelos reich zu werden: Viel zu fordern, ohne zu einer Gegenleistung bereit zu sein.

16. Furcht vor Kritik, Meinung und Reaktion lieber Mitmenschen. Die geistige Unselbstständigkeit verhindert jede erfolgreiche Planung. Sie gehört zu unseren gefährlichsten Feinden, da sie sich meist im Unterbewusstsein verbirgt.

Quelle: Napoleon Hill, Denke nach und werde reich, Ariston Verlag, München 1995 (Erstausgabe: 1966).

»Erfolg muss man langsam löffeln, sonst verschluckt man sich an ihm.«
Erika Pluhar, Künstlerin.

»Es ist besser, einen Tag als Tiger gelebt zu haben, als tausend Jahre lang als Schaf.«
Tibetanisches Sprichwort

wandelnde Gegenbeispiel: ein sehr fähiger Fachmann, aber unfähig, bei anderen ein Feuer der Begeisterung zu entfachen. Das Motto meines Vaters lautete: »Aus einem traurigen Arsch kommt kein fröhlicher Furz.« – Sorry, Berti! Bitte nicht persönlich nehmen ...

Geduld

Zur Macht der Geduld drei Zitate von drei großen französischen Denkern: »Warten können ist das große Geheimnis des Erfolges«, glaubte der Staatsphilosoph Joseph M. de Maistre. »Geduld und Zeit erreichen mehr als Stärke und Leidenschaft«, schrieb Jean de la Fontaine. »Festhalten, bereit sein, ausharren. Geduld ist Genie«, wusste der Naturforscher Georges Louis Buffon.

Integrität

»Makellosigkeit, Unbescholtenheit« – so erklärt der Duden das lateinische Fremdwort. Integrität als wichtigste Qualität für ein rundum erfolgreiches Leben! – Das meint jedenfalls der Erfolgstrainer Brian Tracy. Sein Kronzeuge: Aristoteles. Dieser sah Integrität als tragende Basis. Nur ein Leben, das auf Tugendhaftigkeit, auf Ehrlichkeit, Integrität, Mut, Großzügigkeit, Durchhaltevermögen aufbaue, könne gut, glücklich und erfolgreich werden. Nur wer integer sei, bleibe seinen Werten treu.

Intuition

Logisches Denken und konsequentes Handeln reichen nicht immer. Oft muss Intuition hinzukommen – und Instinkt, Vorahnung. Für Sir Terence Conran, den britischen Star-Architekten (Berliner Reichstag) ist Intuition die Fähigkeit, Unterschwelliges, Tendenzen, Veränderungen, Erkenntnisse, Erfahrungen zu nutzen und zu etwas Neuem – aber nicht komplett Neuem – zusammenzufügen.

Mut

»Wer wagt, gewinnt!« – Sagt Ihnen der Name Gerhard Schmid aus Schleswig etwas? Dieser Mann hatte den Mut, sich total auf eine Sache einzulassen, ohne Garantie auf Erfolg. Schmid ist inzwischen Milliardär. Er war Eishockeyspieler, Marketingmann (u. a. Hutschenreuther, Sixt). Eines Tages kündigte er seinen sicheren Vorstands-

> **»Ich versuche nie, ein Turnier zu gewinnen. Ich versuche auch nie, einen Satz oder ein Spiel zu gewinnen. Ich will nur diesen Punkt gewinnen.«**
> *Pete Sampras*

> **»Erfolg ist ein Weg, kein Ziel. Materielle Fülle ist nur eines jener Dinge, die diesen Weg erfreulicher machen. Aber zum Erfolg gehören auch Gesundheit, Energie, Lebensfreude, erfüllende Beziehungen, kreative Freiheit, emotionale und seelische Stabilität, Wohlbefinden und Seelenfrieden.«**
> *Deepak Chopra, Autor der »Sieben geistigen Gesetze des Erfolgs«.*

45

»Hinter dem Ofen wachsen keine Lorbeeren.«

»Besser gesunde Beine als goldene Krücken.«

»Man kann nicht Speck haben und das Schwein behalten.«

»Wer im Alter ernten will, muss in der Jugend säen.«
Sprichworte

posten, um die eigene Telefongesellschaft Mobilcom zu gründen. Mit mutigen und genialen Marketingideen trat der Chef und Mehrheitsaktionär gegen die Telekom an – mit gewaltigem Erfolg. Beispiel John Wayne – er wusste: Mut heißt, der Gefahr zu trotzen, obwohl einem die Knie schlottern ...

Risikobereitschaft

»Wenn man Erfolg haben will oder ein interessantes Leben führen will, muss man risikobereit sein. Man kann natürlich auch sein ganzes Leben lang seinen verpassten Chancen hinterherjammern: Hätte ich doch nur das und das gemacht. »Sie haben Ihre Zeit vergeudet, wenn Sie es nicht getan haben.« So bilanzierte Malcolm Forbes, erfolgreicher Verleger, Wirtschaftsmagnat, Multimillionär und Abenteurer sein Leben. Und: »Risiko ist die Bugwelle des Erfolges.« Dieser schöne Satz stammt von dem Schriftsteller Carl Amery.

Selbstdisziplin

Sie ist der Schlüssel zur Selbstkontrolle und zur Macht über sich selbst. Selbstdisziplin ist die Fähigkeit, den eigenen Willen, die Gedanken und das Verhalten zu kontrollieren. Nur mit hinreichend

Disziplin und Teamwork: Im Sport zeigt sich unmittelbar, welche Tugenden für den Erfolg besonders wichtig sind.

Selbstdisziplin tun wir alles, was für den Erfolg zu tun ist – und tun es auch dann, wenn wir uns nicht danach fühlen. Statement Steffi Graf: »Viele Mädchen haben das Zeug zu einer großen Tenniskarriere, aber nur wenige haben die Selbstdisziplin, die dazu nötig ist.«

Wille

Der stärkste Motor ist unsere Willenskraft. Der Wille ist eine Art Machtzentrum in der menschlichen Seele, das unglaubliche Tatkraft und Triebstärke freisetzen kann. Voraussetzung auch: eine klare Vorstellung und der Glaube an die eigenen Fähigkeiten. Schiller legte seinem Wallenstein in den Mund: »Den Menschen macht sein Wille groß und klein.« Das entschiedene Wollen, etwas umzusetzen, drückt sich in unserer Sprache aus: »eiserner Wille«. Und sicher kennen sie auch den Spruch: »Wo ein Wille ist, ist auch ein Weg.« (Oder die frivole Variante: »Wo ein Wille ist, ist auch ein Gebüsch.«)

Zuversicht

Optimismus ist ein wesentliches Charaktermerkmal von erfolgreichen Menschen. Sie zaudern nicht, sie sind überzeugt von sich und ihren Möglichkeiten. Sie sagen sich:

- »Ich habe immer eine Chance.«
- »Ich habe alles im Griff.«
- »Okay, ich akzeptiere Dinge, die ich nicht ändern kann.«
- »Ich weiß, es kommen immer wieder unerwartete Gelegenheiten, die werde ich erkennen und nutzen.«

»Erfolg kommt durch Fleiß, Disziplin und Verantwortungsbewusstsein. In unserem Beruf ist auch Kreativität wichtig, aber Talent macht nur zehn Prozent aus, 90 Prozent sind Fleiß. Ohne diese Eigenschaften wäre mein Sohn Leander nicht mit 36 Jahren Intendant geworden.« *Edzard Hausmann, Schauspieler.*

Check: Meine persönlichen Erfolgstugenden

- **Wo meine Stärken sind:**

- **Was ich noch optimieren muss:**

DIE GANZ GEMEINEN FESSELN DES ERFOLGS

Klar, jeder möchte gern erfolgreich sein. Jeder kann selbst entscheiden, was er aus seinem Leben macht. Und jeder könnte auch, wie im vorigen Kapitel beschrieben, erfolgreich sein. Wir haben alle Voraussetzungen in uns, die für den Erfolg wichtig sind. Sie sind nicht immer voll entwickelt, aber sie sind da.

Was also hält uns dann bloß zurück? Was also blockiert uns? Vermutlich sind Sie (unfreiwillig) auch schon mal mit angezogener Handbremse Auto gefahren? Wie war das? Sicher haben Sie sich zunächst gewundert, dass Ihr Auto nicht so flott vorankam wie sonst. Okay, und dann bemerkten Sie das Malheur.

Was taten Sie, um schneller fahren zu können? Haben Sie einfach ohne Rücksicht auf Verluste Vollgas gegeben? Haben Sie womöglich sogar riskiert, dass Ihr Auto überhitzt und kaputtgeht? Oder haben Sie einfach nur die Handbremse gelöst?

Unsere emotionalen Bremsen

Das Bild mit der angezogenen Handbremse trifft leider vielfach auch auf unser Leben zu. Denn wir sind – der eine mehr, der andere weniger – alle mit emotionalen Bremsen ausgestattet, die unsere Reisegeschwindigkeit und Reichweite – sprich: unsere Möglichkeiten, unseren Erfolg – beschränken.

Am meisten bremsen uns Unentschlossenheit, Zweifel und Angst, aber auch Bequemlichkeit, Minderwertigkeitsgefühle, Gewohnheit und falsche Rücksicht. Indes: Wir können sie lösen, diese Bremsen. Unter zwei Bedingungen:

- Wir müssen die Erfolgsbremsen erst mal erkennen.
- Wir müssen die Erfolgsbremsen vor uns selbst zugeben.

»Erfolg ist ein Gesetz der Serie, und Misserfolge sind Zwischenergebnisse. Wer weitermacht, kann gar nicht verhindern, dass er irgendwann auch Erfolg hat.«
Thomas A. Edison

Wenn es im Leben nicht optimal läuft, ist es immer verlockend, einfach anderen die Schuld zuzuschieben – oder den ungünstigen Umständen – oder dem mangelnden Glück. Viele flüchten sich nur zu gern in die Rolle eines Opfers. Dabei sind sie eher Patienten. Und zwar von einer enorm weit verbreiteten Krankheit, die man »Ausfluchtitis« nennen könnte.

»Hallo, mein Name ist Joschka. Ich habe das Gymnasium abgebrochen, die Lehre geschmissen und bin bei Opel rausgeflogen. Jetzt bin ich Außenminister.« (Geplanter Werbespot, der auf Tatsachen beruht, jedoch abgelehnt wurde).

Erfolgsfalle Ausreden

Ausreden sind beliebt, bequem – und sicher auch menschlich. Denn oftmals helfen sie, halbwegs das Gesicht zu wahren. Mal ehrlich, haben Sie nicht auch schon mal solche oder ähnliche Entschuldigungen vorgeschoben:
- »Ich bin noch zu jung.«
- »Ich bin schon zu alt.«
- »Ich hab einfach immer Pech.«
- »Ich habe keine Kontakte.«
- »Ich kann eben nicht aus meiner Haut.«
- »Meine Sterne stehen gerade nicht so günstig.«
- »Wenn doch die allgemeine Wirtschaftslage einfacher wäre ...«
- »Wenn ich genug Geld hätte ...«
- »Wenn ich mehr Zeit hätte ...«

Ausflüchte sind Alibis

Wenn, wenn, wenn. Ausflüchte sind wie wunderbare Hintertürchen. Aber vor allem sind sie ganz gemeine und gefährliche Fallen, in der sich viele selbst gefangen halten. Wer immer anderen oder den unglücklichen Umständen die Schuld zuweist, macht es sich leicht, zu leicht. Er verschafft sich nämlich ein Alibi, er muss sich nicht ändern. Also wird sich nichts ändern – alles bleibt beim Alten.

Ihr Leben ist aber zu wichtig, um es dem Zufall zu überlassen. Sie können manchmal die Umstände nicht ändern, aber sich selbst. Veränderungen sind immer die notwendige Voraussetzung für eine Trendwende zum Besseren.

Von nichts kommt nichts

Fest steht: Es gibt jede Menge Möglichkeiten, erfolglos zu bleiben. Die erfolgreichste Methode ist: einfach nichts zu tun. Es gibt da eine kluge Einsicht, die von Georg Christoph Lichtenberg stammt, einem schillernden Zeitgenossen von Goethe: »Ob es besser wird, wenn es anders wird, weiß ich nicht, dass es aber anders werden muss, wenn es besser werden soll, weiß ich!«

Der erste Schritt: Sie müssen die Verantwortung für das, was Sie tun und was sie unterlassen, übernehmen. Also auch für Misserfolge. Erlauben Sie sich keine Ausreden mehr.

Erfolgsfalle Unentschlossenheit

»Man weiß nie, wozu man fähig ist – bis man es probiert.« *Hubert Schwarz, Extremsportler.*

Misstrauen und die Angst vor Veränderung sind weit verbreitet. Weil Veränderungen meist etwas Unheimliches haben, können sich Unentschlossene einfach nicht zum Handeln entschließen. Sie lassen unbefriedigende Zustände, wie sie sind. Motto, getreu nach dem Volksmund: »Lieber einen Spatz in der Hand als die Taube auf dem Dach.« Kommen Ihnen folgende Floskeln der Unentschlossenheit bekannt vor?

- »Ich könnte ja mal ...«
- »Ich müsste eigentlich ...«
- »Ich sollte vielleicht ...«

Könnte, hätte, müsste, sollte. In einer Lebensbilanz können dies die traurigsten Worte werden. Denn ein Unentschlossener kommt oft zu spät. Und wer zu spät kommt, den bestraft bekanntlich das Leben. Unentschlossene räumen immer wieder unfreiwillig freiwillig ihren Fahrsitz und überlassen anderen ihr Steuer. Unentschlossenheit kommt noch in mehreren Tarnfarben vor:

- Zweifel
- Zaudern
- Übergroße Besorgtheit (»Ich bin nicht ganz sicher ...«)
- Übertriebene Vorsicht (»Ich müsste noch mal prüfen ...)

Halbherzigkeiten bringen nicht einmal halben Erfolg

Unsere Sprache ist verräterisch, sie entlarvt unsere innere Einstellung. In der Möglichkeitsform (»Ich könnte ja mal ...«) offenbaren wir unsere Halbherzigkeit.

»**Man muss sich bedingungslos einsetzen, wenn man etwas will. Egal, wenn man sich Schrammen dabei holt.«** *Eva Habermann, Nachwuchsschauspielerin (»Die Strandclique«).*

Doch Halbherzigkeiten (»Na gut, ich kann es ja mal probieren ...«) bringen nicht etwa halben Erfolg, sondern gar keinen Erfolg, weil unsere Gedanken unterbewusst schon auf Misserfolg (»... aber ich glaube nicht so recht daran ...«) programmiert sind.

Auch die vollendete Vergangenheit (»Ich hätte das und das tun sollen ...«) ändert nichts mehr an Gegenwart und Zukunft. Wer in den Kategorien »ich sollte« oder »man sollte« denkt, wird weiterhin auf der Stelle treten, weil solche Formulierungen so schön nichtssagend sind – sie verpflichten zu nichts.

Vielleicht überzeugt eine einfache Rechnung: Wenn Sie handeln, stehen Ihre Chancen ungefähr fifty-fifty, das zu erreichen, was Sie anstreben. Wenn Sie nichts als vage Absichten (»Ich sollte ...«) äußern, sind Ihre Chancen gleich null.

Der zweite Schritt: Sie sollten, nein, Sie müssen »sollte« aus Ihrem aktiven Wortschatz streichen und durch »Ich packe das jetzt an!« ersetzen. Entscheiden Sie sich ohne Wenn und Aber. Kommen Sie ins Handeln – am besten sofort.

Das »Ja-aber«-Syndrom

»Ja, ich weiß, es ist wichtig und ich werde es auch erledigen, aber nicht jetzt. Vielleicht später.« Wir wissen alle, was das im Klartext heißt: wahrscheinlich nie. »Ja, aber ...« ist mehr als eine sprachliche Schlampigkeit. Ja-aber-Menschen schieben die Dinge gern hinaus. Sie mögen ja clever und erfindungsreich sein, diese »Ja-aber«-Menschen, aber sie sind es nur im Erfinden von Entschuldigungen. Eine Fähigkeit, die nichts bringt. Hundert Entschuldigungen haben weniger Wert als eine einzige Handlung.

Mit jedem »Ja, aber ...« wird Verantwortung abgewälzt. Wer Angst vor einem klipp und klaren »Nein« hat, weicht oft auf das freundlichere »Ja, aber ...« aus. Das vermeidet direkte Konfrontation. Aber gleichzeitig ist jedes »Ja, aber« auch ein »Ich-kann-nichts-tun«-Eingeständnis. Mit dieser Einstellung kommen Sie niemals wirklich ins Handeln. Und gerade darauf kommt es an.

Der dritte Schritt: Verändern Sie Ihre Perspektive, wandeln Sie das ausweichende »Ja, aber ...« in ein verbindliches »Ja, und ...« um. Von wegen: »Ja, ich will das ja gern tun, aber im Moment ...« – Sondern: »Ja, ich werde das tun!«

Die Dressur zur Mittelmäßigkeit

Es gibt da einen klasse Comicstrip. Sagt der Vater zu seinem Sohn: »Junge, lach doch mal. Dies sind doch die schönsten Jahre deines Lebens.« Antwortet der Kleine: »Soll das heißen, alles wird noch schlimmer?«

Von wegen unbeschwerte Kindheit: Lauter einschränkende Meckereien: »Das tut man doch nicht. Was könnten denn da die anderen denken. Wo kämen wir denn hin, wenn das alle täten!«

Klingelt es da in Ihren Ohren? Vielleicht sind solche elterlichen Programme wirklich gut gemeint. Aber wer kennt sie denn wirklich, die Spätfolgen einer Erziehung, die sich vor allem an konservativen Werten orientiert? Bloß immer anständig sein, höflich und nett. Bloß nicht anecken. Bloß nicht auffallen. Bloß nicht zu viel riskieren. Bloß nicht aus dem Rahmen des Üblichen fallen. Das alles heißt dann so schön »gesellschaftliche Konventionen«.

> **»Der Geist des Menschen ist wie ein Fallschirm: Er funktioniert nur, wenn er offen ist.«**
> *Szenespruch*

Das Adler-Hühnchen-Syndrom

Wenn Psychologen das Prägende erklären wollen, bemühen sie gern folgendes Beispiel: Zwischen lauter Präriehühnereier wurde ein Adlerei ins Nest geschummelt. Alle Küken schlüpften nahezu gleichzeitig aus ihren Eiern, und so kam es, dass der Adler dachte, er wäre, wie die anderen, auch ein Hühnchen. Also lernte er, was Hühner so machen: Er scharrte im Dreck, er rannte wild umher, er gackerte. Er flog aber nie mehr als ein paar Meter, weil die Hühner ja auch nicht weiter fliegen konnten.

Eines Tages entdeckte er hoch am Himmel einen großen Vogel, der majestätisch seine Kreise zog. Der kleine Adler fragte eines der Hühner: »Was ist das da oben für ein wunderbarer Vogel?«

»Das ist der König der Vögel, ein Adler. Leider kannst du nicht so fliegen wie ein Adler, weil du nur ein Präriehühnchen bist.«

Der Adler glaubte das – und fügte sich weiterhin in sein Präriehühnchenleben. Wie schade um ihn!

Die Selbstzweifelfalle

»Du bist dafür noch eine Nummer zu klein. Denk immer daran, wo du herkommst. Freu dich bloß nicht zu früh – das dicke Ende kommt bestimmt. Den Vogel, der morgens singt, holt abends die Katz!« Ohne dass uns das vollkommen bewusst wäre, wachsen wir mit solchen oder ähnlichen Leitsätzen und Gedankenmustern auf. Sie beeinflussen unser Denken negativ, sie untergraben das Selbstvertrauen und nähren unsere Selbstzweifel:

Das Wort Vertrauen steckt im Wort Selbstvertrauen. Erst wenn ich mir selbst vertraue, werden auch andere mir vertrauen.

- Ich glaube, ich bin dafür nicht gut genug.
- Ich zweifle, ob ich das hinkriege.
- Ich habe Angst, mich zu blamieren.

Stopp! Viele Selbstzweifel entstehen, weil wir unsere emotionale Intelligenz zu wenig einsetzen, zu wenig auf unsere Intuition und unserem gesunden Menschenverstand vertrauen. Schließlich bestimmen wir unseren Selbstwert selbst. Und zwar dann, wenn wir uns so akzeptieren, wie wir sind – mit allen Schwächen. Dann werden wir in der Regel auch von anderen Menschen akzeptiert.

Selbstvertrauen aufbauen

Selbstvertrauen wächst nicht, wenn es uns nur leicht gemacht wird, wenn uns alle Steine aus dem Weg geräumt werden, wenn wir mit einem Übermaß an Fürsorge überschüttet werden. Selbstvertrauen ist ein Schlüssel, der fast jede Tür öffnet. Selbstvertrauen wächst nur mit der Erfahrung, Dinge anzupacken und sie aus eigener Kraft zu schaffen – und Probleme beiseite geschafft zu haben. Es kommt also vor allem auf folgende drei Punkte an:

- Krisen bewältigen
- Niederlagen meistern
- Aus Niederlagen lernen

Alles zum Besten wenden

Also keine Ausreden! Vielleicht hatten Sie es in der Vergangenheit tatsächlich schwer. Doch es liegt ganz bei Ihnen, Sie können Ihr Leben jetzt zum Besseren wenden. Voraussetzung: Sie müssen die volle Verantwortung für Ihr Leben übernehmen.
Keine Ausreden mehr!

Erfolgsfalle Kleinmut

»Ich kann nicht« – das heißt im Klartext: »Ich will nicht«. Viele Menschen setzen sich selbst nur unnötige Grenzen. Sie unterschätzen Ihre Möglichkeiten dramatisch, wenn Sie sich weiterhin mit Ihrem »Kleinspielfeld« zufrieden geben:

- Das schaffe ich nie.
- Das ist unmöglich.

»Nichts ist unmöglich!« – Diese frohe Botschaft gewinnt an Boden, seit ein japanischer Autokonzern auf tierische Weise dafür wirbt. In der Natur, unserem wichtigen Lehrmeister, gibt es wunderbare Beispiele, dass nichts umöglich ist: etwa die Hummel.

Dieser plumpe Brummer hat nur eine Tragfläche von 1,45 Quadratzentimetern, wiegt aber rund 4,8 Gramm. Flächenwinkel: 6 Grad. Nach den bekannten Gesetzen der Flugtechnik und Aerodynamik ist es unmöglich, bei diesem physikalischen Verhältnis zu fliegen. Die Hummel weiß das aber nicht. Sie fliegt einfach. Noch ein aus der Luft gegriffenes Beispiel: Sicher haben Sie schon Vögel beobachtet und beneidet. Sie entfalten ihre Flügel, heben ab. Sie tun es einfach.

Wenn du tust, was du immer tust, kriegst du das, was du immer kriegst.

Tierischer Kraftakt! Die Natur kennt viele Beispiele, dass nichts unmöglich ist – wie diese Ameise zeigt. Sie schleppt scheinbar mühelos ein Vielfaches ihres Körpergewichts.

55

Die Kraft zum Fliegen kommt dann beim Fliegen ganz automatisch. Ganz bestimmt! Welche Lektion lässt sich also von Vögeln lernen? Die nötige Power kommt mit dem Handeln. Das scheint ein Naturgesetz zu sein.

Denken Sie groß

Nur durch großzügiges Denken kann man Großes erreichen. Napoleon Hill hat daraus eine Lebenswahrheit formuliert: Was immer der Mensch sich vorzustellen und zu glauben vermag, das kann er auch verwirklichen.

Diese Episode ist schon 15 Jahre alt, aber verbürgt: Der niedersächsische Jurist Gerhard Schröder war einfacher Bundestagsabgeordneter, als er in Bonn eines Nachts am Bundeskanzleramt vorbeikam. Da rüttelte der Neuling an den Gitterstäben und sagte: »Ich will hier rein.« Nichts ist unmöglich – fürwahr!

»Geduld, Vernunft und Zeit, macht möglich die Unmöglichkeit.« Solche aufbauenden Sinnsprüche schrieben früher Menschen an ihre Haustür. Wie gut, dass sich jetzt auch in unserer Alltagskultur zaghaft verbale Starkmacher durchsetzen: »Tue erst das Notwendige, dann das Mögliche, und plötzlich schaffst du auch das Unmögliche«, kann man in der Münchner S-Bahn lesen. Und bei coolen Kids ist das Motto »Geht nich, gibt's nich« populär geworden.

> »Ich glaube, den meisten ist nicht klar, dass auch erfolgreiche Menschen Ängste und Selbstzweifel haben und unsicher sind. Aber diese Unsicherheit ist für sie ein motivierender Faktor. Um ihre Ängste zu überwinden, strengen sie sich doppelt an.«
> *Sherry Lansing, Filmpoduzentin (»Eine verhängnisvolle Affäre«).*

Erfolgsfalle Angst

Angst und Furcht sind zunächst einmal wichtige, gesunde, normale Gefühle. Angst ist ein uraltes Signal unseres Körpers, das uns vor Gefahren warnen und schützen soll. Zum Problem wird Angst allerdings, wenn sie scheinbar grundlos das Leben belastet, wenn man die Angst nicht mehr unter Kontrolle hat. Angst lähmt. Angst macht unfähig, die nötige Aktivität zu entwickeln. Wer Angst hat, zieht sich in ein emotionales Gefängnis zurück. Ängstliche flüchten vor den harten Realitäten, sie wagen sich nicht mehr aus ihrer Komfortzone heraus. Immer mehr Menschen leiden unter folgenden Ängsten:

Nur nicht nach unten sehen! Wer an sich glaubt, bleibt oben.

- Angst vor unbekannten Situationen
- Angst, falsche Entscheidungen zu treffen
- Angst, Fehler zu machen
- Angst vor Ablehnung

Furcht lockt den Misserfolg

Für Napoleon Hill ist Furcht der größte Feind des Erfolges. Was Furcht nicht alles anrichten kann: »Furcht lähmt die Kraft des Verstandes, lähmt die Fähigkeit der Imagination, tötet das Selbstvertrauen, untergräbt die Begeisterungsfähigkeit, verhindert jede Initiative, führt zu Unsicherheit in der Planung, unterstützt Verschleppung, löscht allen Enthusiasmus aus und macht Selbstbeherrschung unmöglich. Sie entkleidet jede Persönlichkeit ihres Charmes, zerstört die Möglichkeit sorgfältigen Denkens, knechtet die Beharrlichkeit, verschwendet die Willenskraft an Nichtigkeiten, zersetzt den Ehrgeiz, verdunkelt das Gedächtnis und lockt Misserfolg an in jeder nur denkbaren Gestalt; sie tötet die Liebe, erstickt die edleren Gefühle des Herzens, untergräbt jede Freundschaft und zieht das Unglück in hundertlei Gestalt herbei, sie verursacht Schlaflosigkeit, Not und Trauer.« Moment mal, Angst und Furcht – ist das nicht dasselbe? Nein.

»Wer Angst vor Misserfolg hat, wird niemals wirklich Erfolg haben.«
Malcolm Forbes

- Angst ist eher ein unangenehmes Gefühl (z.B. ganz konkrete Angst vor der Zukunft).
- Furcht ist meist ziemlich konkret.

Die Angst zu versagen

»Nicht aufgeben! Es gibt Rückschläge, aber es gibt keine endgültige Niederlage.« Evander Holyfield, Boxweltmeister.

Versagensängste können schlimmer sein als das Versagen selbst. Denn zu scheitern ist zunächst einmal nichts Schlimmes. Da werden unsere Grenzen aufgezeigt. Jedes Scheitern kann eine wichtige Erfahrung sein, aus der wir lernen können. Wer aber heikle Situationen meidet, aus Angst vor dem Scheitern, kann erstens keine Erfahrungen machen. Und zweitens beraubt man sich auf diese Weise selbst aller Chancen zum Erfolg.

Das beste Beispiel, wie sich die Angst vor dem Versagen erfolgreich überwinden lässt, haben wir alle schon selbst geliefert. Die Strategie: Learning by doing. Wie war das denn damals, als wir Babys waren und laufen lernten? Wenn es nicht gleich klappte, wenn wir auf den Po plumpsten, zauderten wir dann? Resignierten wir? Gaben wir auf? Natürlich nicht. Wir rappelten uns hoch, probierten es weiter und immer weiter, plumpsten wieder hin – bis es plötzlich ging. Das funktioniert auch bei Erwachsenen.

Die Angst erfolgreich überwinden: Angst ist der größte Feind des Erfolgs!

Erfolgsfalle Angst vor Kritik

»Siehste, hab ich doch gleich gesagt. Ich kann einfach nicht glauben, was du immer für'n Bockmist baust. Nie hörst du mir zu. Mensch, bist du blöd. Das hätte meine Oma besser hingekriegt ...«

Komisch, kaum einer möchte Kritisches über sich hören, Kritik an der eigenen Person ist schwer zu ertragen – während wir andere völlig selbstverständlich kritisieren. Fragen Sie sich:

- Sind Sie in den letzten 30 Tagen kritisiert worden? Wegen was?
- Sind Sie als Kind oft kritisiert worden? Wegen was?

Sicher erinnern Sie sich noch an diverse Nörgeleien, Meckereien, Beanstandungen von anderen. Sehen Sie, Kritik sitzt tief. Sie tut weh. Sie reagieren erschrocken, oft mit übertriebener Heftigkeit. Kritik kann schwer verletzen. Meist können wir Kritik noch nach vielen Jahren nicht vergessen.

Manche Menschen schleppen deswegen sogar Minderwertigkeitskomplexe mit sich herum. Vieles wird unterlassen, aus Angst vor Kritik. Sie verhindert also Initiative und kann sogar das Selbstvertrauen beschädigen. Es gibt generell vier Möglichkeiten, richtig mit Kritik umzugehen:

- Sie können Kritik einfach zurückweisen.
- Sie können Kritik akzeptieren und zurückweisen.
- Sie können Kritikern weitgehend aus dem Weg gehen.
- Sie können sich Kritik zunutze machen.

Wer gelernt hat, mit Kritik umzugehen, muss keine Angst mehr vor ihr haben. Wichtig ist auch immer, wer die Kritik übt.

Warum Kritik nützlich ist

Kritik kann zu einer wertvollen Kraft werden, die uns konstruktiv auf unserem Weg weiterbringt. Voraussetzung ist, dass wir nicht total emotional auf Kritik reagieren. Wenn wir es schaffen, Kritik nicht persönlich, sondern sachlich zu nehmen. Wenn Schwachpunkte kritisiert werden, ist es sinnvoller, seine Fähigkeiten zu verbessern, statt auf den Kritiker loszugehen. Fragen Sie sich immer:

- Wer hat Sie kritisiert und warum?
- Welche Motive hat der Kritiker?

- Was ist der Inhalt der Kritik, die an Ihnen geübt wird?
- Welches Ziel verfolgt der Kritiker?
- Steht er mit seiner Kritik alleine?

Denken Sie daran: Kritik hat grundsätzlich etwas Gutes. Weil Sie durch Kritik auch Irrtümer und Fehler aufspüren und erkennen – und weil Sie damit einen Schlüssel haben, sich immer weiter zu verbessern.

Beachten Sie vor allem den zentralen Unterschied der Kritik:
- Das ist nicht o.k.
- Du bist nicht o.k.

An Kritik wachsen

Wichtig ist der Inhalt der kritischen Worte, nicht die Gefühle, die Kritik in Ihnen auslösen. Wer konstruktive Kritik erkennen und zulassen kann, wer sie ernst, aber nicht persönlich nimmt, lässt sich von Kritik nicht gleich aus der Bahn werfen, sondern lernt dazu und beginnt daran innerlich zu wachsen.

Wie Sie mit Kritik umgehen können

- Hören Sie aufmerksam zu. Sofortige Verteidigungshaltung und Defensive bringen nichts. Sie zeigen damit nur, dass Sie unsicher sind.

- Wenn Sie dieselben Kritikpunkte häufiger hören, seien Sie noch aufmerksamer. Hier geht es offenbar um einen bestimmten wunden Punkt.

- Machen Sie sich klar, wer Sie kritisiert – und warum wohl?

- Brausen Sie nicht auf. Versuchen Sie, zu entspannen – auch wenn Sie unter Druck stehen und es nicht leicht ist. Atmen Sie zehn Mal tief ein und aus.

- Unterscheiden Sie zwischen Kritik an Ihrer Person und Ihrem Verhalten. Menschen verhalten sich nicht immer fehlerfrei. Deswegen müssen Sie keine schlechten Menschen sein.

- Versuchen Sie Abstand zu gewinnen. Denken Sie später noch mal über die Kritik nach.

Erfolgsfalle Angst vor Fehlern

Uns wird von Kind auf eingetrichtert, bloß keine Fehler zu machen.
Wer Fehler macht, wird bestraft oder nicht mehr geliebt – oder beides.
Klar, das prägt. Durch diese Angst, bloß keine Fehler zu machen, engen
wir uns selbst ein. Wir meiden das Risiko. Wir tun nur noch Dinge, die
wir schon können. Die Folge: Wir machen dann zwar wirklich weniger
Fehler. Aber wir verschließen uns auch vor neuen Erfahrungen. Mögli-
che Folge davon: neue Ängste. Die Angst, Fehler zu machen, blockiert.
Mittelstürmer Giovane Elber blieb, als Defensivtaktiker Trappatoni
Trainer bei Bayern München war, weit unter seinen Möglichkeiten.
Dann kam ein neuer Trainer, und Elber spielte sehr viel besser als vorher, zauberte, schoss viele Tore. Warum? Seine simple Erklärung:
»Unter Trainer Hitzfeld darf ich auch wieder einen Fehler machen.«
In der Forschung heißt ein Verfahren: »Trial and error«, also beim
Versuch bewusst Irrtümer einkalkulieren. Nicht nur Erfinder, Wis-
senschaftler oder kreative Köpfe nutzen Misserfolge, um zum Erfolg
zu kommen. Jeder kann von Fehlern profitieren. Sie sind wie Wegweiser zum Erfolg.

**»Jeder Fehler,
jeder Fehltritt,
jeder Skandal
und jede Flaute
haben mich stär-
ker gemacht.«**
*Thomas Gott-
schalk, Fernseh-
Entertainer.*

Aus Fehlern lernen

Wenn Sie Fehlschläge akzeptieren und intelligent nutzen, sind diese eine wichtige Lektion – auf dem Weg zum Erfolg.

In den dreißiger Jahren verblüffte General-Motors-Manager Charles Kettering mit einer neuen Erfolgsmethode. Er behauptete: Mit Misserfolgen pflastert man seinen Weg zum Erfolg – wenn man Fehlschläge voll akzeptiert und intelligent nutzt. Fehler sind wie gute Lehrer. Fehler können eine wichtige Lektion sein, wenn wir die richtige Einstellung zu Fehlern haben. Wir sollten Fehler, die wir gemacht haben, nicht verdrängen und nicht als Schlappe sehen. Fehler sind nichts Schlechtes, sie können eine notwendige und wertvolle Erfahrung sein. Denn:

- Wer clever ist, analysiert seine Fehler und lernt daraus.
- Wer noch cleverer ist, lernt auch aus den Fehlern anderer.

Jeden Fehler nur einmal machen

Wie gesagt: Es ist überhaupt kein Problem, einen Fehler zu machen – wenn man die richtige Einstellung dazu besitzt. Auf keinen Fall sollte man aus Angst vor weiteren Fehlern klein beigeben. Allerdings ist es wichtig, Schlüsse zu ziehen und nach Möglichkeit besser zu werden – vor allem aber denselben Fehler nicht öfter zu machen.

Fehler eröffnen oft eine völlig neue Perspektive: Ziehen Sie Ihre Schlüsse aus einem Fehler und nutzen Sie die Chance, daraus zu lernen.

Wie ich mit Fehlern umgehen kann

Fehler sind positiv – vorausgesetzt, wir gehen richtig mit ihnen um! Hier einige Tipps:

- Den Fehler sofort eingestehen
- Nicht mehr lang mit dem Fehler abgeben
- Aus dem Fehler lernen
- Denselben Fehler nicht noch mal machen
- Sich nicht wegen eines Fehlers schämen
- Keine langen Rechtfertigungen

Wie bemerkte einmal Uli Hoeneß, der Manager des FC Bayern in München, ganz richtig: »Auch ein Uli Hoeneß macht Fehler – aber ganz selten zweimal denselben.«

Erfolgsfalle Perfektionismus

Fehlerfrei, tadellos, außerordentlich hoher Maßstab, von einer fixen Idee besessen – lexikalische Stichworte für einen Perfektionisten. Mr. und Mrs. Perfect unterliegen dem zwanghaften Wunsch, für jede Aufgabe die perfekteste aller Lösungen zu finden. Perfektionisten wollen:

- Alles oder nichts
- Auf meine Art oder gar nicht
- In einem einzigen großen Schritt oder gar nicht
- Perfekt oder überhaupt nicht

Perfektionisten leiden. Sie sind nie zufrieden. Sie verschwenden Energie auf Nebensächlichkeiten, denn selbst die sollen perfekt gelingen. Perfektionisten können nur schwer Kompromisse schließen. Sie verzetteln sich, werden nie fertig. Wenn dadurch Abgabetermine verpasst werden, hat das böse Folgen. Meist scheitern sie an ihren hoch geschraubten Ansprüchen – und stellen prompt ihre ganze Person in Frage. Perfektionisten können sich selbst über Erfolge nicht freuen. Der Perfektionist wird sich selbst zum Feind. Er lässt andere nicht an sich heran.

Erfolgreiche Lebensregel Nummer eins: Rege dich niemals über Kleinigkeiten auf! Erfolgsregel Nummer zwei: Alles, was dich nicht umbringt, sind Kleinigkeiten!

Wer immer perfekt sein will und sich Fehler nicht verzeiht, ist ein idealer Kandidat für das Burnoutsyndrom.

Wege zu mehr Gelassenheit: Niemand muss perfekt sein!

- Schrauben Sie Ihre überhöhten Ansprüche zurück, messen Sie sich nicht ständig an noch erfolgreicheren Menschen. Sie sind wer – diese Gewissheit sollte reichen.

- Sie haben panische Angst vor Fehlern? Dann hilft nur eines: welche machen, und zwar ganz bewusst und wohl dosiert! Damit Sie erfahren, dass Fehler keine Katastrophe sind.

- Überprüfen Sie Ihre Kriterien, die zu überzogenen Wertmaßstäben führen. Fragen Sie Freunde und Kollegen, wie sie bestimmte Situationen bewerten. Dann sehen Sie die Dinge realistischer. Reden Sie mit Vertrauenspersonen über Ihre Versagensängste.

- Versuchen Sie beim nächsten Projekt, »das Pferd von hinten aufzuzäumen«. Legen Sie fest, welches Ergebnis Sie erzielen wollen – und erst dann die Schritte zum Ziel.

- Voraussetzung für lockeren Umgang mit Zielvorgaben ist, dass man Prioritäten setzen kann. Listen Sie also auf, was sofort erledigt werden muss – und was warten kann.

- Seien Sie kompromissbereiter.

- Befreien Sie sich von zwanghaften Denkmustern.

- Vergessen Sie über Ihrer Detailbesessenheit nicht die wirklich wichtigen Zusammenhänge.

- Stellen Sie sich den Super-GAU vor, ehe Sie ein neues Projekt beginnen. Was könnte schlimmstenfalls passieren? Wären die Konsequenzen wirklich so unerträglich?

- Machen Sie den Wert Ihrer Person nicht allein von Ihrer Arbeit abhängig.

- Lernen Sie, auch mal »Nein« zu sagen.

Nobody is perfect

Null-Fehler-Menschen schreien innerlich nach Anerkennung. Sie glauben, sie könnten durch extremen Einsatz auch extremen Erfolg erzielen. Das gelingt selten, auch wenn sie wie Hamster im Laufrad strampeln. Resultat: Perfektionisten fallen in eine negative Spirale aus Selbstanklage, Unsicherheit und noch höheren Ansprüchen. Irgendwann droht Burnout. Oftmals lähmt das große Ziel Perfektion zusätzlich, es passiert nichts, weil die Latte so hoch liegt, dass man sich nicht traut, anzufangen.

In kleinen Schritten vorgehen

Fehler sind eine intelligente Möglichkeit, besser zu werden.

Unterteilen Sie Ihre Vorhaben in kleine, bewältigbare Schritte. Das Wichtigste dabei: Überhaupt erst mal mit dem zu beginnen, was man sich vorgenommen hat. Just do it. Man kann nur etwas schaffen, indem man es tut. Versuchen Sie, locker zu bleiben.

In der Weltgeschichte ist nur ein perfekter Mensch bekannt – und der ist unbekannt: der Schöpfer der Formel »Nobody is perfect!« Halten Sie sich vor Augen: Wer sich Fehler nicht verzeihen kann, ist burnout-gefährdet – und mit einem Erschöpfungssyndrom geht gar nichts.

Wenn die Freiheit grenzenlos ist: Sich dem Spiel der Natur ausliefern, kann überaus befreiend sein.

65

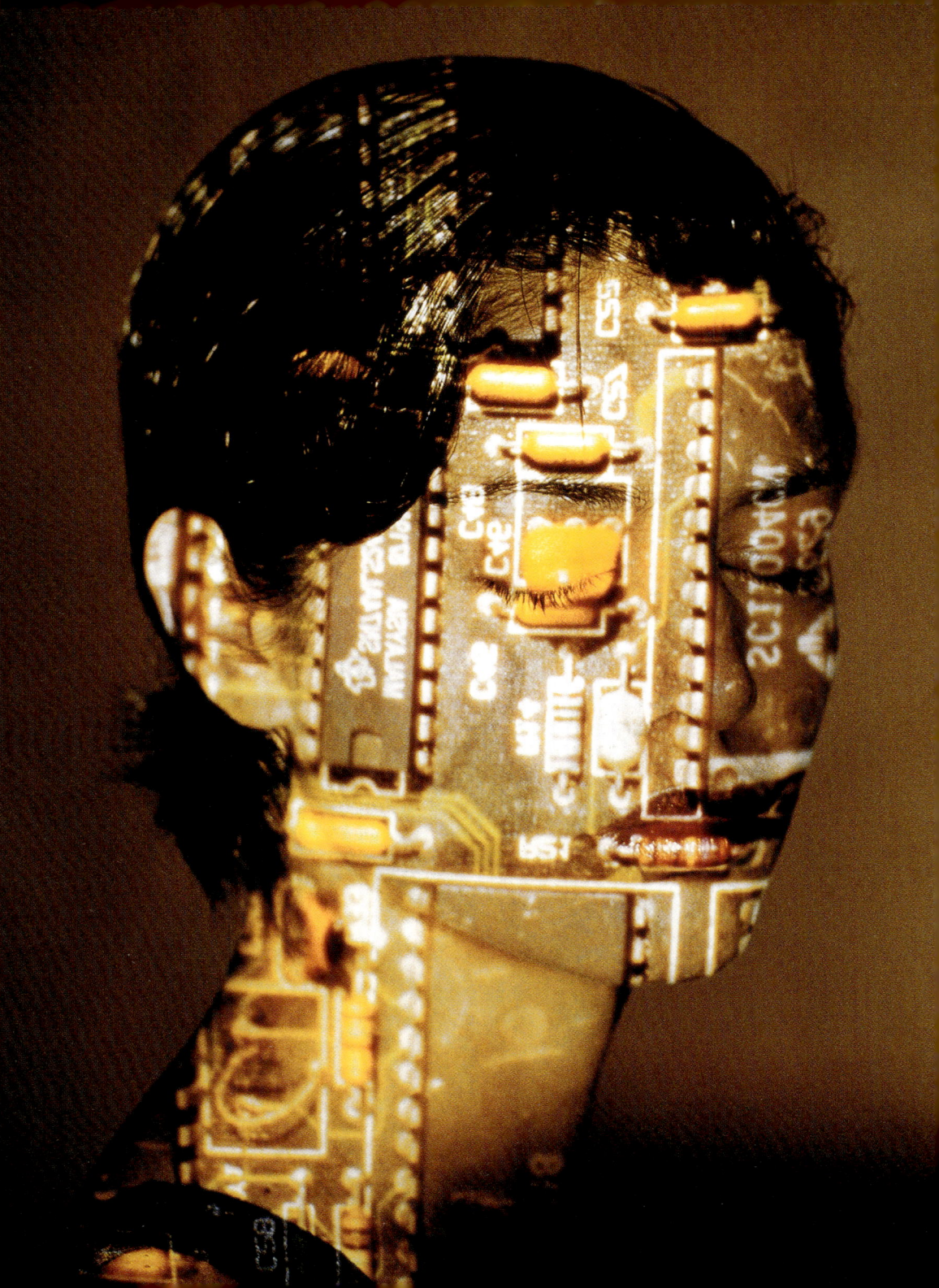

WAS DIE BASIS FÜR DEN ERFOLG IST

Zwischen unseren Ohren ist eine »Wundermaschine« installiert, die mehr kann als jeder Computer. Während Sie diese Zeilen lesen, verarbeitet die Wundermaschine diese Buchstaben in Symbole der Information, wandelt sie in Wissen um und speichert sie ab, immer abrufbereit. Gleichzeitig sorgt die Wundermaschine zwischen unseren Ohren dafür, dass alle Körperteile funktionsfähig sind, sämtliche Körperbefehle jederzeit ausgeführt werden können, die Körpertemperatur stets im grünen Bereich ist. Sie reguliert die Verdauung, die Umsetzung der Brennstoffe in Energie und und und ... alles in Mikrosekunden, und immer rund um die Uhr.

Unser Gehirn ist das größte unerschlossene Gebiet der Erde.

»Hochleistungszentrale« Gehirn

Das Gehirn ist ein schier unglaubliches Organ: Dabei macht es nur zwei Prozent unseres Körpergewichts aus, verbraucht aber 20 Prozent der Gesamtenergie. Diese drei Pfund schwere und fetthaltige Gewebemasse ist die Grundlage aller menschlichen Leistungen. Mit dieser Hochleistungszentrale, dem wohl außergewöhnlichsten Geschenk, das im Verlauf der Evolution geschaffen wurde, können wir uns alle Wünsche und Ziele des Lebens erfüllen. Vorausgesetzt, wir entscheiden uns, die fast unerschöpflichen Möglichkeiten des Gehirns aktiv zu nutzen, und beschäftigen uns eingehend mit der Gebrauchsanleitung. Unser Gehirn besteht aus 15 bis 100 Milliarden Nervenzellen – so der momentane Forschungsstand. Vordergründig ist nicht die Anzahl dieser Neuronen entscheidend, sondern das Verbindungsnetz, das die Zellen untereinander eingehen. Jede dieser Milliarden von Nervenzellen steht mit etwa 2.000 bis 200.000 anderen Nervenzellen in Kontakt.

Unser biologischer »Supercomputer«

Für unser Gehirn gilt der bekannte Grundsatz: »If you don't use it, you loose it.«

Dieses gewaltige Netzwerk bildet unsere »Intelligenz« bzw. bestimmt die Qualität unserer Entscheidungen, die wiederum unser ganzes Leben bestimmen. In jedem Moment fluten immense Mengen von Informationen zum Gehirn, von der Außenwelt durch die fünf Sinne (Sehen, Hören, Fühlen, Riechen, Schmecken) wahrgenommen. Das Gehirn bearbeitet, bewertet diese Infos und trifft dann Entscheidungen für die Körperfunktionen. Die Arbeit dieser Nervenzellen (Neuronen) ermöglicht uns also zu laufen, zu singen, zu küssen, Auto zu fahren, weckt Gefühle, Gedanken, Wünsche und Träume. Mit anderen Worten: Im Gehirn wird unsere Lebensqualität bestimmt. Um in Zukunft bessere und schnellere Entscheidungen zu treffen, speichert das Gehirn außerdem Erfahrungen ab.

Informationen speichern

Stellen wir uns mal ein Büro mit 15 Milliarden Sekretärinnen vor: Jede Sekretärin bedient eine Telefonzentrale. In Sekundenbruchteilen stellt sie Verbindungen zu 200.000 Kolleginnen her, holt Informationen ein, gibt sie weiter, trifft Entscheidungen aufgrund vorheriger Gespräche, speichert Wichtiges und unterhält zu manchen Kolleginnen noch eine »Standleitung«.

Programme – Autobahnen unseres Lebens

Der Mensch ist das lernfähigste Lebewesen auf diesem Planeten. Gleichzeitig kann und weiß der Mensch nur das, was er gelernt hat – also was programmiert ist. Als Baby verfügt der Mensch nur über wenige Programme, zum Beispiel den Greif- und Saugreflex. Erst die bewusst oder unbewusst erlernten Programme machen uns zu Menschen. Wir lernen laufen, schreiben, Fußball spielen, flirten oder Fahrrad fahren. Und wir sind noch zu weit mehr fähig.

Ein einfaches Beispiel: Ein kleiner Junge wird von seinem Papa aufgefordert, gegen einen Ball zu treten. Der Junge nimmt die Information durch seine Sinnesorgane auf. Die Sinneseindrücke werden im Gehirn verarbeitet und mit früheren Informationen verglichen.

Erfolgsstory der Evolution: Menschen besitzen dank ihrer Denkfähigkeit grenzenlose Möglichkeiten.

Der Bub prüft nun in seinem Gedächtnis: Habe ich das schon mal gemacht, kann ich das schon? Das ist nicht der Fall. Also macht sich der Junge eine bildhafte Vorstellung von der Handlung und tritt dann gegen den Ball. Der Versuch glückt. Der Vater strahlt und lobt überschwänglich seinen Jungen. Der Kleine erfährt dadurch ein angenehmes Gefühl – das macht ihn glücklich.

Später fordert der Vater seinen Kleinen erneut auf, gegen den Ball zu treten. Der fragt sich wieder: »Information vorhanden«? Diesmal stellt er fest, dass die Wahrnehmung schon bekannt ist. Darauf hin stellt er sich eine weitere wichtige Frage: »Was für ein Gefühl habe ich damals damit verbunden?«

Das Gedächtnis antwortet: ein gutes Gefühl! Also beginnt der Kleine erneut mit der Aktion und tritt wieder gegen den Ball. Diese Erfahrung verstärkt durch die erneute Freude des Vaters sein bestehendes Programm weiter.

»Was denkbar ist, ist auch machbar.« *Christoph Daum, Fußball-Trainer von Bayer Leverkusen.*

Wie wir neues Verhalten programmieren

Kinder sind experimentierfreudig. Warum aber stehen wir später neuen Erfahrungen im Privat- und Berufsleben meist so kritisch oder abweisend gegenüber? Vielleicht, weil viele Neuerungen in der Vergangenheit mit einem Gefühl der Unsicherheit verbunden waren. Also versuchen wir, dieses negative Gefühl zu meiden und verlassen uns lieber auf Bewährtes – nach dem Motto »Besser den Spatz in der Hand als die Taube auf dem Dach«. Aber können und dürfen wir uns solches Verhalten in dieser schnellen, sich ständig verändernden Internetwelt überhaupt noch leisten? Kaum.

Unser Gehirn ist der beste Computer der Welt: Er kann sich seine Software selbst schreiben.

Wir müssen für neue Programme aufgeschlossen sein. Physikalisch gesehen, ist ein Programm nichts anderes als eine neue Verbindung zwischen zwei Nervenzellen, ein dünner Nervenstrang. Der Sinn dieser Nervenverbindungen ist, dass Sie in einer Welt voller Reize und Ereignisse leichter »überleben« und möglichst schnell zu einem Ergebnis, sprich Gefühl oder Verhalten, gelangen.

Bewusstes Wahrnehmen

Gehirnforscher haben herausgefunden, wann und wie wir uns Informationen merken:

- 20 Prozent von dem, was wir hören.

- 30 Prozent von dem, was wir sehen.

- 50 Prozent von dem, was wir hören und sehen.

- 70 Prozent von dem, was wir selbst sagen.

- 90 Prozent von dem, was wir selbst tun.

Lernfaktor Wiederholung

Grundsätzlich streben wir danach, mit allem, was wir tun oder nicht tun, Freude bzw. Lust zu empfinden und Schmerz zu vermeiden. Mit jeder Wiederholung wird die Nervenverbindung verstärkt. Aus einem Faden wird ein Strang. Vergleichen wir das Gehirn mal mit einem Kornfeld: Wenn wir durch dieses Feld gehen, dann treten wir ein paar Ähren nieder. Die meisten richten sich jedoch schnell wieder auf. Unsere Spur ist kaum zu erkennen. Gehen wir immer und immer wieder durch dieses Feld (Wiederholung), entsteht erst ein Trampelpfad, dann ein Weg, eine Straße und letztlich eine Autobahn (Programm). Darauf fließt der Verkehr flott – und auch Informationen.

Wiederholung ist die Mutter aller Fertigkeiten.

70

Lernfaktor emotionale Intensität

Zweite Möglichkeit, ein neues Programm zu installieren: über emotionale Intensität. Beispiel: Ein kleines Kind greift auf eine heiße Herdplatte. Der Schmerz erzeugt eine hohe emotionale Wirkung. Normalerweise lernt das Kind sofort seine Lektion und muss dieses Verhalten nicht öfters wiederholen. Was bedeutet das für uns? Wenn wir uns neues Verhalten (sprich: Programm) aneignen wollen, dann müssen wir das neue Verhalten möglichst oft wiederholen oder bzw. und mit einem hohen Grad an positiver Emotion verbinden.

Je mehr Emotion im Spiel ist, umso weniger Wiederholungen benötigen Sie für Ihre Lernerfahrung.

Sind diese Programme und Verhaltensmuster dann für immer in uns drin? Nein. Denn wenn wir ein gewisses Verhalten oder Gefühl lang nicht mehr nutzen, schwächt es sich ab. Aus der »Autobahn« wird wieder ein kleiner »Trampelpfad«, manchmal verschwindet er sogar ganz. Im Alltag hat das Vor- und Nachteile. Wenn uns zum Beispiel der Partner verlässt, ist das eine schmerzhafte Erfahrung. Wenn wir uns jedoch länger nicht mehr mit ihm/ihr beschäftigen, verblasst die Erinnerung immer mehr, der Schmerz verschwindet – wir sind wieder frei für eine neue Beziehung.

Die Abschwächung kann aber auch ein Nachteil sein. Erinnern wir uns an die ersten 9 1/2 Wochen einer Beziehung – Liebe, Lust und Leidenschaft pur. Und dann? Die Emotionen schwinden langsam. Erst unmerklich, dann unübersehbar. Aus »Goldschatz« wird »Schatz«, dann »Schätzchen«, schließlich »Mama« oder »Papa« – wenn wir nicht aktiv und energisch dagegensteuern.

Die große Macht unseres Unterbewusstseins

Sie wollen, dass Ihr Erfolg endlich er-folgt? Sie wollen, dass Ihre Träume endlich Wirklichkeit werden? Unser Unterbewusstsein ist die Quelle des Erfolges. Neben dem Bewusstsein ist das Unterbewusstsein der Teil unserer Psyche, der alle seelischen und geistigen Vorgänge steuert. Es speichert die Sinneseindrücke, Empfindungen,

Gedanken und Erfahrungen ab. Außerdem ist das Unterbewusstsein für die Funktion aller schon erwähnten Körperorgane zuständig – vom Herzschlag bis zur Verdauung.

Es war Sigmund Freud, der Anfang des 20. Jahrhunderts als Erster den Unterschied zwischen Bewusstsein und Unterbewusstsein entdeckte. Der überragende Psychologe verglich den menschlichen Geist mit einem Eisberg: Nur ein Siebtel des Eisberges ragt aus dem Wasser – das entspricht unserem Bewusstsein. Der Großteil des Eisberges ist unter Wasser unsichtbar – das entspricht mehr oder weniger unserem Unterbewusstsein.

All unsere Verhaltensweisen werden entweder bewusst oder unbewusst gesteuert. Dabei beträgt der Anteil der unbewussten Handlungen über 90 Prozent. Mithin ist das Unterbewusstsein der entscheidende Faktor unseres Erfolgspotenzials.

Unser Unterbewusstsein ist eine riesige Datenbank. Nutzen Sie die wunderbaren Chancen, die sich durch Ihr Unterbewusstsein bieten.

Unser Bewusstsein nimmt die Welt ohne Emotionen kritisch und rational wahr. Eingehende Ereignisse, Gedanken, Situationen werden analysiert und verglichen. Die Vergleichsdaten kommen ins Unterbewusstsein, ähnlich einer riesigen Datenbank. Auf dieser Informationsbasis legt das Bewusstsein die Verhaltensweisen fest.

Der innere Konflikt

Ein Mann auf einer Party: Ihm fällt eine attraktive Frau auf. Sein Bewusstsein nimmt die Situation rational wahr, sein Unterbewusstsein gleicht mit früheren Wahrnehmungen bzw. Erfahrungen ab. Das Unterbewusstsein hat keine eigene Meinung, will nur das Beste im Mann. Also Schmerz vermeiden, Freude gewinnen. Wenn Erfahrungen vorliegen, dominiert der Wille, Schmerz zu vermeiden. In diesem Fall findet sich in der Datenbank eine ähnliche Situation. Das Unterbewusstsein des Mannes erinnert sich, wie er mal abgewiesen wurde (negatives Gefühl). Jetzt entscheidet das Bewusstsein, Schmerz zu vermeiden. Also spricht der Mann die hübsche Frau nicht an.

Auch in Bezug auf Erfolg haben viele Menschen ähnlich gemischte Gefühle. Einerseits wünschen sie sich mehr Geld, eine bessere Position, eine schönere Wohnung oder ein größeres Haus. Auf der anderen Seite würde mehr Erfolg auch mehr Arbeit bedeuten. Und davon hat man ja jetzt schon mehr als genug. Erfolg wird mit negativen und positiven Gefühlen verknüpft. Unser Gehirn entscheidet sich meist,

Schmerzen zu vermeiden. Der Weg zum Erfolg ist selten bequem. Also neigen Menschen dazu, den unbequemen Weg zu meiden. Mehr Erfolg muss allerdings nicht zwangsläufig mehr Arbeit bedeuten. Erfolgreiche Menschen nutzen nämlich die Macht ihres Unterbewusstseins und erzielen dadurch außergewöhnliche Ergebnisse. Sie arbeiten »intelligent«.

Wie von Geisterhand gesteuert ...

Anders als das Bewusstsein kann unser Unterbewusstsein nicht zwischen einer realen Erfahrung und einem intensiv vorgestellten Szenario unterscheiden. Das Unterbewusstsein hält alles fest, was eingegeben wird, und setzt alles daran, die Vorstellungen zu verwirklichen. Stellen wir uns das Unterbewusstsein als einen riesigen Garten vor, in dem es einen Gärtner namens »Bewusstsein« gibt. Alles, was der Gärtner pflanzt, wächst dort. Jeder Gedanke, den wir häufig wiederholen und mit emotionaler Intensität versehen, trägt Früchte. Manche Früchte sind wohlschmeckend, andere giftig. Ihr Unterbewusstsein führt immer aus, was das Bewusstsein vorgibt. Egal, ob gut oder schlecht. Also kommt es darauf an, das Unterbewusstsein zu trainieren – und zu konditionieren.

Ihr Unterbewusstsein bewertet nicht. Es führt immer aus, was Sie durch Ihr Bewusstsein vorgeben.

Das Vorstellungsvermögen

Kommen wir ohne genaue Karte an einen bestimmten Ort, den wir nicht kennen? Nein. Wenn wir uns nicht vorstellen können, was wir eigentlich genau anstreben, können wir es auch nicht erreichen. Nehmen Sie sich mal zwei Minuten Zeit. Lassen Sie Ihren Gedanken freien Raum:

- Welche Wünsche fallen Ihnen ein?

- Welchen Träumen hängen Sie nach?

- Welche wichtigen Ziele schießen Ihnen durch den Kopf?

Verbannen Sie künftig jene Gedanken aus Ihrem Kopf, die Sie zurückhalten. Ersetzen Sie negative Gedankenstopper (Unvermögen, Unsicherheit) durch positive Gedanken, die helfen, Zielvorstellungen zu verwirklichen. Werden Sie zum Möglichkeitsdenker! Denn Ihre Gedanken senden Schwingungen aus – und die wiederum ziehen all die Menschen und Dinge an, die Ihnen bei der Verwirklichung Ihrer Ziele helfen.

Das Unterbewusstsein filtert alle für Sie relevanten Informationen aus Ihrer Umwelt. Ein Phänomen, das wir alle kennen. Mal angenommen, Sie sind werdende Mutter oder werdender Vater. Ist es nicht erstaunlich, wie viele schwangere Frauen Sie plötzlich sehen, die Sie vorher nie wahrgenommen haben? Wie von Zauberhand stoßen Sie ständig auf Infos über Schwangerschaft, Geburt und Erziehung.

»Viele Menschen verfolgen hartnäckig den Weg, den sie gewählt haben, aber nur wenige das Ziel.«
Kurt Tepperwein, Therapeut und Autor (»Die hohe Schule des Erfolgs«).

Werte als Kraftquelle

Das Unterbewusstsein, richtig eingesetzt, verleiht auch dem Erfolg Flügel. Bevor Sie es jedoch programmieren, sollten Sie sich im Klaren sein, wohin Sie wollen und was für Sie wichtig ist. Werte stellen die tiefen, persönlichen Überzeugungen Ihres Lebens dar. Sie zeigen, was für Sie wichtig, richtig und bedeutend ist.

In der Regel wurden Ihre Werte unbewusst durch die Umwelt (Eltern, Schule, Freundeskreis) gebildet und geprägt, durch die Bücher, Zeitungen und Magazine, die Sie lesen, durch die Fernsehsendungen und Filme, die Sie sehen. Obwohl Werte unbewusst entstehen, bestimmen sie doch entscheidend das Leben. Deshalb müssen wir ihnen eine hohe Aufmerksamkeit widmen. Die Tür zum wahren Lebensglück wird sich Ihnen nur dann öffnen, wenn Sie es schaffen, Ihre Werte mit Ihren Zielen in Einklang zu bringen.

Werte sind wünschenswerte Gefühle, die für ein erfülltes Leben wichtig sind.

Die Liste der persönlichen Werte

Natürlich können Sie entgegnen, dass Sie auch schon Ziele erreicht haben, die sogar gegen Ihre Werte standen. Diese Ziele stellten jedoch sicherlich keine außergewöhnlichen Leistungen dar und brachten bestimmt auch keine wahre Zufriedenheit.

Vergleichen wir es mal mit einem Computer: Die Diskette stellt Ihre Ziele dar und Ihre Werte sind mit Ihrem Betriebssystem gleichzusetzen. Nur wenn Ihre Diskette zu Ihrem Betriebssystem passt, sehen Sie auf dem Monitor ein Bild – also das Ergebnis Ihrer Ziele. Wenn es Ihr Ziel ist, den Firmenumsatz im nächsten Jahr um 50 Prozent zu steigern, so ist das durchaus möglich.

Lautet Ihr oberster Wert allerdings »Familienleben«, dann haben Sie ein Problem. Sie können Ihr Ziel vielleicht nur erreichen, wenn Sie Tag und Nacht arbeiten und deshalb die Familie kaum mehr sehen. Vielleicht verführt das Ziel sogar zu Geschäften am Rande der Legalität. Dann könnte das mit anderen Werten (zum Beispiel Ehrlichkeit) kollidieren. Selbst wenn Sie dann Ihr Ziel erreichen, werden Sie im Innersten nicht ganz happy sein.

Die maximale Erfüllung

Achten Sie deshalb immer darauf, dass Ihre Ziele und Werte auch zueinander passen. Nur so spüren Sie maximale Erfüllung, wenn Sie Ihr Ziel wirklich erreicht haben. Machen Sie Ihren Wertecheck auf den folgenden Seiten.

Check: Meine persönlichen Werte

1. Aufgabe: Wählen Sie aus der Liste der aufgeführten persönlichen Werte Ihre zehn wichtigsten aus (ohne die Rangfolge zu bewerten):

❐ Leistung
❐ Optimismus
❐ Freundschaften
❐ Wechsel und Vielfalt
❐ Dankbarkeit
❐ Ruhm
❐ Reichtum
❐ Marktposition
❐ Demokratie
❐ Der Beste sein
❐ Ebenbürtigkeit
❐ Kooperation
❐ Effektivität
❐ Ruf
❐ Achtung
❐ Ehrlichkeit
❐ Selbstbewusstsein
❐ Ethik
❐ Macht und Autorität
❐ Einfluss (auf andere)
❐ Gelassenheit
❐ Intuition
❐ Selbstachtung
❐ Gute Laune
❐ Zuverlässigkeit
❐ Objektivität
❐ Toleranz
❐ Gleichheit
❐ Distanz

❐ Ehre
❐ Familienleben
❐ Willenskraft
❐ Sexualität
❐ Reinheit
❐ Sicherheit
❐ Beziehungen
❐ Verantwortung
❐ Freiheit
❐ Führung
❐ Geborgenheit
❐ Entwicklung (persönliche Nutzung der Stärken)
❐ Standort (Örtlichkeit)
❐ Zielbewusstsein
❐ Geld
❐ Begeisterung
❐ Harmonie
❐ Gesundheit
❐ Kompetenz
❐ Herausforderung
❐ Wissen
❐ Etwas ins Handeln bringen
❐ Kontaktfähigkeit
❐ Zeitlosigkeit
❐ Vertrauen
❐ Pünktlichkeit

❐ Frieden
❐ Höflichkeit
❐ Karriere
❐ Wettbewerb
❐ Disziplin
❐ Kreativität
❐ Kultiviertheit
❐ Kunst
❐ Abenteuer
❐ Liebe
❐ Wahrhaftigkeit
❐ Lebenskraft
❐ Entschlossenheit
❐ Loyalität
❐ Spaß
❐ Zufriedenheit
❐ Natur
❐ Ordnung
❐ Öffentlicher Dienst
❐ Arbeit
❐ Behaglichkeit
❐ Freundlichkeit
❐ Alleinsein
❐ Intimsphäre
❐ Religion
❐ Mut
❐ Auffassungsgabe
❐ Respekt
❐ Gemeinschaft

Check: Meine persönlichen Werte

❐ Mitgefühl
❐ Sparsamkeit
❐ Stärke
❐ Schnelllebigkeit
❐ Umweltbewusstsein
❐ Exzellenz
❐ Lebensfreude
❐ Fleiß
❐ Status
❐ Schönheit
❐ Zurückgezogenheit
❐ Flexibilität
❐ Spiritualität
❐ Zuverlässigkeit
❐ Sachkenntnis
❐ Vaterland
❐ Finanzieller Gewinn
❐ Geselligkeit

❐ Interessengleichheit
❐ Wachstum
  (persönlich)
❐ Wahrheit
❐ Kontrolle
  (über andere)
❐ Individualität
❐ Anerkennung
❐ Weisheit
❐ Hilfsbereitschaft
❐ Hingabe
❐ Integrität
❐ Zeitliche Freiheit
❐ Genuss
❐ Verständnis
❐ Herkunft
❐ Gerechtigkeit
❐ Zärtlichkeit

❐ Persönlichkeit
❐ Ausgeglichenheit
❐ Bildung
❐ Charisma

Zusätzliche eigene Werte:
❐
❐
❐
❐
❐
❐
❐
❐
❐
❐

2. Aufgabe: Verdichten Sie die Liste auf Ihre **vier** wichtigsten Werte:

❐

❐

❐

❐

3. Aufgabe: Bringen Sie Ihre **vier** Werte in die Reihenfolge Ihrer Wichtigkeit:

1.

2.

3.

4.

Die Kraft der Ziele

**»Zielklarheit –
das ist 80 Prozent
des Erfolgs.«**
Brian Tracy

In diesem Buch erhalten Sie wirkungsvolle Werkzeuge, um Ihr Leben schnell und entscheidend zu beeinflussen. Doch bevor Sie Veränderungsprozesse in Gang setzen, müssen Sie sich verdeutlichen, wohin die Reise gehen soll.

Jeder große Erfolg beginnt damit, dass man sich über das Ziel im Klaren ist. Warum sind Bill Gates, Steffi Graf oder Michael Schumacher die Besten ihres Fachs geworden? Sie haben sich bei Zeiten dazu entschlossen, die Nummer eins in ihrer Branche zu werden. Sie hatten ein ganz klares Ziel.

Wenn Sie die Macht der Ziele verstanden haben, besitzen Sie einen Erfolgsmagneten. Er wird alles anziehen, was Sie zur Verwirklichung Ihrer Träume benötigen. Laotse brachte es schon vor 2.300 Jahren prägnant auf den Punkt: »Wer sein Ziel kennt, findet den Weg.«

Der (vorläufige) Dreischritt zum Ziel

1. Legen Sie Ihr Ziel fest.

2. Bestimmen Sie den Preis, den Sie zahlen müssen.

3. Zahlen Sie den Preis.

Wie Sie Ihre Energie richtig kanalisieren

Zielsetzung = Programmvorgabe für das Unterbewusstsein.

Wenn Sie keine präzisen Antworten auf die folgenden Fragen finden, ist all Ihre investierte Energie vergebens:
- Was genau will ich?
- Was sind meine genauen Ziele?

Doch schauen wir uns das Wort Energie näher an. Es kommt aus dem Griechischen und bedeutet »wirkende Kraft«. Aufbauend auf diese Erkenntnis müssen Sie sich zwei entscheidende Fragen stellen:
- In welche Richtung wirkt meine Kraft?
- Wie viel Kraft habe ich?

Sowohl die Menge als auch die Richtung Ihrer Energie wird maßgeblich von Ihren Zielen beeinflusst. Die Welt, in der wir leben, verändert sich ständig und zwingt uns permanent, neues, noch unbekanntes Land zu betreten. Ziele wirken dabei wie ein Kompass, der uns hilft, auch in schwierigen Situationen den richtigen Weg zu finden.

Wir wachsen mit unseren Zielen

Wir Anpasser! Wenn das Ziel nur bedeutet, den Tag zu überstehen, stellt der Körper genau so viel Energie zur Verfügung, damit dieser »Anspruch« befriedigt werden kann: ausschlafen, durch den Alltag kämpfen, abends die Probleme anderer im Fernseher ansehen. Wenn Sie ein außergewöhnliches, motivierendes Ziel haben, stellt der Körper auch ein außergewöhnliches Maß an Energie bereit.

Wenn Sie Ihre richtigen Ziele gefunden haben, werden Sie morgens voller Tatendrang aus dem Bett springen, um ins Handeln zu kommen. Sie werden noch zu später Stunde voll motiviert sein. Sie spüren neue Energiepotenziale.

Auf die Frage, was Erfolg ausmacht, antwortete Wayne Gretzky, der vielleicht beste Eishockeyspieler aller Zeiten: »Die meisten Spieler sind ziemlich gut, aber sie laufen dahin, wo der Puck ist. Ich gehe dahin, wo der Puck sein wird.« Überlegen Sie, wohin Ihr Puck soll! Ziele sind die Wegweiser für das Gehirn.

Ziele erzeugen in Ihnen die Kraft, die richtigen Entscheidungen zu treffen, und geben Ihrem Leben in kürzester Zeit eine neue lohnenswerte Richtung.

Mit Elan zum Ziel! Für ein motivierendes Ziel stellt der Körper ein außergewöhnliches Maß an Energie bereit.

Erfolgsfaktor Visualisieren

»Du musst schon da sein, bevor du angekommen bist.«
Richard Bach
(»Die Möwe Jonathan«)

Visualisieren (»Vergegenwärtigen«) bedeutet das Umsetzen von Ideen und Zielen in sinnliche Bilder. Wir können auf diese Weise die Wirklichkeit vorwegnehmen.

- Da unser Unterbewusstsein nur in Bildern denkt und unser Gehirn nachweislich nicht zwischen einer tatsächlich gemachten Erfahrung und einer sich intensiv vorgestellten Situation unterscheiden kann, können wir das Visualisieren als entscheidenden Erfolgsfaktor nutzen. Je mehr Gefühl wir dabei an den Tag legen, desto größer ist die Kraft der Visualisierung.

- Lassen Sie vor Ihrem geistigen Auge also große, bunte Bilder ablaufen, wie Sie Ihr Ziel erreichen. Erleben Sie, wie Sie die Aufgaben auf dem Weg zu Ihrem Ziel hervorragend lösen. Nutzen Sie dabei all Ihre Sinne. Was hören Sie? Was sehen Sie? Was fühlen Sie? Vielleicht riechen und schmecken Sie sogar etwas. Entwickeln Sie Spaß bei dieser Technik.

- Besonders günstige Momente zum Visualisieren sind:
Kurz vor dem Einschlafen
Kurz nach dem Aufwachen

- Ihr Unterbewusstsein ist in diesen Phasen formbar wie Wachs. Grundsätzlich gilt: Je häufiger, desto besser, am besten täglich. Es sollte so alltäglich sein wie Zähneputzen.

- Die große Chance, die Visualisieren bietet: Sie können Ihre Vorstellungskraft lenken, schnell und mühelos verändern. Vor wichtigen Ereignissen (Prüfungen, Wettkämpfen) können Sie das Wunschergebnis im Voraus »einprogrammieren«; auch potenzielle Probleme und entsprechende Lösungen. Vorteil: Das Gehirn hat die Situation schon mal »erlebt«. Im Ernstfall herrscht weniger Unsicherheit oder Panik.

- Es bleibt Kapazität für schnelle, selbstbewusste Entscheidungen und Handlungsschritte.

Unser Gehirn braucht Ziele

Seit einigen Jahren werden für Autos so genannte Navigationssysteme angeboten, die uns auf schnellstem Weg zum Ziel bringen sollen. Um es zu aktivieren, muss zunächst das gewünschte Ziel eingegeben werden. Satelliten orten nun unseren Standort, es werden gezielte Anweisungen gegeben, welche Strecke wir nehmen müssen. Je genauer wir die Zieldaten eingeben (Straße, Hausnummer), desto näher bringt uns das System zum gewünschten Ort. Selbst wenn wir mal eine Abbiegung versäumen, errechnet der Computer die neue Strecke auf der Basis des neuen Standortes. Wir können unterwegs durchaus Fehler machen, nur dürfen wir nie vergessen, das Ziel einzugeben. Im richtigen Leben entspricht dieses Navigationssystem dem Gehirn. Es funktioniert zwar auch ohne Zieleingabe. Aber Ziele ohne genaue Zieleingabe sind schwer zu erreichen. Deshalb hier einmal die wichtigsten Grundsätze, die für Ziele gelten:

Wenn Sie nicht wissen, wohin Sie wollen, müssen Sie sich nicht wundern, wenn Sie ganz woanders ankommen.

1. Ziele müssen motivieren und herausfordern

Sie haben dann das richtige Ziel gewählt, wenn Sie beim Gedanken an Ihre neue Zukunft in einen positiv begeisterten Zustand geraten.

2. Formulieren Sie Ihre Ziele positiv

Die Aussage »Ich möchte nicht mehr dick sein« hat eine gegen null strebende Erfolgsaussicht. Ihre Datenbank, Ihr Unterbewusstsein, denkt nur in Bildern. Für »dick« haben Sie ein Bild. Doch nicht für »nicht«. Hier sucht das Unterbewusstsein vergebens. Also wird das Bild »dick« nach Verwirklichung trachten, die Gedanken führen in eine falsche Richtung. Deshalb muss Ihre positive Formulierung lauten: »Ich bin schlank.«

3. Drücken Sie sich so konkret wie möglich aus

Universalaussagen sind bei Zielformulierungen sehr angenehm. Sie lassen diverse Fluchttüren offen. Doch genau das sollten Sie vermeiden. Wenn das Ziel ist, mehr Geld zu verdienen, bestimmen Sie konkret wie viel. Wenn Sie Ihre Beziehung verbessern wollen – was heißt das im Klartext? Wenn Sie abnehmen wollen – wie viel denn genau? Je konkreter Ihr Ziel, desto konkreter Ihre Handlungsschritte.

4. Erfüllen Sie Ihre Ziele mit Leben

Wenn Sie es verstehen, Ihre Ziele mit all Ihren Sinnen (Sehen, Hören, Fühlen, Schmecken, Riechen) auszudrücken, dann entwickelt das einen Sog. Ein Freund aus München entwarf sein Ziel mit allen Details: eine eigene Segelyacht. Ein Zweimaster, über 20 Meter lang, braun und blau. Er schwärmte vom Geräusch der flatternden Segel, dem Rauschen des Meeres. Er fühlte schon an Deck die Sonne auf seiner Haut; er roch, wie es ist, in einen Hafen einzufahren; er schmeckte das Salz des Meeres und den Schluck Cabernet Sauvignon auf seiner Zunge beim Sonnenuntergang.

Es dauerte nicht lange, da hatte er seine Yacht. Magische Anziehungskräfte können wirken, wenn die Sinne stark mit ins Spiel kommen. Sie helfen bei der Erfüllung des Traums.

> »Erfolg ist eine kontinuierliche Reise zur Verwirklichung vorher bestimmter Ziele.«
> *Tom Hopkins*

5. Ihr Ziel muss in Ihrer eigenen Macht stehen

Machen Sie die Erreichbarkeit Ihres Zieles niemals von anderen abhängig. Übernehmen Sie für Ihre Zukunft die uneingeschränkte Verantwortung. Sie, und nur Sie, sind der Kapitän Ihres Schiffes, mithin verantwortlich, wie Sie das Ruder Ihres Schiffes stellen. Sie müssen letztlich Einfluss haben über jeden Faktor, über jeden Schritt, der für Ihre Zielerreichung entscheidend ist.

6. Formulieren Sie Ihr Ziel in der Gegenwartsform

Damit präsentieren Sie Ihrem Gehirn feste Tatsachen und nicht wünschenswerte Möglichkeiten. Ein entscheidender Unterschied. Beispiele: »Ich wiege 85 Kilo« (nicht: »Ich werde 85 Kilo wiegen«). »Ich spreche selbstbewusst vor vielen Menschen« (nicht: »Ich will vor vielen Menschen selbstbewusst sprechen«).

7. Gestalten Sie Ihre Ziele erreichbar und glaubhaft

Stecken Sie sich durchaus hohe Ziele, die Sie weit aus Ihrer Komfortzone locken. Doch die Ziele müssen erreichbar sein. Ihr Unterbewusstsein braucht die Chance, sich mit Ihrem Ziel zu identifizieren. Vergleichen Sie Ihre Kraft mit einem Torpedo, den Sie auf Ihr Ziel abschießen. Ist das Ziel außerhalb der Reichweite Ihres Torpedos, verpufft seine Wirkung. Schwenken Sie jedoch nicht ins Gegenteil um. Gestalten Sie Ihre Ziele nicht zu klein.

8. Vermeiden Sie »Weichmacher«

Mit Worten wie »möchte«, »könnte«, »vielleicht«, »würde«, »versuchen« oder »eigentlich« vereiteln Sie das Formulieren klarer Ziele und verhindern dadurch entschiedene Handlungsschritte. Nutzen Sie die Kraft der Sprache, drücken Sie sich konkret, direkt aus.

9. Bestimmen Sie einen zeitlichen Rahmen

Wenn Sie sich präzise Termine setzen, motivieren Sie Ihr Unterbewusstsein, alles Notwendige zu tun, um das Ziel bis zu einem bestimmten Termin zu erreichen. Ein Zeitrahmen bringt Sie schneller ins Handeln. Sollten Sie Ihr Ziel nicht zum vorgesehenen Zeitpunkt erreicht haben, kein Problem. Setzen Sie sich ein neues Datum.

»Ein Ziel im Leben ist das einzige Vermögen, das sich zu erwerben lohnt.«
Robert Louis Stevenson

10. Bringen Sie Ihre Werte und Ziele in Einklang

Ihre Ziele dürfen mit Ihren persönlichen Werten nicht kollidieren, sie müssen zusammenpassen. Nur so werden Sie auf Dauer wahre Erfüllung finden – und den angepeilten Lebenserfolg.

11. Prüfen Sie den Sinn Ihres Zieles

Klopfen Sie mit folgenden Fragen ab, ob Ihr Ziel wirklich in jeder Hinsicht wünschenswert ist. Fragen Sie sich:
- Was gewinne ich durch das Erreichen meines Zieles?
- Was gebe ich dadurch auf?
- Füge ich eventuell anderen Menschen dadurch Schaden zu?

12. Ihre Ziele müssen sich gegenseitig unterstützen

Achten Sie darauf, dass Sie bei der Verfolgung Ihrer Ziele nicht zum Geisterfahrer werden. Wenn Sie ein hohes berufliches Ziel erreichen und gleichzeitig Ihr Golfhandicap gen null treiben wollen, wird es vermutlich zum Zeitcrash kommen. Das Ziel, viermal in der Woche zu joggen, wird Ihr Karriereziel unterstützen, denn körperliche Fitness verbessert nun mal generell die Leistungsfähigkeit. Außerdem kostet das Laufen nicht zu viel Zeit.

13. Legen Sie Ihre Ziele schriftlich fest

Der Volksmund sagt zu Recht: »Was man schreibt, das bleibt.« Das Prinzip der Schriftlichkeit zwingt uns, unsere Gedanken konkret festzulegen. Für eine Studie an der Universität von Yale wurden Studenten einer Abschlussklasse gefragt: »Haben Sie Ihre Ziele schriftlich fixiert?« Nur drei Prozent hatten. Zwanzig Jahre später wurden dieselben Studenten nochmals interviewt. Das Ergebnis war sensationell. Jene drei Prozent, die damals ihre Ziele klar und schriftlich fixiert hatten, waren messbar erfolgreicher. Sie hatten mehr Vermögen angehäuft als die restlichen 97 Prozent zusammen.

> **»Der Langsamste, der sein Ziel nicht aus den Augen verliert, geht immer noch geschwinder als der, der ohne Ziel umherirrt.«**
> *Sprichwort*

14. Visualisieren Sie täglich Ihre wichtigsten Ziele

Stellen Sie sich so oft es geht Ihr Ziel klar und deutlich in Bildern vor. Erleben Sie vor Ihrem geistigen Auge, wie Sie Ihr Ziel erreichen, wie Sie die Aufgaben auf dem Weg zum Ziel hervorragend lösen. Sie werden über das Ergebnis staunen.

Voraussetzungen, um meine Ziele zu verwirklichen

Ziele müssen ...

1. motivierend und herausfordernd sein.
2. positiv formuliert sein.
3. so konkret wie möglich sein.
4. mit Leben erfüllt sein (sinnesspezifisch).
5. in der eigenen Macht stehen.
6. in der Gegenwartsform formuliert sein.
7. erreichbar und glaubhaft sein.
8. Weichmacher« vermeiden.
9. einen zeitlichen Rahmen haben.
10. in Einklang mit Ihren Werten stehen.
11. sinnvoll und wünschenswert sein.
12. sich gegenseitig unterstützen.
13. schriftlich festgelegt werden.
14. täglich visualisiert werden.
15. spätestens alle sechs Monate überprüft bzw. aktualisiert werden.

84

15. Überprüfen und aktualisieren Sie Ihre Ziele

Wir leben in einer sich ständig verändernden Welt. Geschwindigkeit wird zum beherrschenden Faktor der Zukunft. Manchen Zielen kommen Sie näher, manche erreichen Sie, einige verlieren vielleicht an Bedeutung. Damit Ihre Ziele nichts an aktueller Zugkraft verlieren, sollten Sie sie spätestens alle sechs Monate überprüfen und eventuell aktualisieren bzw. den Gegebenheiten anpassen.

Wie Sie Ihre wichtigsten Ziele finden

Wenn es Ihr großes Ziel ist, ein erfülltes und ausgeglichenes Leben zu führen, müssen Sie Ihre Aufmerksamkeit auf fünf Bereiche lenken. Finden Sie heraus, was Ihnen besonders wichtig ist. Vielleicht standen Sie mal am Schiffsruder. Dann wissen Sie, dass man da permanent ausgleichen muss, um Kurs zu halten. Auch als Steuermann Ihres Lebens müssen Sie eine gesunde Balance zwischen den fünf Zielbereichen finden, wenn Sie Lebenserfolg ansteuern.
Sie wissen ja: Von nichts kommt nichts.

Tipp: Hören Sie nur auf Ratschläge von Leuten, die das schon erreicht haben, was Sie noch erreichen wollen.

1. Persönliche Ziele

- Was können Sie ganz konkret für Ihre Gesundheit, Ernährung, Bewegung tun?
- Welche Sprachen wollen Sie lernen?
- Wie verbessern Sie Ihr seelisches Wohlbefinden?
- Was werden Sie für Ihre Weiterentwicklung tun?
- Welche Fähigkeiten wollen Sie noch lernen oder optimieren?
- Welches Körpergewicht streben Sie an?
- ...

2. Berufliche und wirtschaftliche Ziele

- Wie viel Geld möchten Sie verdienen?
- Was bedeutet finanzielle Freiheit für Sie?
- Wollen Sie eine Firma gründen?
- Wohin soll Sie Ihre Karriere bringen?
- Worin möchten Sie Marktführer sein?
- ...

3. Zwischenmenschliche Ziele

- Wie stellen Sie sich Ihre Traumbeziehung vor?
- Wollen Sie eine Familie gründen?
- Wer sollte zu Ihrem Freundeskreis gehören?
- Wie möchten Sie den Kontakt mit Ihren Eltern gestalten?
- Wie viel Zeit möchten Sie mit Ihren Kindern verbringen?
- ...

4. Freizeit- und luxusorientierte Ziele

- Welche Hobbys wollen Sie pflegen?
- Welche Reisen wollen Sie unbedingt machen?
- Welche kulturellen Veranstaltungen bedeuten Ihnen viel?
- Wie sieht Ihr Traumhaus aus?
- Welches Auto möchten Sie unbedingt besitzen?
- ...

5. Soziale und ökologische Ziele

- Was können Sie Gutes für die Gesellschaft leisten?
- Wie viel Geld sind Sie bereit zu spenden?
- Welche ehrenamtliche Stellung wollen Sie bekleiden?
- Was werden Sie für die Umwelt tun?
- Wem werden Sie Ihre Hilfe anbieten?
- ...

Aufgabe: Sie brauchen jetzt einen Stift und 15 leere DIN-A4-Blätter. Bringen Sie sich, ehe Sie zu schreiben beginnen, in einen positiven, erwartungsvollen Zustand!

Die sieben Schritte zum Ziel

Jeder muss seinen Erfolg selbst verursachen. Dazu ist Selbstdisziplin nötig. Diese sieben Schritte der Zielumsetzung können Sie jederzeit durchziehen. Sicher, es kostet etwas Anstrengung. Doch Sie werden für diesen Aufwand reichlich belohnt.

1. Erstellen Sie Ihren »Wunschzettel«

Nehmen Sie ein Blatt Papier, und suchen Sie sich einen der fünf Zielbereiche heraus, z. B. persönliche Ziele. Geben Sie sich genau fünf

Minuten Zeit. Nicht mehr und nicht weniger. Schreiben Sie spontan alle persönlichen Ziele (die Sie kurz oder langfristig erreichen wollen) auf. Wenn Sie diese Übung konzentriert mitmachen, werden Sie erleben, wie Ihr Unterbewusstsein auf Hochtouren arbeitet und Entscheidendes für Ihr Leben sofort hervorbringt.

Übrigens: Das Ergebnis wird auch dann nicht besser, wenn Sie sich eine Stunde Zeit für die Aufgabe nehmen würden.

Beispiele: regelmäßig Sport treiben, sieben Kilogramm abnehmen, Englisch lernen ...

Konfuzius packte sein Wissen um die Wichtigkeit von Zielorientierung in folgenden Satz: »Auch eine Reise von tausend Wegstunden beginnt mit einem einzigen Schritt.«

2. Legen Sie Ihren Zeitrahmen fest

Schreiben Sie vor oder hinter jedes Ihrer Ziele, wie lange Sie bis zur Realisierung brauchen. Nehmen Sie sich hierfür maximal eine Minute Zeit. *Beispiele: Regelmäßig Sport treiben: drei Monate; sieben Kilo abnehmen: sechs Monate; Englisch lernen: zwei Jahre.*

3. Bestimmen Sie für alle fünf Bereiche Ziele und Termine

Nehmen Sie sich jetzt für jeden der verbleibenden Zielbereiche ein Blatt Papier, und wiederholen Sie die Schritte 1 und 2. Für jeden Zielbereich haben Sie fünf plus eine Minute Zeit. Am Ende erhalten Sie Ihre fünf Zielbereiche mit den spezifischen Zielen und den entsprechenden Zeitrahmen.

4. Wählen Sie Ihre »TOP-10«

Kreuzen Sie jetzt in jedem Zielbereich Ihre zwei wichtigsten Ziele an. Die Verwirklichung dieser Ziele sollte ein »Muss« für Ihr Lebensglück und Ihre Lebensqualität darstellen. Sie erhalten somit Ihre zehn wichtigsten Ziele.

5. Formulieren Sie jedes Ihrer »TOP-10«-Ziele genau aus

Schreiben Sie jetzt jedes Ihrer »TOP-10«-Ziele als Überschrift auf ein jeweils neues Blatt. Formulieren Sie Ihr Ziel genau aus. Verwenden Sie dabei möglichst viele Details und eine motivierende, emotionale Sprache. Hauchen Sie Ihren Zielen mit Hilfe Ihrer fünf Sinne Leben ein. *Beispiel: regelmäßig Sport treiben – drei Monate. Ich treibe mindestens viermal pro Woche Sport. Dabei wechsle ich nach persönlicher Vorliebe und nach Jahreszeit zwischen Joggen, Mountain-*

biken und Training im Fitnessstudio. Jedes Training hat einen Aus-
dauerteil (mindestens 30 Minuten), den ich mit Begeisterung und mit
meinem neuen Pulsmesser durchführe. Beim Laufen und Mountain-
biken genieße ich den Kontakt zur Natur. Durch das zusätzliche
Krafttraining im Studio definiere ich meine Figur und gleichzeitig
freue ich mich immer wieder über motivierenden Kontakt mit Gleich-
gesinnten. Ich spüre enorm viel Power und Lebensenergie in mir. Ein
Gefühl, als ob ich Bäume ausreißen kann ...

> »Sich kleine Ziele setzen. Sie errei-chen. Sich neue, etwas größere Ziele setzen. Sie erreichen – so funktioniert Erfolg.«
> *Dale Carnegie*

6. Begründen Sie Ihr »Warum?«

Schreiben Sie nun auf, warum Sie dieses Ziel unbedingt erreichen
müssen. Wenn Ihr »Warum« groß genug ist, dann wird sich jedes
»Wie« automatisch ergeben. *Beispiel: Warum? Ich wirke attraktiver.
Mein Selbstvertrauen steigt enorm. Ich bin belastbarer und kann
kreativer arbeiten, die Ergebnisse werden besser. Meine Denkge-
schwindigkeit erhöht sich entscheidend. Mein Einkommen erhöht
sich. In meinem Beruf ist sportlich-dynamisches Aussehen eine wichtige Voraussetzung für meine berufliche Karriere ...*

7. Überprüfen bzw. verändern Sie gegebenenfalls Ihre Ziele

Mit folgenden fünf Fragen können Sie überprüfen, ob die Ziele, die
Sie sich gesetzt haben, wirklich sinnvoll für Sie sind. Wenn nicht,
dann verändern Sie die Ziele so lange, bis Sie uneingeschränkt dahinter stehen können.

> »Wer meint, er ist am Ziel, der geht zurück.«
> **Laotse**

1. Was gewinne ich durch das Erreichen dieses Zieles?
   *Beispiel: Selbstvertrauen, bessere Beziehungschancen, höheres
   Einkommen.*
2. Was gebe ich dadurch auf?
   *Beispiel: Gemütliche Fernsehabende, für jeden jederzeit
   erreichbar zu sein.*
3. Wie könnte meine Umwelt reagieren?
   Beispiel: »Sport ist Mord.«; »Du hast keine Zeit mehr für mich.«
4. Füge ich eventuell anderen Menschen Schaden zu?
   Beispiel: Nein.
5. Woran merke ich, dass ich mein Ziel erreicht habe?
   *Beispiel: 15 Prozent Fettgehalt oder Wohlfühl-Figur oder kleinere
   Konfektionsgröße.*

Erfolg – was bedeutet das für mich persönlich?

Wenn Ihre Ziele nicht bloß Wunschträume bleiben sollen, helfen diese sieben konkreten Schritte zur Zielfindung: Lassen Sie sich auf diese Übung ein. Sie wirkt vielleicht ein bisschen wie das Ausfüllen eines Wunschzettels zu Weihnachten. Aber Wünsche und Träume sind Zielen vorgeschaltet und nun mal nötig, wenn Sie Erfolg anstreben.

1. Erstellen Sie Ihren »Wunschzettel«.

2. Legen Sie Ihren Zeitrahmen fest.

3. Bestimmen Sie für alle fünf Zielbereiche Ihre Ziele und Termine.

4. Wählen Sie Ihre »TOP-10«.

5. Formulieren Sie jedes Ihrer »TOP-10«-Ziele genau aus.

6. Begründen Sie Ihr »Warum?«

7. Überprüfen bzw. verändern Sie gegebenenfalls Ihre Ziele.

Wie Sie sich zum Erfolg »POP«-en

Leider haben bislang nur wenige Menschen ihr Ziel schriftlich fixiert. Von diesen wenigen machen die meisten noch einen entscheidenden Fehler. Sie warten ständig auf den Quantensprung in ihrer Entwicklung bzw. für ihre Lebensqualität. Das ist der gleiche Fehler, den die deutsche Wirtschaft lange machte. Man wartete auf große Innovationen, während zum Beispiel die Japaner mit kleinen Verbesserungsschritten täglich die Qualität ihrer Produkte unmerklich, aber entscheidend verbesserten – und damit in verschiedensten Bereichen Marktführer wurden. Nutzen Sie das Prinzip des »POP« – POP heißt »Permanenter Optimierungsprozess«.

- Machen Sie täglich kleine (manchmal auch große) Schritte, um Ihre außergewöhnlichen Ziele zu erreichen.
- Seien Sie flexibel. Lassen Sie sich ständig auf einen permanenten Verbesserungsprozess ein – bis Sie Ihr Ziel erreicht haben.

Visualisieren Sie Ihr Ziel, das Endbild. Fügen Sie Puzzleteil für Puzzleteil zu einem Wunschziel zusammen. Haben Sie den Mut, Teile, die nicht passen, aus dem Spiel zu nehmen und durch andere zu ersetzen.

DIE SPIELREGELN DES LEBENS

Wir alle kennen solche Menschen, die jeden Tag in den Kampf ziehen. Die das Leben als mühseligen Existenzkampf, als einzigen Überlebenskampf betrachten und dem Spötter Schopenhauer zustimmen, der einst sagte, das Leben sei »ein Pensum zum Abarbeiten«. Stimmt. Viele Menschen verpulvern im Beruf, im Sport oder in der Beziehung unglaubliche Mengen an Energie. Meist völlig unnötig. Und warum? Weil sie die fundamentalen Regeln des Lebens nicht verstanden haben oder nicht beherzigen können. Das Leben ist ein Spiel – sehen wir es doch mal so.

Es gibt für diese Perspektive jede Menge kluger Fürsprecher. »Das Leben ist ein Spiel, in dem Gott die Karten mischt, der Teufel abhebt und wir die Stiche machen müssen«, sagt der slawische Volksmund. »Das Leben ist ein Spiel. Man macht keine größeren Gewinne, ohne Verluste zu riskieren«, erkannte Christina von Schweden. »Das Leben ist ein Spieltisch. An ihm vergnügt man sich in dem Maße, als man ein gewagtes Spiel treibt«, schrieb Prosper Mérimée.

Mittendrin statt nur dabei

Das Leben als Spiel – halten wir den Ball flach und vergleichen wir es mal mit einem Fußballspiel: Da hat jeder Spieler jede Menge Möglichkeiten zu agieren, sich zu entfalten, dem Spiel seinen Stempel aufzudrücken, das entscheidende Tor vorzubereiten oder es selbst zu schießen. Er muss sich jedoch während des Spieles an die Spielregeln halten. Tut er es nicht, schreitet der Schiedsrichter ein, pfeift, bestraft den Übeltäter mit der gelben oder der roten Karte.

Nein, im wirklichen Leben haben wir keinen Schiedsrichter. Diese Rolle übernimmt das Leben selbst. Wenn wir uns nicht an die univer-

»Das Leben ist kein Notfall. Das Leben geht in der Regel weiter, auch wenn nicht alles nach Plan verläuft. Es hilft, sich das ab und zu vor Augen zu führen und sich an den Satz zu erinnern: ›Das Leben ist kein Notfall‹.«
Richard Carlson (»Alles kein Problem!«)

sellen Lebensgesetze halten, machen wir nun mal Erfahrungen und Erkenntnisse, die oft schmerzhaft sind. Wir müssen das so lange ertragen, bis wir das Spiel verstanden haben und uns an die Regeln halten. Dann läuft es wie von selbst.

»Das Leben ist eine Baustelle.« *Erfolgreicher Filmtitel*

Wenn wir Fußball spielen, brauchen wir ein paar Spielsachen: einen Platz, einen Fußball, passende Schuhe, eventuell Zuschauer, die uns stimulieren. Wenn wir das Leben als Spiel betrachten, könnten wir die Dinge um uns herum auch nur als »Spielsachen« betrachten, die dafür da sind, damit das Spiel Spaß macht: Auto, Geld, Grundbesitz, Partner. Nichts gehört uns wirklich. Morgen könnte alles weg sein. Alles ist nur auf Zeit geliehen, glauben philosophisch Denkende. Wenn das wirklich so ist, können wir auch nichts verlieren, uns aber sehr wohl an den Dingen erfreuen.

Überlegen Sie mal: Wann sind Sie besonders gut in einem Spiel? Spitzenleistungen lassen sich vor allem in einem Zustand von Freude, Begeisterung und Hingabe erzielen. Mit wissenschaftlichen Methoden wurde nachgewiesen, dass Menschen, die aus einem Gefühl von Angst und Druck handeln, nur maximal 60 Prozent der Leistungsfähigkeit bringen.

Bringen Sie mehr Spaß ins Spiel Ihres Lebens

»Wenn Gott dir ein Geschenk senden will, verpackt er es in ein Problem.« *Norman Vincent Peale*

Wir ahnen es ja alle: Wenn ich erfolgreich sein will, wenn ich mein Spiel gewinnen will, muss ich auch selbst in Aktion treten. Wenn ich nur die anderen agieren lasse, den Gegner, meine Umwelt, werde ich kaum – nein – niemals Gewinner in meinem Leben sein. Also sollten wir auch aktiv handeln.

Wenn Sie also das Leben als ein Spiel erkennen und anerkennen können, ändert sich auch die Perspektive für Probleme. Sie werden sich weniger aufregen. Denn Probleme sind die Würze fürs Spiel, machen es reizvoller. Was, wenn der Gegner ein Tor macht? Beschwere ich mich? Nützt nicht viel. Besser, jetzt alles dranzusetzen, um selbst Tore zu schießen. Dann können wir außerdem noch Bekanntschaft mit diesem Phänomen machen:

Je größer der Gegner, je größer die Probleme, desto größer auch die Freude, das Glücksgefühl – und das Selbstvertrauen, das sich daraus entwickelt. Wenn wir uns dem Gegner – sprich: den Problemen des Lebens – erfolgreich stellen wollen, sollten wir uns die zehn wichtigsten Spielregeln bewusst machen. Nur dann können wir unser wahres Potenzial im Spiel entfalten – und gewinnen.

Wenn Sie es wirklich lernen, Ihr Leben als interessantes, spannendes Spiel zu betrachten und zu leben, dann beherrschen Sie eine hohe Kunst.

Die zehn Spielregeln des Lebens

Wer die wichtigsten Spielregeln des Lebens beherzigt, wird unweigerlich erfolgreich sein – weil das Leben ihm mit der Zeit das zurückgibt, was er eingesetzt hat.

1. Die Spielregel von Ursache und Wirkung

Sie ist die ursächlichste aller Spielregeln und bedeutet, dass es für jede Wirkung in Ihrem Leben eine Ursache gibt. Sie schlagen sich mit dem Hammer auf Ihre Finger (Ursache) und spüren den Schmerz (Wirkung). Ihre Ernährung (Ursache) bestimmt die Qualität Ihrer Zellen bzw. Ihre Leistungsfähigkeit (Wirkung). Ihre Gedanken (Ursache) sind für Ihre Handlungen (Wirkung) verantwortlich. Verändern Sie die Qualität Ihrer Gedanken, dann verändern Sie natürlich auch die Qualität Ihres Lebens. Säen Sie also bewusst die richtigen Ursachen, und Sie werden nach und nach automatisch die gewünschten Wirkungen ernten.

Das 3-L-System:

Lebens-Langes-Lernen

2. Die Spielregel des Wachstums

Die Welt, in der wir leben, verändert sich ständig. Nichts bleibt so, wie es ist. Werfen wir einen Blick auf die Natur. Pflanzen sind lebende Organismen, jeder einzelne Mensch auch. Wenn das Wachstum einer Pflanze, die immer das Licht sucht, stagniert, bedeutet das zwangsweise, dass sie abstirbt. Die Natur kennt keinen Stillstand. Wenn wir aufhören zu wachsen bzw. uns zu entwickeln, dann sterben wir nicht zwangsweise ab. Aber wir haben aufgehört zu leben. Nur wer das 3-L-System (**L**ebens-**L**anges-**L**ernen) verstanden hat und als

Das harte Gesetz der Natur: Was nicht wächst, stirbt langsam ab.

Lebensprinzip anwendet, wird letztlich im Spiel des Lebens erfolgreich sein. Teil dieser Spielregel ist auch das positive Verhältnis zu Problemen und zu Fehlern. Fehler sind dazu da, um daraus ständig zu lernen – und zu wachsen.

»Panta rhei – alles fließt.« Heraklit, griechischer Philosoph

3. Die Spielregel der unbewussten Aktivität

Außergewöhnlicher Erfolg und besondere Lebensqualität sind nur zu erreichen, wenn wir unser Unterbewusstsein nutzen. Vergegenwärtigen Sie sich, dass Ihr Unterbewusstsein Millionen von Gedanken gleichzeitig bearbeiten kann und Millionen von Lösungsansätzen für Ihre Probleme bereithält. Wie sehr Sie die Kraftzentrale Unterbewusstsein nutzen, hängt von Ihrem Bewusstsein ab. Ihr Bewusstsein kann gleichzeitig immer nur einen Gedanken fassen. Egal, ob positiv oder negativ. Entscheiden Sie sich bewusst für positive Gedanken, dann werden Ihnen auf magische Weise »Zufälle« über »Zufälle« zu Hilfe kommen. Zufall ist ebenso wie Glück nur ein anderes Wort für den unerkannten Zusammenhang zwischen Ursache und Wirkung. Wünsche, Träume und Ziele lassen sich leichter verwirklichen. Öffnen Sie für sich die Schatzkammer des Unterbewusstseins – und vertrauen Sie ihm.

4. Die Spielregel der Resonanz

Gleiches zieht Gleiches an. Jeder Mensch hat einen Magneten in sich. Stellen Sie sich vor, dass dieser Magnet gleich gelagerte Magneten anzieht. Aufgrund Ihrer Schwingungen, Ihrer Gedanken ziehen Sie genau jene Personen, Situationen, Informationen an, die Ihnen helfen, Ihre Aufgaben auf dem Weg zum Ziel zu bewältigen.

Wenn Sie lachen, haben Sie lachende Menschen um sich. Wenn Sie begeisterungsfähig sind, werden Sie begeisterte Menschen anlocken. Wenn Sie sich ständig in Mitleid ergehen, werden Sie auf Menschen treffen, die sich auch in Mitleid ergeben. Wenn Sie selbst kriminell sind, ist Ihr Umfeld vermutlich auch eher krimineller Natur. Wenn Sie positiv eingestellt sind, werden Sie vor allem Menschen mit positiven Gedanken in Ihrem Umfeld haben. Menschen, die anders gepolt sind, werden nur kurz in Ihrem Umfeld sein.

Der amerikanische Soziologe Robert Morton prägte den Begriff der »sich selbst erfüllenden Prophezeiung«. Er erkannte, dass das, was wir glauben und von unserer Umwelt annehmen, schließlich in hohem Maße eintrifft.

5. Die Spielregel der Erwartung

Alles, was Sie erwarten, wird schließlich eintreten. Hier schlägt das Phänomen der »sich selbst erfüllenden Prophezeiung« durch. Erwartungen bilden einen Sog für die Zukunft. Erfolgreiche Menschen versprühen eine starke positive Selbsterwartung. Sie verhalten sich so, als ob sie ihr Ziel bereits erreicht hätten. Unsere Gedanken werden somit Realität. Wenn Sie ein erfolgreicher Manager werden wollen, dann kleiden, sprechen, verhalten und arbeiten Sie in derselben Art und Weise, als ob Sie bereits einer sind. Sie werden dann erleben, dass ein Puzzleteil sich zum anderen fügt. Wenn Sie unbedingt ein ganz bestimmtes Auto wollen, leben Sie in der Erwartung, als ob Sie den Schlitten schon hätten. Machen Sie eine Probefahrt, lesen Sie Testberichte, schaffen Sie sich das kleinere Modell an. Sie werden erleben, dass Sie den Traumwagen schneller besitzen, als Sie dachten.

Eine kleine Warnung: Handeln Sie niemals aus dem Gefühl der Angst, sondern immer aus dem Gefühl der positiven Erwartung. Wenn es beispielsweise Ihr Ziel ist, ein Haus am Meer zu haben und Sie deshalb heute schon mal eine Yacht bestellen, obwohl selbst das Geld für die Miete fehlt, dann handeln Sie aus Angst. Angst, das Ziel nicht zu schaffen. Ein grundsätzlich negativer Gedanke. Das »Prinzip der entgegengesetzten Handlung« tritt ein. Ihr Handeln darf nicht von Angst bestimmt werden, sondern von einer positiven Erwartung.

6. Die Spielregel der Gedanken

Ausgangspunkt für alle Handlungen, die letztendlich den Lebenserfolg bestimmen, sind Ihre Gedanken. Jeder Gedanke hat die Tendenz, sich zu verwirklichen. Somit werden alle (häufig wiederholten und/oder mit Emotionen angereicherten) Gedanken Realität. Sie merken bereits, dass über dieser Spielregel auch die von Ursache und Wirkung schwebt. Jede Veränderung beginnt also mit einer Veränderung der Gedanken. Wenn Sie Ihre Gedanken ändern können, werden Sie Ihr Leben ändern. Das Fantastische ist ja, dass jeder bestimmen kann, was er denkt. Überprüfen Sie deshalb, wie Sie über Ihre Beziehung, die Gesundheit, den Beruf, die Finanzen und über Ihre Lebensumstände denken!

Die Umstände lassen sich oft nicht ändern. Trotzdem können Sie immer etwas ändern: nämlich Ihre Einstellung, sich selbst.

7. Die Spielregel der Übereinstimmung

Auch bei dieser Spielregel sind noch andere mit im Spiel. Die Spielregel der Übereinstimmung lautet: »So wie innen, so auch außen«. Alles in Ihrem Leben verläuft immer wieder von innen nach außen. Wie die Beziehung zu Kollegen ist, liegt ursprünglich in Ihrer eigenen Person. Wenn Sie mit sich selbst nicht im Reinen sind, wie können Sie es dann mit anderen sein? Das Innen Ihrer Geisteshaltung beeinflusst das Außen Ihrer Gesundheit. Die Ordnung am Arbeitsplatz spiegelt die Ordnung in Ihrem Kopf wider. Fazit dieser Spielregel: Wenn Sie Ihre Außenwelt verändern wollen, müssen Sie zuerst Ihre Innenwelt verändern.

8. Die Spielregel der Polarität

Alles auf der Welt hat zwei Pole, zwei Seiten: Ebbe und Flut, Tag und Nacht, Mann und Frau, Krieg und Frieden, Liebe und Hass, Krankheit und Gesundheit, Freude und Schmerzen, Anspannung und Entspannung. Insgesamt betrachtet, sind diese Pole immer eins. Nord- und Südpol sind zwei Pole einer Welt. Professor Kurt Tepperwein schreibt: »Sobald wir zur »Ein-Sicht« kommen, erkennen wir, das Eine zwischen den Polen; die scheinbare Dualität verschwindet. Weil Gegensätze in ihrer wahren Natur eins sind, können wir sie jederzeit ins Gegenteil verwandeln.« Wenn Sie es schaffen, alles als Einheit zu betrachten, können Sie wie selbstverständlich Angst in Mut, Schwäche in Stärke und Armut in Reichtum verwandeln.

Den Bogen raus: Wer sein Ziel erreichen will, muss Energie aufwenden und im richtigen Moment loslassen.

Mit einer Situation zu hadern, ist ein untrügliches Zeichen, dass Sie Ihre Gefühle oder Verhaltensweisen ändern müssen. Vielleicht zeigt eine Krankheit Ihres Körpers, dass Sie eine Auszeit oder mehr Entspannung brauchen. Die Spielregel der Polarität gilt auch für das Prinzip von »Geben und Nehmen«. Was Bob Dylan sang, stimmt: »Life is always a balance.«

9. Die Spielregel des Loslassens

Um wirklichen Erfolg erzielen zu können, müssen wir die Fähigkeit des Loslassens besitzen. Zum Beispiel das Loslassen von einem verkrampften Weg zum Ziel. Verabschieden Sie sich von der Maxime »Ich muss!« Wenn Sie nicht einschlafen können, wird der zwanghafte Versuch (»Ich muss«) nur dazu führen, dass Sie erst recht kein Auge zubekommen. Loslassen bedeutet jedoch nicht, von Ihrem Wunsch oder vom Ziel loszulassen.

Ein Vergleich: Der Bogenschütze hat zunächst den Wunsch, das Verlangen, das Ziel zu treffen. Er peilt das Ziel mit seinem Bogen an. Nun sollte er den Bogen spannen. Das bedeutet: Energie entwickeln. Und dann ist noch eines zu tun: loslassen. Nicht loslassen hieße, den Bogen überspannen, bis er letztlich sogar bricht.

Loslassen ist oft schwer. Loslassen bedeutet nicht, nichts mehr haben zu wollen. Im Gegenteil: Festhalten heißt abhängig zu sein. Loslassen macht frei und unabhängig.

Die meisten Menschen suchen ständig nach Sicherheit und glauben sie zu finden, wenn sie an alten Verhaltensmustern und der Vergangenheit festhalten. Wer sich jedoch an alte Programme klammert, verhindert seine Weiterentwicklung.

- Lassen Sie Negativgefühle wie Ärger, Neid und Angst los.
- Lassen Sie Menschen los, die Sie nach unten ziehen.
- Lassen Sie festgefahrene, alte Verhaltensmuster los.
- Lassen Sie sogar nahe stehende Personen (den Partner, die Kinder) los.

Je entspannter Sie Ihrem Ziel gegenüberstehen, desto leichter wird es Realität.

Erinnern Sie sich: Alles sind nur geliehene »Spielsachen«. Mit dieser Einstellung gewinnen Sie Spielraum und Freiheit, um wirklich Großes zu schaffen.

10. Die Spielregel der Liebe

Die Spielregel der Liebe hilft, Ziele schneller und oftmals mühelos zu erreichen. Mit Liebe ist die Liebe zu sich selbst und zu anderen Menschen gemeint. Liebe hebt Widerstände und Druck auf. Nur Verkäufer, die lieben, was sie tun, können auch ihre Kunden »lieben«. In einer Welt, in der die Produkte immer vergleichbarer werden, ist

Nur der Mut zum Ungewöhnlichen bringt auch Neues hervor. Das gilt auch für Multitalent Helge Schneider.

Die zehn Spielregeln

Damit es ganz in Ihr Unterbewusstsein dringt und sich dort richtig festsetzt – hier noch einmal die zehn Spielregeln des Lebens auf einen Blick:

1. Die Spielregel von Ursache und Wirkung

2. Die Spielregel des Wachstums

3. Die Spielregel der unbewussten Aktivität

4. Die Spielregel der Resonanz

5. Die Spielregel der Erwartung

6. Die Spielregel der Gedanken

7. Die Spielregel der Übereinstimmung

8. Die Spielregel der Polarität

9. Die Spielregel des Loslassens

10. Die Spielregel der Liebe

Erfolgreich werden Sie dann, wenn Sie im Einklang mit den Spielregeln des Lebens handeln.

diese emotionale Kundenbindung die einzige Möglichkeit, um mit einem Mindestaufwand an Zeit ein maximales Ergebnis zu erzielen. Versuchen Sie immer, mit Liebe bei der Sache zu sein, was immer auch geschieht. Damit münzen Sie Probleme in Lernerfahrungen um. Und diese Erfahrungen helfen auf der Erfolgsleiter weiter.

Alles wird Ihnen zufallen

Wenn Sie nach diesen Spielregeln leben, schaffen Sie sich die beste Basis für Erfolg. Wenn sich dann der Erfolg einstellt, werden viele Menschen in Ihrem Umfeld von Glück und Zufall sprechen. Das Wort Zufall wird immer dann gern bemüht, wenn herkömmliche Erfahrungen zur Erklärung nicht ausreichen. Im Lexikon findet sich folgende Definition: »Zufall ist ein unvorhergesehenes Ereignis, das durch das Zusammenwirken von Ursachen entsteht, die nicht zueinander zu gehören scheinen.« Aha. Da fällt uns also etwas zu – nach gewissen Spielregeln, versteht sich.

»Nur wer den Menschen liebt, wird ihn verstehen. Wer ihn verachtet, wird ihn nicht einmal sehen.«
Christian Morgenstern

WIE ICH GEFÜHLE BEEINFLUSSEN KANN

Warum tun wir das, was wir tun? Warum wollen wir uns zum Beispiel unbedingt ein neues Cabriolet anschaffen oder ein altes Bauernhaus? Warum fahren wir so gern schnell Auto oder hören romantische Musik? Warum tanzen wir? Warum flirten, streicheln, küssen, lieben wir? Für all diese Handlungen gibt es nur einen Grund: Wir wollen gute Gefühle haben. Gefühle sind die wichtigste Triebfeder für unser Verhalten. Johann Wolfgang von Goethe ließ seinen »Faust« sogar sprechen: »Gefühl ist alles.«

Warum nehmen Sportler täglich stundenlange Strapazen und Entbehrungen auf sich? Ganz einfach – sie trachten nach guten Gefühlen. Sie wollen Siege, Titel und Erfolge, weil diese auch das Gefühl der Anerkennung mitliefern. Satte Verträge und Prämien sorgen zusätzlich für ein Gefühl der Sicherheit. Das treibt zur Leistung an. Alles hat also seinen Ursprung in den Gefühlen.

Den Gefühlen auf der Spur

Gefühle bauen sich nach einem bestimmten Schema auf. Kommen wir noch mal aufs Küssen zurück. Wir spüren also Lippen auf unseren Lippen. Objektiv betrachtet trifft da nur nasses Gewebe aufeinander. Warum gefällt uns diese Aktion trotzdem so ungeheuer gut? Und warum halten wir uns mit diesem guten Gefühl, das entsteht, so lange auf, möchten es auch dem anderen geben?

Unser Gehirn stellt sich bei allem, was wir tun, immer die folgenden drei Fragen:

- Worauf konzentriere ich mich?
- Wie bewerte ich die Situation?
- Wie soll ich mich verhalten?

> »Es sind nicht die Dinge an sich, die den Menschen beunruhigen, sondern das, was er über diese Dinge denkt.«
> *Epiktet*

Emtional intensive Gefühlsquelle: der Kuss – eine Art Saugpumpe für Wonne und Glückseligkeit.

Beim Beispiel Kuss ist die erste Voraussetzung absolut erfüllt: wir konzentrieren uns gerade total auf den Partner. Nun bewerten wir die Situation. Unsere Erfahrungen und die im Unterbewusstsein abgespeicherten Programme senden folgende Rückmeldung: Ein Kuss hat in der Vergangenheit Freude ausgelöst! Unser Bewusstsein entscheidet deshalb: Die Situation ist wunderbar! Jetzt entwickeln und entfalten sich die Gefühle erst richtig: liebevolles Hingezogensein, wohlige Wärme, knisternde Spannung und Erregung. Im günstigsten Fall verstärken sich die Gefühle der Beteiligten gegenseitig, beide schaukeln sich jetzt hoch – auf Wolke sieben.

Negative Gefühle sind wie die Warnleuchten des Lebens. Sie zeigen Gefahren an und sorgen dafür, dass wir ins Handeln kommen, um Probleme zu lösen.

Gefühlszustand und Verhaltensweise

Sie kennen sicher auch diese Tage, an denen alles schief läuft: Beim Tennis fabrizieren Sie vor allem Doppelfehler. Bei der Präsentation vor dem Außendienst haben Sie sich von nervigen Zwischenfragen und unverschämten Zwischenrufen völlig verunsichern lassen. Und abends gab es zu Hause giftigen Streit. Wegen einer blöden Kleinigkeit sind Sie aus der Haut gefahren.

Doch dann gibt es diese Tage, da läuft alles bestens: Beim Tennis »sitzt« sogar der erste Aufschlag. Ihre Präsentation kommt an, Sie sind überzeugend, kontern schlagfertig. Und zu Hause erleben Sie nichts als schönste Harmonie.

Was macht den Unterschied aus? Das Verhalten ist eine Möglichkeit, wie sich unsere Gefühle ausdrücken und wie wir mit ihnen umgehen. Zwischen unserem Verhalten und unserer Befindlichkeit gibt es einen engen Zusammenhang, Gefühlszustand und Verhalten beeinflussen sich gegenseitig stark.

Der Filter in uns

Alles, was in unserer Umwelt passiert (externe Ereignisse, Reize), nehmen wir mit den fünf Sinnen wahr. Ständig fließen Informationen ins Gehirn, es sind täglich Milliarden. Doch immer findet zunächst eine entscheidende Bewertung statt:

- Was bedeutet diese Information für meine persönliche Situation?
- Wie ordne ich die neue Information für mich ein?

Der Informationsfluss passiert zunächst einen Filter, vergleichbar mit einer Sonnenbrille. Sie filtert, nur gewisse Strahlen kommen durch. Auch unser interner Filter lässt nicht alle Sinneseindrücke durch. Und die, die durchkommen, werden bewertet. Diese Bewertung ist natürlich nicht objektiv, sie wird durch Erfahrungen, die wir schon gemacht haben, beeinflusst. Diese Lebenserfahrungen bündeln sich in Meinungen, Regeln, Glaubenssätzen, Überzeugungen und Werten. Aus welchem Blickwinkel wir die Informationen sehen und bewerten, wirkt sich unmittelbar auf unseren Gefühlszustand aus. Und das wiederum drückt sich ganz unmittelbar in unserer Physiologie, also in der Körperhaltung, aus.

Zwischen Verhalten und Befinden gibt es einen engen Zusammenhang. Unsere Gefühle und unser Verhalten beeinflussen sich gegenseitig sehr stark.

Verantwortung für die eigenen Gefühle

Wer seine eigenen Gefühle kennt, kann sie nutzen, kann sie steuern und sie für sich sinnvoll einsetzen. Wer seine Gefühle nicht kennt, ist ihnen oft hilflos ausgeliefert, wird Sklave seiner Gefühle, kann ganz schnell die Kontrolle verlieren – über sich. In unserer Sprache wird dieses Außer-sich-sein anschaulich: Wir sind dann »blind vor Wut«,

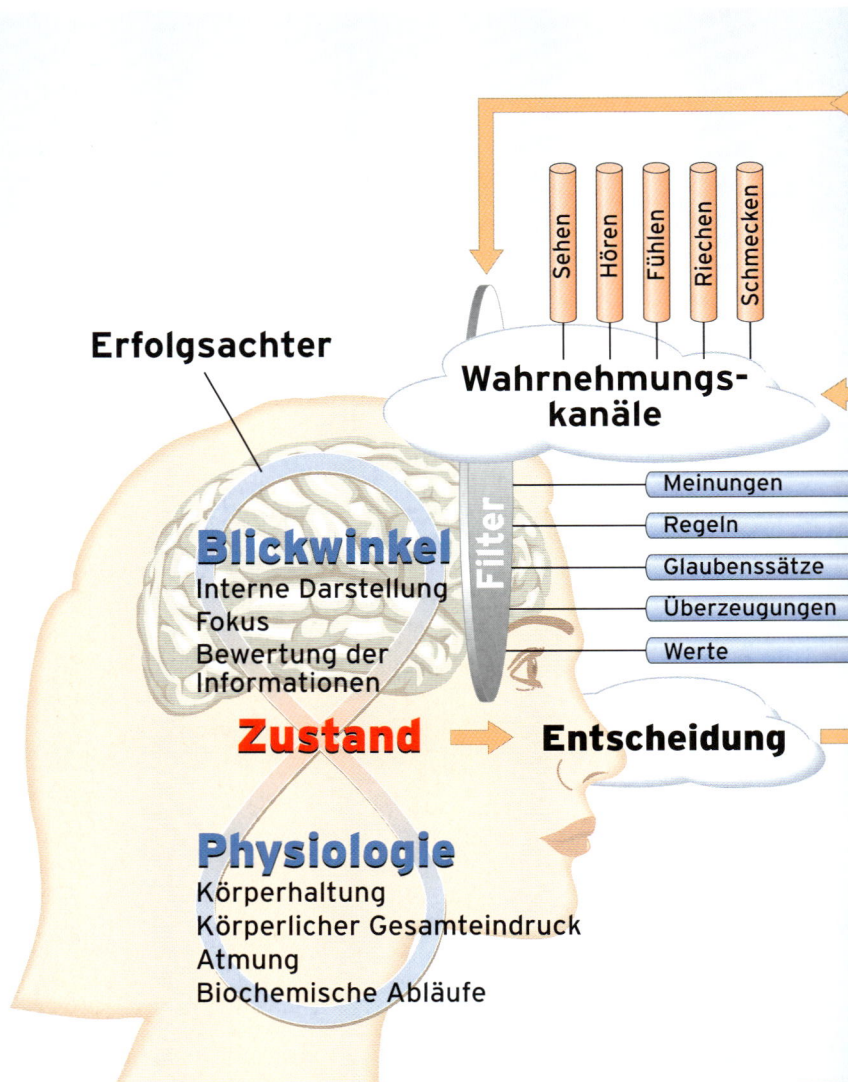

Erfolgsachter

Sehen Hören Fühlen Riechen Schmecken

Wahrnehmungs-
kanäle

Blickwinkel
Interne Darstellung
Fokus
Bewertung der
Informationen

Filter

Meinungen
Regeln
Glaubenssätze
Überzeugungen
Werte

Zustand → **Entscheidung**

Physiologie
Körperhaltung
Körperlicher Gesamteindruck
Atmung
Biochemische Abläufe

Der E

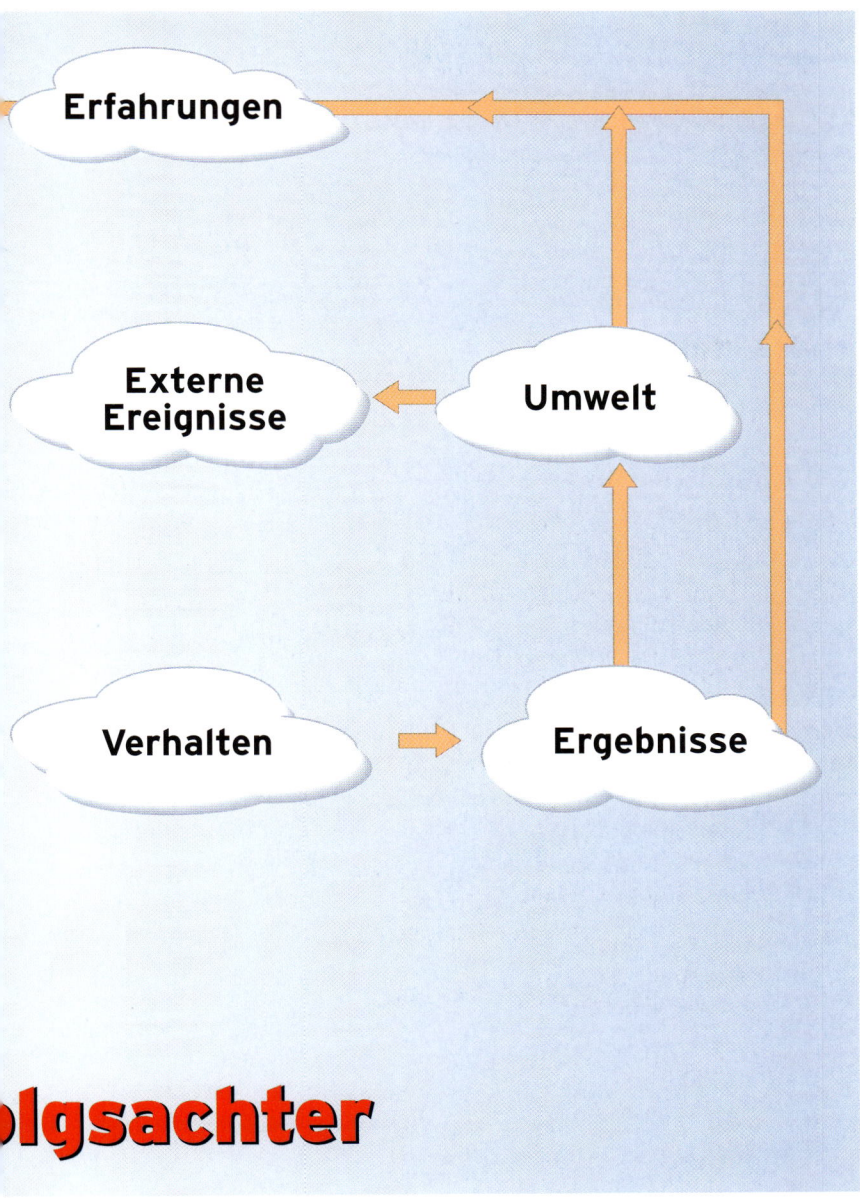

»platzen vor Eifersucht« oder aber wir »glühen vor Hass«. Erfolgreiche Menschen lassen sich nicht zum Spielball ihrer Gefühle machen. Sie lassen sich nicht gehen oder treiben. Sie übernehmen die Verantwortung für Ihren emotionalen Zustand, weil sie wissen: Ein Gefühlszustand lässt sich verändern.

Zehn Chancen der Veränderung

Wie wir schon wissen, zielt unser ganzes Verhalten darauf ab, möglichst positive Gefühle zu bekommen. Dabei kommt es vor allem auf Folgendes an:

- Negative Gefühle in positive Gefühle verwandeln!
- Positive Gefühle möglichst lange bewahren!
- Die Intensität der positiven Gefühle erhöhen!

Lassen Sie sich nicht zum Sklaven Ihrer Gefühle machen, sondern nutzen Sie Ihre Gefühle – sie können zu einer starken und nützlichen Kraft werden.

Jetzt wollen wir gewissermaßen mal einen »Werkzeugkasten« öffnen und erklären, welche Möglichkeiten es zur Veränderung gibt und wie die zehn wirkungsvollsten Werkzeuge funktionieren. Allerdings: Einsetzen müssen Sie sie selbst. Auf dem Weg zum Erfolg, zum Lebenserfolg ist ein Maximum an Flexibilität erforderlich! Wenn ein Lösungsangebot nicht greift, probieren Sie das nächste aus. Kombinieren Sie, gehen Sie spielerisch mit den Tools um.

Alles ist erlaubt, nur eines nicht: Überlassen Sie die Umstände, alles, was Ihre Gefühle beeinflussen und Ihren Zustand prägen kann, niemals anderen. Oder gar dem Zufall.

1. Der Erfolgsachter

Betrachten wir noch einmal die Illustration auf den Seiten 104/105. Wir sehen, wie eng »Blickwinkel« – »Zustand« – »Physiologie« gekoppelt sind und wie sie sich gegenseitig beeinflussen. Dieser direkte Zusammenhang der Verbindungen ergibt, grafisch darstellt, den so genannten Erfolgsachter.

Ein magischer Erfolgskreislauf

Es ist ein großes Geschenk des Lebens, dass wir unseren emotionalen Zustand selbst beeinflussen und verändern können – und zwar ganz natürlich. Dazu stehen zwei Bausteine zur Verfügung:

- Unsere Physiologie: Damit ist der Gesamteindruck gemeint, den wir durch Körperhaltung, Atmung, Stimme selbst erzeugen.
- Unser Blickwinkel: Gemeint ist die Bewertung von Sinneseindrücken, unsere Einstellung, interne Darstellung, der Fokus.

Diese beiden Bausteine »Blickwinkel« und »Physiologie« beeinflussen sich gegenseitig, und vor allem beeinflussen sie unseren »Zustand«. Wir können also, indem wir entweder die Betrachtungsweise (Blickwinkel) oder einfach nur unsere Körperhaltung (Physiologie) ändern, unser Denken, unsere geistige Verfassung – unseren Zustand – positiv verändern. Dadurch können wir dann Probleme besser anpacken und Schwierigkeiten meistern.

Außerdem: Der Erfolgsachter wirkt langfristig, das ist allemal wirksamer und positiver als Drogen oder Alkohol.

»Ein Optimist weigert sich nicht, die negativen Seiten einer Situation zur Kenntnis zu nehmen. Er weigert sich lediglich, sich diesen Seiten zu unterwerfen.«
Norman Vincent Peale

Unser Zustand bestimmt unsere Entscheidungen

Eines ist klar: Wenn wir in einem kraftvollen sicheren Zustand sind, treffen wir bessere Entscheidungen. Die Folge: ein hervorragendes Verhalten. Unser Verhalten ist Ausdruck unserer Gefühle – und steht somit im direkten Zusammenhang mit dem Zustand, aus dem wir unsere Entscheidungen getroffen haben. Ein guter Zustand ermöglicht gute Entscheidungen. Gute Entscheidungen bringen gutes Verhalten bzw. gute Ergebnisse. Und die wiederum beeinflussen unsere Umwelt. Erinnern wir uns: Die Umwelt ist ein Spiegel von uns selbst (»Spielregel der Resonanz«). Nun verstehen wir, warum. Gleichzeitig prägen Ergebnisse neue Erfahrungen. Diese beeinflussen unseren Filter, der sich aus Meinungen, Regeln, Glaubenssätzen, Überzeugungen und Werten aufbaut. Wirklich – ein magischer Erfolgskreislauf.

Das Instrument Körperhaltung

Mit dem Baustein »Physiologie« steht uns die Möglichkeit der schnellsten Zustandsveränderung zur Verfügung. Denn die Körperhaltung lässt sich im Bruchteil einer Sekunde beeinflussen.

So geraten Sie rasch vom Durchhänger in einen Spannungszustand:

- Setzen Sie sich ganz aufrecht hin. Verzichten Sie nach Möglichkeit sogar aufs Anlehnen.
- Nehmen Sie Ihre Schultern zurück.
- Atmen Sie zehnmal ganz langsam und tief durch.
- Halten Sie Ihren Kopf erhoben.
- Schreiten Sie aufrecht, stolzieren Sie statt zu schlurfen.
- Recken, strecken und lockern Sie sich.
- Lächeln Sie!

Nehmen Sie Ihren Körper als Instrument, wenn Sie sich wohl fühlen wollen: Springen Sie auf! Lockern Sie sich! Grinsen Sie mal ganz bewusst!

Bewegungen beeinflussen Gefühle

Es klingt so simpel: »Ändere die Art, dich zu bewegen, und du änderst dein Leben.« Doch es stimmt. Probieren Sie es mal aus! Zum Beispiel, wenn sie richtig frustriert sind. Nein, lassen Sie sich nicht hängen, sondern: Springen Sie auf! Lockern Sie den Körper! Grinsen Sie ganz bewusst! Stellen Sie sich jetzt folgende Fragen:

- Was ist an meinem Problem total verrückt?
- Was ist komisch daran?
- Was ist die gute Seite an diesem Problem?
- Wird es in fünf Jahren wirklich noch eine Rolle spielen?

Jeder Mensch hat im Laufe seines Lebens Bewegungsmuster entwickelt, die ihm Selbstvertrauen, Kraft und ein Gefühl von persönlicher Stärke geben. Manche reißen kraftvoll die Arme hoch, manche lachen laut und herzhaft und manche nutzen die »Becker-Faust« oder die »Kuntz-Säge« als Vehikel, mit der ihr Gehirn einen außergewöhnlich guten Zustand verbindet.

Nutzen Sie eine gute Erfahrung von früher

Erinnern Sie sich an eine Situation, in der Sie sich unglaublich gut, kraftvoll, ja unschlagbar fühlten. Wie war der Moment, als Ihnen mal das entscheidende Tor gelang? Als ein schwieriger Kredit bewilligt wurde? Als Sie sich verliebt hatten? Als Sie den Zuschlag für einen großen Auftrag bekamen?

Auf welche Weise drückte sich Ihr Stolz körperlich aus? Wie wurde die Kraft in Ihrer Körperhaltung deutlich? Wie atmeten Sie damals? Wenn Sie sich künftig in einen guten Zustand versetzen wollen, der

Boris, der Schrei und seine Becker-Faust: Ein Spieler macht sich heiß.

nun mal Grundlage für gute Aktionen ist, dann nutzen Sie Ihren Körper – bringen Sie sich in einen Zustand wie damals. Nutzen Sie die Kraft Ihrer Physiologie. Sie werden spüren, wie sich Ihr Blickwinkel und Ihr Zustand fast parallel verändern.

Das Instrument Blickwinkel

Der zweite Baustein im Erfolgsachter ist Ihr »Blickwinkel«, Ihr Geist. Sie entscheiden sich in jeder Sekunde, auf welche externen Einflüsse (Reize) Sie sich konzentrieren. Und wie Sie diese Sinneseindrücke bewerten. Wenn Sie es schaffen, alle Reize in positive Gefühle umzupolen und Sie dadurch in einen kraftvollen Zustand kommen, beherrschen Sie eine hohe Kunst.

Für Ihr Glück ist nicht entscheidend, was passiert, sondern wie Sie das Geschehen interpretieren.

Denken Sie jetzt mal intensiv an eine Situation, in der es Ihnen nicht gut ging (schlechter Zustand). Beispielsweise, als Sie sehr eifersüchtig waren. Denken, fühlen und atmen Sie wie damals.

Was macht Ihr Körper im Moment? Ihr Kopf wird sich senken, die Mundwinkel auch. Sicher schauen Sie verbissen, die Schulterblätter hängen nach vorne, die Atmung ist flach, stimmt's?

Und jetzt denken Sie sich in eine sehr erfreuliche Situation, zum Beispiel: verliebt sein. Spüren Sie, wie Sie tiefer atmen, wie sich die

Mundwinkel verändern, wie sich der Kopf hebt, wie sich die Schulterblätter straffen – wie die ganze Haltung stabiler wird? All das geschieht, weil Sie Ihren Blickwinkel, Ihre Gedanken verändert haben. Alles im Leben ist polar. Jeder Pfannkuchen hat zwei Seiten. Indem Sie die positive Seite betonen, verändern Sie Ihren Zustand und Ihre Physiologie – die einfache Gesetzmäßigkeit des Erfolgsachters.

»Wenn das Leben nur eine Zitrone bereit hält, machen Sie Zitronenlimonade daraus.«
Dale Carnegie

2. Das »Schmerz-Freude«-Prinzip

Warum rauchen eigentlich so viele Menschen, obwohl doch längst bewiesen ist, dass das Rauchen die Gesundheit gefährdet und das Leben um bis zu zehn Jahre verkürzen kann? Spötter meinen dazu: »Na ja, die letzten zehn Jahre sind ja sowieso nicht besonders.« Aber das Argument zieht hier kaum.

Der wahre Grund ist: Hier greift das »Schmerz-Freude«-Prinzip. Wie wir wissen, werden alle unsere Verhaltensmuster ständig als Programme abgespeichert. Dies geschieht, damit wir bei der Vielzahl eingehender Reize leichter und effektiver entscheiden können. Entscheidungen werden immer nach diesem Muster getroffen: Schmerz zu vermeiden und Freude zu gewinnen. Das Ziel dabei ist: ein gutes Gefühl zu erhalten.

Im Gegensatz zu anderen Lebewesen sind wir Menschen in der Lage, bewusst Freude zu gewinnen und bewusst Schmerz zu vermeiden. Das sollten wir nutzen.

»Schmerz und Freude liegen in einer Schale; ihre Mischung ist der Menschen Los.«
Johann Gottfried Seume

Langfristig geht vor kurzfristig

Warum essen so viele Menschen ständig Süßigkeiten, obwohl sie wissen, dass leere Kalorien weder für mehr Energie noch für eine bessere Figur sorgen? Der Grund: Kurzfristig geht meist vor langfristig! Die meisten Menschen empfinden beim Essen von Süßigkeiten kurzfristige Freude und verdrängen damit den langfristigen Schmerz (Übergewicht, Gesundheitsprobleme).

Ins Handeln kommen wir erst, wenn die Schmerzgrenze erreicht und überschritten ist. Erst dann erfolgt Veränderung.

Warum schieben so viele Studenten ihr Lernpensum ständig auf? Kurzfristig machen andere Sachen mehr Spaß als Prüfungsvorbereitungen. Das geht so lange, bis eine gewisse Reizschwelle erreicht ist. Dann bereitet weitere Aufschieberitis mehr Schmerzen (die Angst, durchzufallen) als die kurzfristige Freude an andere Dingen.

Warum stecken so viele Menschen in einer Beziehung, ohne großes Begehren, ohne Elan und Lust, ohne viel Spaß? Ja, Sie verbinden zwar wenig Freude mit der momentanen Situation, aber ebenso schwingt Angst (Schmerz) vor dem Alleinsein mit. Doch der Schmerz ist noch nicht groß genug. Also dümpelt die Beziehung weiter vor sich hin – ein Schrecken ohne Ende, ein Leben ohne große Freude. Wie lange noch?

»Freude ist die Leidenschaft, durch die wir besser werden.« *Heinrich von Stein*

Was ist zu tun?

- Machen Sie sich selbst internen Druck.
- Erhöhen Sie künstlich den Schmerz, bis Sie Ihre Schmerzgrenze überschreiten.
- Stellen Sie sich diese Frage: Was wird geschehen, wenn ich mich nicht verändere?

Ein gedanklicher Horrortrip

- Malen Sie gedanklich ein düsteres Szenario Ihrer Zukunft aus, mit allen Konsequenzen.
- Betrachten Sie sich beispielsweise, wie Sie dicker und dicker werden, weil Sie Ihren »süßen Trieb« nicht bändigen können.
- Spüren Sie, wie Sie sich mehr und mehr unwohl fühlen. Ihr Partner hat genug, verlässt Sie.
- Fühlen Sie, wie sich die Blutbahnen verengen, wie sich Ihr erster Herzinfarkt ankündigt.
- Fühlen Sie sich in den massivsten Schmerz Ihrer hoffnungslosen No-Future-Perspektive ein.
- Und jetzt denken Sie um ...

»Moralisches Lernen basiert immer auf den Schmerz- und Lust-Schaltreisen in deinem Gehirn – auf deinem inneren Belohnungs- und Bestrafungssystem.« *Robert Heath, Tulane University für Psychiatrie.*

Die Kraft freudvoller Gedanken

Denken Sie an Ihre neuen Ziele, und verbinden Sie diese Ziele mit großer Freude. Sehen Sie sich am Strand. Fühlen Sie sich schön schlank und voller Spannkraft. Spüren Sie, wie Sie von anderen bewundert werden. Hören Sie schon die Komplimente der Anerkennung (»Donnerwetter, diese Selbstdisziplin!«).

Totale Erleichterung und großes Glück: So feiern Sieger ihre Erfolgserlebnisse.

Wenn Sie erkennen, welche Kraft hinter diesem Prinzip steckt, dann haben Sie eine gewaltige Möglichkeit für dauerhafte Veränderungen geschaffen. Aber vergessen Sie nie, mit dem neuem Verhalten stets Freude zu koppeln. Das bringt am meisten.

»Nichts kann Ihrem Leben mehr Kraft hinzufügen, als all Ihre Energien auf ein begrenztes Ziel zu konzentrieren.«

3. Der Zielfokus

Jeder Mensch hat seine ganz individuelle Definition von Erfolg. Gleich für alle ist: Wir sind dann erfolgreich, wenn wir unsere persönlichen Ziele erreichen. Und: wenn wir schon auf dem Weg dahin Lebensfreude empfinden. Deshalb lassen Sie sich von niemandem einreden, was Sie unter Erfolg zu verstehen haben.

Was ist zu tun?
- Machen Sie sich klar, wohin Sie wollen und was letztlich Erfolg für Sie bedeutet.
- Legen Sie selbst Ihre Fixsterne fest.
- Wenn Sie Ihre Ziele festgelegt haben, fokussieren Sie anschließend das Wesentliche.

Vergleichen Sie die Situation einfach mal mit einem Fernglas. Durchs Fernglas sehen Sie Ihr Ziel größer, klarer. Sie können es nahe zu sich heranholen und machen es damit greifbar.

4. Gestalten Sie Ihre Wertehierarchie

Ziehen Werte in unterschiedliche Richtungen, kommen wir nicht oder nur langsam voran.

Werte werden durch Erfahrungen bestimmt. Sie sind die Basis für die Bewertung externer Ereignisse. Verdeutlichen Sie sich immer wieder, dass Ihre Werte mit Ihren Zielen in Einklang stehen müssen – nur dann ist wahres Lebensglück möglich. Erinnern Sie sich also nochmal an Ihre vier wichtigsten Werte (siehe Seite 77). Prüfen Sie, ob Ihre Werte, für- oder gegeneinander arbeiten.
Folgendes Beispiel soll Ihnen die Problematik verdeutlichen: In einer Seminarpause fragte ein Teilnehmer (er war Verkäufer), warum er bloß immer so unzufrieden wäre, trotz seiner großartigen Verkaufserfolge. Den Grund konnten wir schnell finden, mittels seiner Wertehierarchie. Als seine vier obersten Werte gab er an:

1. Liebe
2. Sicherheit
3. Abenteuer
4. Gesundheit

Wenn Werte miteinander kollidieren ...

Das Gefühl »Liebe« wurde durch die Ehefrau und seine beiden Kinder erfüllt. Er verdiente sehr gut – also war auch das Gefühl »Sicherheit« abgedeckt. Doch was war mit dem Wert »Abenteuer«? Doch, den befriedigte er auch ständig, allerdings durch lockere Beziehungen zu anderen Frauen. Das widersprach natürlich seinem Wert »Sicherheit« und erzeugte Sorgen, dass seine Affären auffliegen und sein sicheres Familienleben zerstören könnten. Außerdem ging es ins Geld. Er musste also mehr und länger arbeiten, fand kaum noch Zeit für Fitnesstraining. Damit kam sein Wert »Gesundheit« zu kurz.
Ein negativer Kreislauf, der letztlich mit der (Ersatz-)Befriedigung Alkohol (kurzfristige Freude) kompensiert wurde. Viele Probleme lassen sich leicht beheben, wenn Sie Ihre Wertehierarchie neu aus-

richten oder andere Lösungen zur Befriedigung Ihrer Werte finden. Der Wert »Abenteuer« zum Beispiel durch Abenteuerurlaub. Wenn Ihr Zielfokus aktiviert ist, versucht Ihr Gehirn alles, um Sie ans Ziel zu bringen. Wenn Ihre Werte bzw. Ihre Wertehierarchie nicht mit Ihrem Ziel übereinstimmt, entsteht ein Konflikt. Der soll oftmals durch Alkohol, Drogen, Kaufrausch oder Fresslust gelöst werden. Das bringt kurzfristig zwar Freude, aber langfristig Schmerz! Das ist also keine Lösung, die einen weiterbringt.

Die Werte-Hierarchie kann sich im Lauf unseres Lebens ändern.

Was ist zu tun?

- Verdeutlichen Sie sich: Welche Werte und welche Wertehierarchie habe ich?
- Überprüfen Sie: Kollidieren manche meiner Werte miteinander?
- Wenn nötig: Ändern Sie Ihre Wertehierarchie oder die Art und Weise, wie Sie Ihre Werte befriedigen. Nur wenn Werte und Ziele harmonisch zusammenpassen, kann entstehen, was wir so lapidar »Glück« nennen.
- Erforschen Sie auch bei anderen die Reihenfolge ihrer Werte. Das fördert Verständnis: in der Partnerschaft, in Geschäftsbeziehungen, bei Freunden. Sie werden besser verstehen, was andere antreibt, steuert und motiviert.

Prägen Sie sich Ihre Werte-Hierarchie ein. Sie hilft Ihnen bei schweren Entscheidungen.

5. Persönliche Spielregeln

Neben den allgemein gültigen Spielregeln des Lebens hat jeder seine eigenen Spielregeln: Meinungen, Glaubenssätze und Überzeugungen. Manche erleichtern uns das Leben, andere blockieren uns jedoch. Diese persönlichen Spielregeln sind nichts anderes als abgekürzte Bewertungsprozesse des Gehirns. Sie helfen uns, schnelle Entscheidungen zu treffen: hin zu Freude und weg vom Schmerz. Angenommen, Ihr wichtigster Wert lautet »Reichtum«. Sie haben allerdings mal mit Aktien schlechte Erfahrungen gemacht. Ihr Gehirn kreiert für künftige Entscheidungen die Spielregel: »Mit Aktienspekulationen verliert man nur Geld.« Je nachdem, wie häufig oder schmerzhaft Erfahrungen waren, um so stärker ist eine Spielregel ausgeprägt. Um beim Beispiel Aktien zu bleiben: Sie werden vermutlich einen Bogen um die Börse machen, auch wenn Fachleute beweisen, dass Aktien auf Dauer die mit Abstand beste Rendite bringen. Wie stark verankert Ihre Spielregel ist, hängt davon ab, ob es eine Meinung, ein Glaubenssatz oder gar eine Überzeugung ist.

Wie eine Überzeugung entsteht

Meinungen entstehen meist unbewusst und zufällig – wenn wir etwas häufig hören oder erleben (Wiederholung) oder wenn die Erfahrung außergewöhnlich eindringlich (emotionale Intensität) ist. Wenn sich erst eine Meinung gebildet hat, suchen wir nach bestätigenden Erfahrungen und Beweisen. Dies geschieht durch unsere subjektive Sonnenbrille. Wir nehmen die Welt nicht so wahr, wie sie ist, sondern so, wie wir sie sehen wollen.

Wenn sich Erfahrungen häufen, wachsen sie zu Glaubenssätzen. Die sind viel schwerer zu verändern als Meinungen, denn Glaubenssätze sind mit Gefühlen und großer Gewissheit gepaart.

Am Anfang bilden wir uns eine Meinung. Daraus wachsen Glaubenssätze – und schließlich Überzeugungen. Überzeugungen sind die einzige eigene Wahrheit.

Vorsicht vor Fanatismus

Die nächste Steigerungsform ist die Überzeugung. Dann sind wir uns einer Sache absolut sicher, das Urteil über Personen ist tief verwurzelt – wir sind überzeugt, dass wir richtig liegen. Streit entsteht, weil Überzeugungen aufeinander prallen.

Die letzte und negativste Form dieser persönlichen Spielregeln ist Fanatismus, wie ihn zum Beispiel Sektenmitglieder entwickeln – er ist höchst kontraproduktiv.

Das Beispiel »Berti«

Wie sich Meinungen zu einer Überzeugung aufbauen, konnten wir schön bei Exbundestrainer Berti Vogts beobachten. »Der hat nicht das Format, Deutschland an die Spitze zu bringen«, meinten viele Fans. Dabei war Vogts als Fußballfachmann unbestritten. Aber wie er sich bei den Medien verkaufte (ungeschickt), wie er öffentlich auftrat (humorlos) – alles nährte den Glaubenssatz: »Mit Vogts kann das nichts werden.« Nach der verkorksten Weltmeisterschaft in Frankreich stand die Überzeugung: »Vogts bringt es einfach nicht.« Da wuchs der externe Druck so stark, dass dem armen Berti nur die Flucht blieb: Rücktritt.

»In dem Augenblick, in dem du von etwas überzeugt bist, von diesem Augenblick an wird dein Traum Wirklichkeit werden.«
P. Collier

115

Viel Sachverstand, aber kaum Charisma: Berti Vogts fühlte sich dem Druck der Öffentlichkeit nicht gewachsen und trat als Bundestrainer zurück.

Die Angst, öffentlich zu reden

Sicher finden auch Sie in Ihrem eigenen Betriebssystem eine Reihe von Regeln, die meist aus früheren Erfahrungen, falschen oder unbewussten Bewertungen stammen. Vielleicht lief es schlecht, wenn Sie als Schüler vor der Klasse ein Gedicht aufsagen mussten. Sie verhaspelten sich, die anderen lachten. Eine Schmerzerfahrung. Damals entstand der Glaubenssatz: »Ich kann nicht vor anderen sprechen.« Bis heute will Ihr Gehirn Sie vor der Wiederholung dieses Schmerzes bewahren: Sie meiden – wenn es nur geht – Wortmeldungen, öffentliche Reden, auch Vorträge, die Sie beruflich durchaus weiterbringen würden. Das ist das Fatale bei Glaubenssätzen: Sie wirken bis in die Gegenwart.

»Ob Sie nun glauben, dass Sie eine Sache tun können oder Sie aber nicht tun können, so haben Sie in jedem Fall Recht.«
Henry Ford

Was ist zu tun?

Verändern Sie daher noch heute ganz bewusst Ihre Spielregeln (schriftlich). Nur dann können Sie zum erfolgreichen Baumeister Ihrer Zukunft werden. Persönlichkeiten entwickeln und leben nach positiven und motivierenden Überzeugungen. Sie wissen, dass Sie selbst für Ihre Spielregeln verantwortlich sind, nicht die Umstände. Genau deshalb haben Sie Erfolg.

Wie ich meine persönlichen Spielregeln verändere

Konzentrieren Sie sich nun auf die folgenden drei Aufgaben. Führen Sie den Test bitte schriftlich durch.

1. Aufgabe: Welche persönlichen, negativen Spielregeln, Glaubenssätze, Überzeugungen fallen Ihnen aus den einzelnen Lebens- bzw. Zielbereichen ein?

● **Persönlicher Zielbereich:**
(Beispiele: »Sport ist Mord.«; »Ich kann niemals aufhören zu rauchen.«)

● **Beruflicher und wirtschaftlicher Zielbereich:**
(Beispiele: »Geld verdirbt den Charakter.«; »Ich bin zu jung, um beruflich erfolgreich zu sein.«)

Wie ich meine persönlichen Spielregeln verändere

- **Zwischenmenschlicher Zielbereich:**
(Beispiele: »Alle Männer sind gleich.«; »Beruf und Familie lassen sich nicht unter einen Hut bringen.«)

- **Freizeit- und luxusorientierter Zielbereich:**
(Beispiele: »Mein Job lässt keinen Urlaub zu.«; »Ich muss das Auto fahren, das meine Kunden erwarten.«)

- **Sozialer und ökologischer Zielbereich:**
(Beispiele: »Was soll ein Einzelner schon ausrichten?«; »Spenden darf ich erst, wenn ich finanziell völlig unabhängig bin.«)

Wie ich meine persönlichen Spielregeln verändere

2. Aufgabe: Was in Ihrer Vergangenheit unbewusst verankert wurde, darf niemals der Wegweiser Ihrer Zukunft sein. Deshalb führen Sie diese Aufgabe mit einem Maximum an emotionaler Intensität aus. Je mehr Gefühl Sie an den Tag legen, desto größer ist der Hebel für Veränderungen.

Verdeutlichen Sie sich noch mal: Wie wird Ihre Zukunft, wenn Sie nichts an Ihren Spielregeln, Glaubenssätzen ändern? Malen Sie sich Ihre Zukunft so düster und negativ aus, dass Sie wirklich emotional berührt sind.

- **Persönlicher Zielbereich:**

(Beispiele: »Ich werde von Tag zu Tag immer fetter.«; »Mein Freund/meine Freundin hat mich verlassen, weil er/sie mich unattraktiv findet.«; »Schon nachmittags überfällt mich chronische Müdigkeit.«; »Vor lauter Frust fresse ich viel zu viel in mich hinein.«; »Die Beförderung ging wieder an mir vorüber.«; »Jede kleinste Anstrengung erzeugt schon Schweißausbrüche ...«)

- **Beruflicher und wirtschaftlicher Zielbereich:**

Wie ich meine persönlichen Spielregeln verändere

- **Zwischenmenschlicher Zielbereich:**

- **Freizeit- und luxusorientierter Zielbereich:**

- **Sozialer und ökologischer Zielbereich:**

Wie ich meine persönlichen Spielregeln verändere

3. Aufgabe: Bringen Sie sich jetzt in einen ausgezeichneten Zustand (Erfolgsachter!). Vergessen Sie Ihre einengenden Spielregeln. Finden Sie Glaubenssätze, die Sie ins Handeln bringen, damit Sie Ihren Zielen näher kommen. Lassen Sie unberücksichtigt, ob Sie schon geeignete Erfahrungswerte besitzen. Halten Sie kurz inne, und lassen Sie vielleicht folgende Glaubenssätze aus der Vergangenheit auf sich wirken:

- »Fliegen ist nicht möglich, da die Maschine in jedem Fall schwerer ist als Luft.« *(Simon Newcom, Physik-Nobelpreisträger 1902)*

- »Patentämter in London schließen, da alle Erfindungen gemacht sind.« *(Leiter des Patentamtes London, 1908)*

- »Es gibt nur einen Weltmarkt für fünf Computer.« *(Thomas Watson sen., 1944)*

Woran müssten Sie glauben, damit Ihre Ziele in Erfüllung gehen? Es kann das Gegenteil von dem sein, was bisher Ihre Spielregel ist.

- **Persönlicher Zielbereich**
(Beispiele: »Tägliches Training verleiht meiner Leistung Flügel. Was ich mir vornehme, werde ich erreichen.«)

- **Beruflicher und wirtschaftlicher Zielbereich**

Wie ich meine persönlichen Spielregeln verändere

- **Zwischenmenschlicher Zielbereich:**

- **Freizeit- und luxusorientierter Zielbereich:**

- **Sozialer und ökologischer Zielbereich:**

6. Erfahrungen bestimmen Ihren Erfolgsweg

Wenn Sie sich verändern wollen, müssen Sie ins Handeln kommen – und dazu brauchen Sie Motivation. Motivation ist die Kraft, die Sie in Bewegung bringt. Das Motiv des Handelns und das Ziel sollten unbedingt mit Ihren Werten abgestimmt sein. Sie sollten also Ihre persönlichen Spielregeln so formulieren, dass sie beflügelnd wirken.

Ihre Werte und persönlichen Spielregeln hängen von Lebenserfahrungen ab, die in Ihrem Nervensystem abgespeichert sind.

Die drei Faktoren (Werte, Spielregeln und Erfahrungen) bilden jenen Filter, durch den alle Informationen, die ankommen, beeinflusst und verändert werden. Sie nehmen demzufolge nicht die objektive, sondern eine subjektive Welt wahr.

Nichts hat eine Bedeutung – außer: Sie geben einer Sache Bedeutung. Oder anders ausgedrückt: Nicht die Ereignisse prägen Ihre Persönlichkeit, sondern wie Sie diese Ereignisse interpretieren. Beachten Sie: Die Anzahl der Erfahrungen und die Art, wie Sie Erfahrungswerte ordnen und nutzen, spiegelt Ihre Intelligenz wider.

»Archiv« Unterbewusstsein

Einfaches Beispiel: Stellen wir uns unser Unterbewusstsein als ein überdimensionales Regal voller Videofilme vor. Wie schnell wir einen bestimmten Film im Archiv finden, hängt von zweierlei ab. Erstens: Wie viele Kopien vom Film stehen im Regal (Wiederholung). Zweitens: Welche Gefühle (emotionale Intensität) hat der Film ausgelöst. Horrorfilme und Schmachtfetzen finden wir in der Regel rascher wieder, weil sie uns besonders berührten.

Ähnlich funktioniert das Leben: Die Anzahl der Erfahrungen und deren emotionale Intensität bestimmen Spielregeln, Glaubenssätze, Überzeugungen. Sie verdichten sich im Alltag zu Allgemeinplätzen:

- »Alle Menschen sind ...«
- »Immer wenn, dann ...«
- »Das Leben ist ...«

Der amerikanische Persönlichkeitstrainer Anthony Robbins hat eine prima Metapher gefunden, die die Beziehung zwischen persönlichen Spielregeln und Erfahrungen verdeutlicht: Stellen wir uns einen

»Die Weisheit eines Menschen misst man nicht an seiner Erfahrung, sondern an der Fähigkeit, Erfahrungen zu machen.«
Bernard Shaw

Tisch vor. Die Tischplatte – das sind unsere persönlichen Spielregeln (Meinung, Glaubenssätze, Überzeugungen). Jedes der Tischbeine ist eine Erfahrung im Leben. Klar: Je mehr positive Erfahrungen (Tischbeine) wir gemacht haben, desto sicherer steht unser Tisch.

»**Erfahrungen sind die Samenkörner, aus denen die Klugheit emporwächst.**«
Konrad Adenauer

Was ist zu tun?

- Fragen Sie sich: Welche Erfahrungen brauche ich, um meine Wünsche zu realisieren?
- Erweitern Sie ständig Ihren Erfahrungsschatz. Wenn Sie beispielsweise Ihren Glaubenssatz »Ich handle auch in schwierigen Situationen mutig« stärken wollen, melden Sie sich beim Fallschirmspringen, Rafting oder Canyoning an.
- Besuchen Sie Seminare.
- Lesen Sie mindestens zwei Bücher pro Monat. Fachbücher oder Biografien sind wertvoll, weil der Autor sein Wissen und seine Erfahrungen komprimiert weitergibt.

Wie wir bereits wissen, kann unser Unterbewusstsein nicht zwischen einer erlebten Erfahrung und einer nur intensiv vorgestellten Erfahrung unterscheiden. Nutzen Sie das Phänomen! Visualisieren Sie,

Spritziges Abenteuer: Rafting kann zum wichtigen Vehikel für neues Selbstwertgefühl werden.

wie Sie bei einer Präsentation Probleme positiv bewältigen. Hören Sie am Ende den Applaus. Genießen Sie vorab den Erfolg. Ihr Gehirn wird schon mit einer Situation vertraut, obwohl Sie diese noch nicht real erlebt haben.

»Die Sprache ist das Haus des Seins.«
Martin Heidegger, Philosoph

7. Erfolgsfaktor Sprache

Lassen Sie sich manchmal auch von Menschen begeistern, die zu Ihnen sprechen? Manche haben die wunderbare Gabe, Ihre Gedanken in Worte zu kleiden, die perfekt sitzen. Sie erzeugen dadurch sehr überzeugende Gefühle. Unsere Sprache, unsere Worte drücken unsere Gedanken aus. Die wiederum werden maßgeblich von Erfahrungen beeinflusst. Stellen wir uns Erfahrungen als eine Rotweinflasche vor. Und die Worte wären das Etikett. Etikett und Flasche erzeugen ein bestimmtes Gefühl. Wenn wir das Etikett verändern, ändert sich natürlich auch das Gefühl.

Worte beeinflussen unser Gefühl

Worte haben die Kraft, unseren Gefühlszustand zu verstärken oder abzuschwächen. Es ist ein Unterschied, ob wir von einem »großen Problem« oder von einer »interessanten Aufgabe« sprechen. Ob wir zurückhaltend von einer »störenden Verhaltensweise« reden oder sagen: »Ich drehe gleich durch.«

So bitte nicht mehr:		Ab jetzt bitte so:
»Ich bin überlastet.«	→	»Ich werde gefordert.«
»Ich fühle mich gestresst.«	→	»Ich bin beansprucht.«
»Ich bin stinksauer.«	→	»Ich bin verstimmt.«
»Ich fühle mich gut.«	→	»Ich fühle mich sensationell.«
»Ich bin zufrieden.«	→	»Mir geht es fantastisch.«
»Ich finde dich nett.«	→	»Ich bin hingerissen von dir.«
»Ich bin enttäuscht.«	→	»Ich bin etwas verwundert.«

Ob wir Konkurrenten »Aasgeier« oder »Mitbewerber« nennen. Ob wir vor einer Prüfung »panische Angst« oder »positive Anspannung« empfinden. Die Wahl der Worte gibt uns die wunderbare Möglichkeit, Erfahrungen und damit auch unseren Zustand zu beeinflussen. Sprechen Sie in Ihrem Geschäftsalltag doch nur noch von »Freunden« und »Trainern«. Warum? Freunde sind Menschen, die man mag. Trainer sind alle übrigen Menschen, die einem helfen, sein Verhalten (z. B. Kommunikation) zu verbessern.

»Das Wort des Menschen ist sein Wesen.«
Japanische Weisheit

Was ist zu tun?

- Legen Sie in all Ihren positiven Lebenssituationen mehr Begeisterung und mehr Emotionalität in Ihre Worte.
- Statt kollegialer Zusammenarbeit das Prädikat »gut« zu verleihen, versuchen Sie es einmal mit »fantastisch«.
- Statt in Zusammenhang mit Ihrem Team von »in Ordnung« zu sprechen, versuchen Sie es einmal mit »außergewöhnlich«.
- Schwächen Sie Negatives durch entsprechende Wortwahl ab.
- Statt »Ich hasse diese Tätigkeit« sagen Sie: »Ich neige mehr zu anderen Tätigkeiten.«
- Statt »Ich bin gescheitert« sagen Sie lieber: »Ich muss nach anderen Lösungsansätzen Ausschau halten.«
- Nehmen Sie sich nun ein paar Minuten Zeit. Schreiben Sie alle Redewendungen auf, die Sie regelmäßig verwenden. Verstärken Sie

Worte, die nur Worte bleiben	Worte, die Handeln bewirken
man ...	Ich kann ...
möchte ...	Ich werde ...
vielleicht ...	Ich entscheide mich ...
würde ...	Ich bin ...
könnte ...	Ich handle ...
versuchen ...	Ich mache ...
eigentlich ...	Jetzt ...

die Worte, die positive Verhaltensweisen beschreiben und schwächen Sie die negativen mit ebenfalls entsprechenden Worten ab. Eine kleine Warnung: Vorsicht, Ihre Umwelt handelt noch nach alten Programmen! Wenn Sie demnächst gefragt werden: »Wie geht es Ihnen?« und Sie antworten nicht »Na ja, ganz okay« oder »Na ja, so lala«, sondern Sie sagen strahlend »fantastisch!« oder »brillant!«, könnte das Ihre Freunde oder Bekannte sehr irritieren. Lassen Sie sich nicht dadurch beirren. Überlegen Sie vielmehr, mit wem Sie mehr Zeit verbringen wollen. Mit einem Menschen, der »okay« ist oder mit jemandem, der sich »fantastisch« fühlt. Erfolg zieht Erfolg an, und die Sprache ist eine hervorragende Möglichkeit, um Erfolg auszudrücken und Erfolg anzuziehen.

8. Erfolgsfaktor Fragen

Die Qualität unserer Beziehungen, unserer Karriere, unserer Gesundheit – das alles wird maßgeblich beeinflusst durch die Fragen, die wir uns stellen. Denn aus guten Fragen ergeben sich bessere Antworten. Wir stellen uns ständig Fragen. Diese Fragen bestimmen, worauf wir uns konzentrieren. Wie wir denken. Was wir fühlen. Wenn Sie ein Problem haben, können Sie natürlich mit Selbstmitleid reagieren: »Warum gerade ich?« Das führt in eine Sackgasse, es ändert kaum das Problem. Fragen Sie lieber:

> »Klug fragen können, ist die halbe Weisheit.«
> *Francis Bacon*

- »Was kann ich aus der Situation lernen?«
  Oder, noch besser:
- »Was kann ich jetzt unternehmen, um meine Situation möglichst sofort zu verbessern?«
- »Welches Ziel will ich erreichen?«
- »Wie kann ich mein Ziel erreichen?«
- »Was ist mein erster Schritt, um dem Ziel näher zu kommen?«

Wenn Sie spüren, dass Sie mit altem Verhalten festgefahren sind, wenn Sie dem Ziel nicht näher kommen, betrachten Sie das Problem aus einer neuen Perspektive – lassen Sie sich neue Fragen einfallen. Nehmen wir mal an, Ihr wichtiger Wert »Liebe« bleibt weitgehend unbefriedigt. Sie fühlen sich einsam. Sie könnten nun resignieren

(»Keiner liebt mich«). Sie können sich aber auch die richtigen Fragen stellen, um ins Handeln zu kommen.

- »Was müsste geschehen, damit ich mich geliebt fühle?«

Oder noch besser:

- »Was liegt in meiner Verantwortung? Was kann ich alles tun, um das Gefühl von Liebe zu kriegen?«

Gute Fragen sind konstruktiv

Vergegenwärtigen Sie sich in jeder Phase Ihres Lebens: Es sind nicht allein die äußeren Umstände, die Ihr Leben beeinflussen, sondern wie Sie die Umstände bewerten. Und diese Bewertung ist eine Frage von guten, besseren, konstruktiven Fragen.

- Gute Fragen kitzeln gute Antworten hervor.
- Gute Fragen verbessern Ihren Fokus.
- Gute Fragen bringen Sie in einen guten Zustand, der gute Entscheidungen ermöglicht.
- Gute Fragen schaffen hervorragende Gefühle.

Was ist zu tun?

Überprüfen Sie die Qualität Ihrer aktuellen Fragen.

Verbessern Sie Ihre Fragen so lange, bis sie konstruktiv sind.

Stellen Sie sich jeden Morgen und jeden Abend folgende positive Fragen, die bei Ihnen neue Kräfte freisetzen und vor allem drei Dinge verändern:

- Blickwinkel
- Zustand
- Gefühle

Weitere problemlösende Fragen

- Welche guten Seiten hat dieses Problem?
- Was bin ich bereit zu tun, um die Situation zu verbessern?
- Was würde ich aufgeben, wenn es zur Lösung beiträgt?
- Wie kann ich erreichen, dass mir die Lösung des Problems Spaß macht?

Erfolg versprechende Fragen am Morgen

- Was sind heute meine wichtigsten Aufgaben?
- Warum ist der heutige Tag ein Geschenk für mich?
- Was macht mich im Moment glücklich?
- Was finde ich im Moment sehr aufregend?
- Worauf kann ich zur Zeit besonders stolz sein?
- Wofür kann ich in meinem Leben dankbar sein?
- Wofür lohnt es sich, dass ich mich voll einsetze?

Erfolg versprechende Fragen am Ende eines Tages

- Was habe ich heute hinzugelernt?
- Was hat mich näher zu meinen Zielen gebracht?
- Was waren meine »Diamanten« des Tages?

9. Anker und Kippschalter

Ein Anker ist ein ganz spezifischer Stimulus. Wenn wir ihn auslösen, können wir eine ganz bestimmte Reaktion hervorrufen.

Ein ganz normaler Tag. Doch plötzlich fühlen Sie sich prächtig. Sie sind bester Laune. Alles, was Sie anpacken, gelingt. Warum bloß? Vielleicht ein Song im Radio, der schön sentimental stimmt. Vielleicht der Duft eines ganz speziellen Parfums, der Sie an ein klasse Rendezvous erinnert. Bilder, eine Berührung, ein Geräusch – alles kann ein Anker sein, der Kippschalter für einen intensiven Zustand. Für Psychologen sind Anker, speziell beim Neurolinguistischen Programmieren (NLP), an bestimmte Erfahrungen gekoppelte Sinneseindrücke, die einen besonderen emotional intensiven Zustand auslösen. Diese unbewusst programmierten Reaktionen ermöglichen sofortigen Zugriff auf unsere Erfahrungen: Wir reagieren, ohne nachzudenken. Jeder Mensch hat solche Anker. Die meisten entstehen zufällig, oder aber wir übernehmen bestehende: eine Sirene, ein Rotlicht, den Anblick einer Spinne, Capuccinoduft, eine Hymne oder die Nationalflagge. Alle diese Signale lösen Gefühle aus.

Der Wohlstandsanker

Von dem bekannten Finanzexperten Bodo Schäfer stammt folgende Idee für einen hervorragenden Anker: »Tragen Sie immer einen Tausendmarkschein bei sich!«

Um die Wirkung des Ankers zu erhöhen, kann man den Geldschein immer wieder mal in die Hände nehmen und sich in einen guten Zustand versetzen: an ein außergewöhnlich gutes Geschäft denken, Gefühle wie Freude, Sicherheit, Vertrauen und Reichtum abrufen. Wir wissen ja, dass unser Gehirn auf die Vorstellung von einem Ereignis genauso reagiert, wie auf ein tatsächlich erlebtes. Ich habe es ausprobiert. Ich brachte mich in den beschriebenen Zustand. Schloss die Augen. Dachte an ein glänzendes Geschäft, ganz intensiv. Dann öffnete ich die Augen, blickte lachend auf den Tausendmarkschein. Dieses Ritual wiederholte ich zehnmal. Zusätzlich habe ich mit mir eine persönliche Vereinbarung getroffen: Dieser Schein wird nur in wirklichen Notfällen »angegriffen«. Für mich keine Magie, sondern eine Nervenverbindung. Immer wenn ich jetzt den Tausender sehe (passiert häufiger am Tag), lächle ich in der selben Art wie beim ersten Mal – und das erzeugt gute Gefühle übers Geld. Gefühle wie: Ich bin reich, Ich fühle mich wohl mit Geld.

Tipp: Tragen Sie immer einen Tausendmarkschein bei sich: Er verändert Ihr Gefühl für Geld.
Bodo Schäfer, Finanzexperte.

Gefühlskitzel: Die Nationalhymne. Bei vielen Fußballprofis wirkt sie als starker Anker und setzt Kräfte frei.

Wie ich erfolgreiche Anker installiere

Bestimmen Sie, welchen Sinneseindruck Sie mit einem entsprechenden Gefühl verbinden wollen. Es kann auch eine Kombination sein, etwa Fingerschnipsen (Fühlen), das an den Ausruf »Ja!« (Hören) gekoppelt ist. Anfangs sind physische Reize am einfachsten und wirkungsvollsten. Hier einige Beispiele:

- Das kraftvolle Ballen Ihrer Faust
- Der Druck Ihres Daumens und Zeigefingers auf Ihr Handgelenk
- Das dynamische Schlagen Ihrer Hand auf die Brust

- Wichtig: Der Anker muss vom Unterbewusstsein sofort identifiziert werden. Normales Händeschütteln reicht da nicht.

- Sie haben nun zwei Möglichkeiten: Entweder Sie setzen den Anker in einer tatsächlich erlebten Situation. Oder Sie stellen sich eine erlebte Situation intensiv vor, bei der Sie die gewünschten Gefühle hatten. Fürs Gehirn ist dies unerheblich.

- Kurz bevor das Gefühl am intensivsten ist, lösen Sie den Anker (z. B. das Ballen der Faust) aus. Verstärken Sie den Druck bis zum Höhepunkt des Gefühls. Eine Verschmelzung Ihres Gefühls mit dem Anker ist entstanden.

- Je häufiger Sie diesen Vorgang wiederholen, desto besser wirkt der Anker. Keine Angst, er nutzt sich nicht ab – im Gegenteil: Je häufiger Sie ihn einsetzen, desto stärker wird er. Wichtig: Sie müssen ihn immer auf dieselbe Art und Weise auslösen, sonst funktioniert er nicht. Wenn Sie die Wirkung des Ankers erhöhen wollen, stapeln Sie ähnliche Gefühle auf denselben Anker.

- **Sie können sich jetzt einen guten Zustand holen, wann immer Sie ihn brauchen: vor wichtigen Ereignissen (Präsentation, Prüfung, Verkaufsgespräch) oder auch, wenn Sie mit dem Partner in Hochstimmung kommen wollen.**

Ein Anker kann nur dann funktionieren, wenn er für Sie wirklich stimmig ist und Ihr Körper miteinbezogen wird.

131

Nutzen Sie die Kraft eines positiven Ankers, um ein neues Gefühl zu erhalten. Lieblingssongs hören, schöne Urlaubsfotos ansehen. Nutzen Sie auch Ihr Wissen über den Erfolgsachter. Mittels Körperhaltung können Sie sehr schnell in einen neuen guten Zustand kommen.

Ich habe Vertrauen, dass ich mit viel Geld umgehen kann, während andere Angst haben, es zu verlieren. Ich spüre außerdem die Sicherheit, die Freude und den Spaß, immer Geld zu haben. Probieren Sie es aus – kostet ja nichts! Das heißt: doch, nämlich ein wenig Überwindung. Sie haben das Geld für diese Übung nicht? Lassen Sie los von alten Denkstrukturen, leihen Sie sich einen großen Schein. Erinnern Sie sich: »Das Leben ist ein Spiel.«

Was ist zu tun?

- Lernen Sie Ihre negativen Anker kennen.
- Schreiben Sie auf, welche negativen Sinneseindrücke (Anblick, Geräusch, Berührung, Geschmack, Geruch) bei Ihnen sofort negative Gefühle auslösen (Motto: »Gefahr erkannt – Gefahr gebannt!«). *Beispiele: Anblick eines chaotischen Schreibtisches, Heavy-Metal-Krach, Zigarettengestank ...*
- Gehen Sie diesen Ankern aus dem Weg.

Wenn diese negativen Anker trotzdem bei Ihnen wirken, sollten Sie sich folgende Fragen stellen:

- »Muss ich mich automatisch so fühlen?«

Meine positiven Anker

Notieren Sie Ihre ganz persönlichen positiven Anker – und halten Sie daran fest:

-
-
-
-
-
-
-

- »Welches Gefühl hätte ich jetzt lieber?«
- Notieren Sie nun drei bis fünf positive Anker, die bei Ihnen wünschenswerte Gefühle und Zustände hervorrufen und die Sie in gewissen Situationen »abrufen« können (Kerzenlicht, Reggaemusik, Siegerfaust nach einem Erfolgserlebnis ...).

10. Erfolgsfaktor Metaphern

Mit einer Metapher fassen Sie eine Lebenserfahrung in ein Bild. Nutzen Sie die Chance: Formulieren Sie Ihre Bilder positiv. Denn Verbildlichungen wirken sich immer auf Ihren Zustand aus.

Eine »Metapher« ist ein durch einen Vergleich zustande kommender bildhafter (meist vom Konkreten zum Abstrakten) übertragener Ausdruck. Metaphern fassen Lebenserfahrungen in Bilder. Solche Verbildlichungen können sich entscheidend auf unseren Zustand auswirken. Überprüfen Sie das mal selbst. Wie sehen Sie zum Beispiel das Leben: als Spiel oder als Kampf? Zwei total unterschiedliche Metaphern. Wenn Sie das Leben als Kampf sehen, kennen Sie nur Gegner, keine Freunde. Sie müssen den anderen schlagen, um zu siegen, und oft müssen Sie den anderen auch ausschalten.
Wie würde sich Ihre Einstellung zum Leben wohl ändern, wenn Sie eine Metapher dieses Buches aufgreifen – betrachten Sie das Leben als ein Spiel! Ein Spiel macht Spaß. Sie würden akzeptieren: Spitzenleistungen entstehen aus einem Zustand von Freude, Hingabe und Begeisterung. Sie spielen um des Spielens willen. Sie erleben Glücksgefühle, nicht nur am Ende eines siegreichen Spiels, sondern auch mitten im Spiel.

Metaphern beschreiben und prägen Gefühle

- Sie können Ihren Körper mit einem alten Gaul vergleichen, der auf der Weide frisst, was er findet. Sie können Ihren Körper aber auch als Sportwagen betrachten, der besonders schnell ist, wenn er den richtigen Treibstoff bekommt.
- Sie können Ihre Partnerschaft als Paradies auf Erden empfinden oder als Gefängnis.
- Sie können das Leben als Hühnerleiter (von oben bis unten beschissen) sehen oder als Tanz.
- Sie können sagen: »Mir steht das Wasser bis zum Hals.« Oder: »Ich fühle mich vergnügt wie ein Fisch im Wasser.«

Wie ich die Kraft der Metaphern nutze

Nutzen Sie Metaphern bewusst. Lassen Sie sich von Metaphern nicht nach unten ziehen. Laden Sie sich mit Metaphern positiv auf. Machen Sie dazu folgende zwei Übungen:

1. Aufgabe: Schreiben Sie in den nächsten Minuten alle Metaphern auf, die Sie im Alltag verwenden. Suchen Sie nach Metaphern aus allen fünf Zielbereichen. *(Beispiele: »Sport ist Mord.«; »Mein Beruf schnürt mir die Luft ab.«; »Reiche Menschen sind wie Haifische.«; »Die Angst sitzt mir im Nacken.«; »Ich fühle mich ausgebrannt.«; »Wenn ich dem meinen kleinen Finger gebe, nimmt er gleich die ganze Hand.«)*

Wie ich die Kraft der Metaphern nutze

2. Aufgabe: Formulieren Sie neue Metaphern, solche, die in Ihnen einen besseren Zustand hervorrufen. *(Beispiele: »Gesundheit ist wie ein glückliches Lachen.«; »Ich ziehe Geld an wie ein Magnet.«; »Mein Beruf ist der Zauberstab für die Erfüllung meiner Wünsche.«; »Druck wirkt auf mich wie ein inspirierender Turbolader.«; »Ich fühle mich wie ein gespannter Bogen, der gezielt seinen Pfeil abschießt.«)*

....

....

....

....

....

....

3. Aufgabe: Bauen Sie während der nächsten Tage Metaphern in Ihren Alltag ein. Verwenden Sie ganz bewusst Verbildlichungen, die Sie positiv empfinden.

• Ihre Metaphern mit der besten Wirkung:

....

....

....

....

....

....

....

WIE ICH MEIN SELBST-BILD VERÄNDERE

Sie war beileibe nicht unattraktiv. Im Gegenteil. Sympatische Ausstrahlung, feminine Formen, sportliche Figur. Eine gepflegte Frau, die da im Seminar saß. Susanne war Mitte dreißig. Na gut, sie schien etwas zurückhaltend, fast kontaktscheu. Aber sie hatte offensichtlich Stil und Geschmack. Sie war dezent gekleidet, kaum geschminkt. Sie war wahrlich kein Mauerblümchen.

Doch sie selbst sah sich anders: »Ich bin keine attraktive Frau«, so ihr Selbstbild. Sie war zu dieser Überzeugung gekommen, weil es dafür ein paar Indizien gab: »Die falschen Männer sprechen mich an, auf Partys komme ich nicht an, Männer wollen nichts von mir, und wenn, dann bloß das eine.« Also zog sie sich lieber zurück. Meine Güte! Wie fast alle Menschen trägt Susanne grundsätzlich fast alle Fähigkeiten in sich, um erfolgreich zu handeln.

> »Wenn Sie nicht wissen, wer Sie sind, wie können Sie entscheiden, was Sie tun wollen?«
> *Anthony Robbins, Erfolgstrainer.*

Pessimisten küsst man nicht

Wir alle sind – der Vergleich sei gestattet – einem Samenkorn ähnlich, das alle Fähigkeiten in sich trägt, um zu einer prachtvollen Blume zu gedeihen. Ein Samenkorn kann sich nur auf fruchtbarem Boden entwickeln. Mit unseren Fähigkeiten ist das auch so. Sie entfalten sich besonders gut, wenn wir ein positives Selbstbild von uns haben.

Susanne hatte das nicht. Sie setzte sich ungern Situationen aus, in denen man sie ansprechen konnte. Sie folgte keiner Einladung, sie wollte kein Stimmungstöter sein. Sie hasste Partys, sie mied Feste. Sie blieb zu Hause. So verkümmerte und verhärmte sie mehr und mehr. Bald unterblieben Einladungen. Dadurch verhärtete sich das Selbstbild der Frau (»Ich bin eine unattraktive Person«) nur noch mehr. Ein Teufelskreis, der nach unten zieht.

Frisch, frech, fröhlich, frei: Mit positivem Selbstbild sind garantiert bessere Resultate möglich.

Unser Selbstbild ist ein mächtiger Hebel, der stark auf unser Verhalten einwirkt. Von ihm hängt unser gegenwärtiges Handeln ab – und das in der Zukunft. Schlecht, wenn das Selbstbild negativ ist. Die Frage kann daher nur lauten: Wie können wir unser Selbstbild positiv beeinflussen?

Das Selbstbild – Bremse oder Gaspedal

Denken Sie stets daran: Sie sind das, was Sie von sich denken!

Unser Selbstbild bestimmt unser Leben. Wir werden zu dem, wie wir uns selbst sehen. Nicht, was wir waren, wo wir herkommen, was wir zur Zeit sind, wirkt als Bremse – sondern die negativen Gedanken über uns selbst. Da alles, was wir in unserem Leben erreichen werden, auf unserem Selbstbild aufbaut, sollten wir demzufolge alles daransetzen, ein beflügelndes Selbstbild – und damit eine erfolgreiche Zukunft – zu schaffen.

Angenommen, Sie haben sich einen Spielfilm gekauft oder in der Videothek ausgeliehen und schauen ihn an. Leider ist er ziemlich trostlos, langweilig, keine Spannung, nicht einmal ein Happy End. Würden Sie sich diesen Film wieder und wieder ansehen, jeden Tag? Bestimmt nicht. Sicher würden Sie einen anderen Film besorgen, einen, der Sie mehr anmacht.

Was sind Ihre größten Stärken?

Und wie gehen Sie mit Ihrem Leben um? Warum schauen Sie immer noch das an, was Sie eigentlich nicht mehr sehen möchten? Werden Sie zum Regisseur Ihres Lebens.

Skizzieren Sie Ihr Selbstbild!

Tun Sie so, als hätte man Sie gebeten, ein Selbstporträt für das Nachschlagewerk »Who is who« zu verfassen. Beschreiben Sie ehrlich Ihre Stärken und Schwächen. Fragen Sie sich: »Wie ist mein Istzustand? Wie sehe ich mich momentan?«

Vom Istzustand ins Handeln

Selbstbewusstsein, das ist die Fähigkeit, sich als Original zu fühlen, auch wenn man nur eine Kopie ist.

Anonym

Was haben Sie in der Tabelle auf Seite 139 vor allem notiert: die Schwächen? Versagersituationen?

Lesen Sie bitte erst weiter, wenn Sie Ihre Istsituation bestimmt haben. Sie ist für Ihren Veränderungsprozess nämlich von ganz entscheidender Bedeutung. Schauen Sie sich noch mal ganz bewusst die Notizen an, die Ihr Selbstbild ergeben. Sind Sie wirklich zufrieden? Trägt Sie dieses Selbstbild in die Zukunft? Was sagt Ihr Gefühl dazu? Spüren Sie dabei Unzufriedenheit, Unbehagen, Unsicherheit oder gar Angst und Schmerz? Dann ist es höchste Zeit zu handeln. Im letzten Kapitel auf Seite 110 haben Sie es bereits kennengelernt, das »«Schmerz-Freude«-Prinzip. Sie wissen schon: Je mehr Schmerz Sie empfinden, desto leichter kommt ein Veränderungsprozess in Gang. Malen Sie sich dieses Szenario noch einmal aus: Was passiert, wenn Sie nichts verändern?

Wie entwickelt sich das Selbstbild?

An dieser Stelle müssen wir klären: Wie wird unser Selbstbild eigentlich entwickelt? Habe ich mein aktuelles Selbstbild selbst geschaffen oder ist es Produkt oder gar Diktat meiner Umwelt? Bin ich Herr über mein Selbstbild – oder lasse ich zu, dass es durch Meinungen, Handlungen und Überzeugungen anderer bestimmt wird?

Kann ich mein Selbstbild neu bestimmen? Die Antwort: ja! Um unser Selbstbild greifbar zu machen, stellen wir uns einfach ein Foto in unserem Gehirn vor. Es bildet unsere Werte und die tief verwurzelten Überzeugungen ab. Aber es lagert auch unser Selbstvertrauen ein – also unsere Fähigkeit, dass wir uns selbst vertrauen können. Werden Sie sich selbst bewusst, dann werden Sie selbstbewusst. Machen Sie sich immer wieder bewusst, dass Sie alle Fähigkeiten für ein erfülltes, erfolgreiches Leben bereits in sich tragen.

Ohne Überzeugung geht nichts

Je mehr Sie von sich überzeugt sind, desto größer ist Ihr Selbstbewusstsein und desto geringer die Abhängigkeit von den Meinungen und Überzeugungen anderer Menschen. Aus Untersuchungen wissen wir, dass es dabei sekundär ist, ob Ihre Überzeugungen den Tatsachen entsprechen oder nicht. Es ist im Moment auch nicht wichtig, was in der Vergangenheit schief gelaufen ist. Viel wichtiger ist, wie Sie jetzt Selbstvertrauen aufbauen können.

Glaube versetzt Berge

»Es geht mir mit jedem Tag, in jeder Hinsicht immer besser und besser« – diese goldene Formel hat der Vater der Autosuggestion, Emil Coué, entwickelt, um mehr Zuversicht und Selbstbewusstsein zu gewinnen. Sie können die Formel umwandeln – zum Beispiel:
- »Ich werde erfolgreich sein!«
- »Ich werde handeln, wie der Mensch, der ich sein werde.«

Gewiss, Glaube kann Berge versetzen. Aber zunächst sollten wir ein solides Fundament schaffen.

Eine Erfolgsliste erstellen

Nichts lähmt uns mehr als das Gefühl, etwas nicht zu können (»Das schaffe ich nie«), nichts wert zu sein (»Ich bin ein Versager«), minderwertig zu sein. Solche Gefühle machen uns kraftlos und passiv – sie sind große Energieräuber. Ein erfolgreiches Gegenmittel: Machen Sie sich deutlich und schreiben Sie auf, was Sie alles können.
- Welche Fähigkeiten schlummern in mir?
- Welche Qualitäten habe ich?
- Was kann ich besonders gut?
- Worauf kann ich stolz sein?
- Worin bin ich Experte und kenne mich aus?
- Welche Hobbys habe ich?

»Das größte Problem unserer modernen Gesellschaft ist, dass sich die Menschen selbst für zu billig halten.« *Anthony Robbins, Erfolgstrainer.*

Kleinigkeiten sind wichtig

Scheuen Sie sich nicht, in die Liste Ihrer Erfolge auch alltägliche und scheinbar selbstverständliche Kleinigkeiten aufzunehmen.
Beispiele: »Ich kann gut genießen. Mein Hund hört aufs Wort. Ich komme leicht aus dem Bett. Ich bin umgänglich.«
Je mehr Erfolgsmosaikstückchen Sie hier zusammentragen können, umso besser. Es ist sozusagen der Goldstaub, der auf Ihrem Selbstwertgefühl liegt.

141

Mein persönliches Pluspunktekonto

Notieren Sie hier, in welchen Bereichen es bei Ihnen schon jetzt richtig gut flutscht. In diesem Pluspunktekonto soll auch Platz für selbstverständliche Kleinigkeiten sein. Finden Sie möglichst viele Beispiele!

Was ich gut kann:

- **In Familie und Partnerschaft:**

....

....

....

....

- **Im Beruf und im Bereich Finanzen:**

....

....

....

....

- **In der Freizeit und im Sport:**

....

....

....

....

Ein neues Selbstbild bestimmen

Betrachten Sie nun noch einmal Ihre Ziele, die Sie entworfen haben (siehe Seite 85/86). Entfesseln Sie nun Ihr Potenzial. Entwickeln Sie Mut und Entschlossenheit, um Ihr neues Selbstbild zu bestimmen. Entwickeln Sie Vertrauen, dass in Ihnen die nötige Kraft schlummert. Oft reicht schon die Veränderung einer Überzeugung aus, um unser Selbstbild entscheidend zu beeinflussen. Vielleicht gehören Sie zu jenen, die glauben: »Ich komme nicht ohne Süßigkeiten aus.« Sie müssen es jetzt schaffen, diese Überzeugung zum Beispiel gegen folgende auszutauschen: »Ich lebe gesund und genieße Obst.«
Sprengen Sie Ihr altes Selbstbild. Nutzen Sie die Dynamik des Erfolgachters, bringen Sie sich in einen Zustand positiver Erwartung. Aus diesem Gefühl heraus beschreiben Sie Ihr neues Selbstbild, das Sie befähigen wird, Ihre Ziele zu verwirklichen.

Um ein neues Selbstbild zu entwerfen, braucht es Mut und Entschlossenheit. Oft reicht schon die Veränderung einer Überzeugung aus, um etwas zu bewegen.

So möchte ich sein!

Mein neues Selbstbild, mit dem ich meine Ziele verwirkliche, lautet:

-
-
-
-
-
-
-
-
-

Verpflichten Sie sich schon heute so zu denken, zu handeln und zu fühlen wie die Person, die Sie sein wollen. Je emotionaler und je konsequenter Sie an die Sache herangehen, desto schneller setzen Sie Ihre positive Erfolgsspirale in Gang.

Denken Sie daran: Unser Unterbewusstsein kann nicht unterscheiden, ob etwas Realität oder nur eine lebendige Vorstellung ist.

Die »So-tun-als-ob«-Methode

Kritische Menschen sind jetzt sicher skeptisch. Doch es ist so: Durch die Kraft des »So-tun-als-ob« lässt sich enorm viel bewegen. Machen Sie einfach mal folgenden Versuch: Wenn Sie beim nächsten Mal im Büro oder zu Hause Stress oder Hektik verspüren, spielen Sie doch einmal ganz bewusst die Ruhe in Person – tun Sie so, als ob.

Dieser Plan kommt Ihnen vielleicht etwas komisch vor. Doch Sie werden schnell merken, dass sich die gespielte Ruhe nicht nur auf

Wie ich mein Verhalten erfolgreich steuere

1. Sehen Sie Ihr Ziel. Halten Sie das Bild in Ihrer Vorstellung fest. Konzentrieren Sie sich fest darauf. Sie können Ihr Unterbewusstsein nur in Gang setzen, wenn Sie sich Ihr Bild (Ihren Wunsch) ganz bewusst vorstellen.

2. Überzeugen Sie sich selbst. Wenn Sie nicht selbst von einer Sache überzeugt sind (»Ich kann das nicht«), werden Sie nicht die nötige Kraft finden, einen Anfang zu machen. Sie müssen von Ihrem Ziel selbst überzeugt sein (»Ich kann das«). Schauen Sie nur nach vorn, verschwenden Sie keine Energie beim Zurückschauen.

3. Tun Sie so, als ob. Wenn Sie sich eine Vorstellung von dem machen, wie Sie gern sein möchten oder was Sie erreichen wollen, handeln Sie so, als ob Sie die Person schon wären. Sie werden sich auf wunderbare Weise dem Ziel nähern.

Sie, sondern auch auf Ihr Umfeld überträgt. Tun Sie so, als ob! Wir haben schon mehrfach erklärt, dass unser Unterbewusstsein eine einzigartige Kraftzentrale ist. In unserem Unterbewusstsein steckt unglaublich viel Energie. Wenn wir dem Unterbewusstsein ein Ziel stecken, sucht es nach Wegen, dieses Ziel auch zu verwirklichen. Sie möchten selbstsicherer werden? Selbst wenn Sie das im Moment noch nicht sind – tun Sie doch einfach mal so, als ob Sie bereits sehr selbstsicher wären. Das wirkt Wunder.

Wie Sie Ihr Selbstbild aufpolieren

Überlegen Sie, mit welche neuen, praktischen Erfahrungen Sie Ihr neues Verhalten unterstützen können. Sie wollen zum Beispiel mehr Mut und Zuversicht gewinnen:

- Trainieren Sie für einen Marathon.
- Wagen Sie einen Fallschirmsprung.
- Lernen Sie Wasserski.
- Gehen Sie mit Ihrer Tochter oder Ihrem Sohn aus Spaß auf eine Technoparty.

Schon mit Kleinigkeiten können Sie Ihr Selbstbild aufpolieren:

- Holen Sie sich im Solarium gesunde Bräune.
- Gönnen Sie sich eine Woche Schönheitsfarm.
- Melden Sie sich im Fitnessstudio an.
- Gestalten Sie Ihre Wohnung neu.

»Die Entscheidungen waren nur der Anfang von etwas. Wenn man einen Entschluss gefasst hatte, dann tauchte man in eine gewaltige Strömung, die einen mit sich riss, zu einem Ort, den man sich bei dem Entschluss niemals hätte träumen lassen.«
Paulo Coelho (»Der Alchemist«)

Der Dominoeffekt

Notieren Sie nun, welche konkreten Schritte Sie unternehmen werden, um Ihr Selbstbild weiter zu verbessern. Bedenken Sie dabei: Es muss nicht alles auf einmal passieren. Aber ein paar Punkte müssen Sie sofort ins Handeln bringen. Warum? Sie müssen den so genannten Dominoeffekt nutzen. Stellen Sie sich eine lange Reihe dicht hintereinander aufgestellte Dominosteine vor. Wenn Sie den ersten Stein ins Fallen bringen, fallen auch alle anderen der Reihe nach um. Wenn Sie ein paar Ihrer Ideen sofort ins Handeln bringen können, werden andere Handlungen ganz automatisch folgen.

Je stärker Ihr Selbstbild ist, desto mehr Energie steht Ihnen für Ihre Weiterentwicklung zur Verfügung.

Vorsicht: Umwelt!

Beim Versuch, Ihr Selbstbild positiv zu verändern, sollten Sie keinen Applaus von den Leuten aus Ihrer Nähe erwarten. Lassen Sie sich nicht durch Ihre Umwelt irritieren! Menschen haben in dieser rasanten Welt ein Grundbedürfnis nach Sicherheit. Neues Verhalten ist ein Unsicherheitsfaktor. Also leben die meisten lieber mit einem bekannten Problem als mit einer unbekannten Lösung. Vorsicht: Ihre Umwelt könnte versuchen, Sie zurückzuhalten: »Och, bleib doch, wie du bist.« Unbewusst hat Ihr Umfeld vielleicht Angst vor der »Spielregel der Resonanz«: Wenn Sie sich verändern, entsteht bei anderen Druck, sich eventuell auch verändern zu müssen. Ein Gefühl der Unsicherheit entsteht. Viele Grüße aus der Komfortzone ...

Begeben Sie sich an den Startblock und springen Sie kopfüber ins Wasser ... Wenn Sie erst einmal schwimmen, kommen Sie Ihren Zielen stückweise näher.

Vorsätze für eine Woche fassen

- **Was ich noch in dieser Woche tun werde, um mein Selbstbild zu verbessern:**

WIE ICH TATSÄCHLICH INS HANDELN KOMME

Wir wollen Sie mit diesem Buch ins Handeln bringen. Wir wollen Ihnen helfen, dass Sie Ihre Ziele erreichen. Ziele zu erreichen, löst Glücksgefühle aus. Ziele zu erreichen, steigert das Selbstwertgefühl. Ein Ziel können Sie nur erreichen, wenn Sie sich auf den Weg machen. Mit Passivität lösen Sie keine Herausforderung, keines der Probleme. Mit jedem Tag, an dem Sie nicht ins Handeln kommen, werden Ihre Probleme nur größer – bis Sie Ihnen vielleicht über den Kopf wachsen und Sie den Mut vollends verlieren.

Anthony Robbins prägte die schöne Metapher: »Töte das Monster, so lange es noch klein ist.« Warten Sie nicht auf Wunder, gestalten Sie Ihr Leben selbst. Nicht Wissen, sondern nur angewandtes Wissen führt Sie zum Erfolg. Wenn Sie vieles bisher noch nicht ins Handeln gebracht haben, liegt es daran, dass Sie mit Ihrem alten Verhalten mehr »Freude« assoziieren als mit dem manchmal mühsamen Prozess neuen Verhaltens. Rational wissen Sie, dass neues Verhalten gut für Sie wäre, doch es reicht noch nicht, um den inneren Schweinehund, der Sie daran hindert, zu überwinden.

> »Es ist nicht genug, zu wissen, man muss es auch anwenden. Es ist nicht genug, zu wollen, man muss es auch tun.«
> *Johann Wolfgang von Goethe*

Die »Wenn-dann«-Falle

Wir wissen alle, Müsli zum Frühstück ist vernünftig, besser als Schokocroissants. Doch der innere Schweinehund im Bauch entscheidet sich für kurzfristige Freude: »Müsli ist fein, doch Schokolade kommt rein.« Das können Sie verändern.

Wir wissen alle, drei-, viermal wöchentlich Laufen im richtigen Pulsbereich steigert enorm die Lebenserwartung, die Kreativität, die Denk- und Leistungsfähigkeit. Leider erst langfristig. Kurzfristig scheint es freudvoller, faul zu bleiben. Aufraffen bereitet Schmerz.

Also schieben und schieben und schieben wir. Irgendwann tappen wir auch noch in die tückische »Wenn-dann«-Falle: »Wenn das Wetter besser ist, dann werde ich mich zum Joggen aufraffen. Wenn das Projekt abgeschlossen ist, dann werde ich mich intensiver um meine Beziehung kümmern. Wenn erst das Haus fertig ist, dann ... Wenn ich erst mal in Rente bin, dann ...«

> **»Du kannst deine Arbeit nicht tun, wenn du nicht bereit bist, dein Werkzeug in die Hand zu nehmen.«**
> *Sprichwort*

Wenn die Voraussetzungen passen, das ist leider so, dann wird Ihr Gehirn bestimmt neue Ausreden finden (oder sollte man sagen Überzeugungen liefern?), warum es jetzt gerade wieder nicht geht. Die Aufschieberitis ist die beliebteste und einfachste Möglichkeit, um kurzfristig Schmerzen zu vermeiden. Leider kaufen wir diese kurzfristigen Freuden zum Preis des langfristigen Schmerzes ein.

Aufschieberitis gefährdet die Gesundheit

»Was du heute kannst besorgen, das verschiebe nicht auf morgen!« – Was Volkes Stimme sagt, bestätigen jetzt amerikanische Psychologen. Aufschieberitis gefährdet auf lange Sicht sogar die Gesundheit. Forscher begleiteten eine Gruppe von Studenten durch die Semester. Einige Studenten outeten sich zu Beginn als ständige Aufschieber. Diese Gruppe wurde öfters krank, zeigte mehr Stresssymptome und musste häufiger zum Arzt als die Kommilitonen, die ihre Aufgaben sofort erledigten.

Sie entscheiden sich für Ihr Spiel

Jedes Spiel hat Spielregeln. Wenn Sie sich auf ein Spiel einlassen, sollten Sie auch die Spielregeln akzeptieren. Wenn Sie zum Beispiel Angestellter sind, ist klar, dass Sie Ihre Meinung, Ihre Gehaltswünsche nicht so frei umsetzen können. Allerdings: Sie haben das Spiel so gewählt. Wenn Sie Selbstständiger sind, gelten diese Regeln nicht. Dafür aber andere. Vielleicht eine 80-Stunden-Woche, kein freies Wochenende, der Druck der Banken. Diese Spielregeln sind der Preis für das Privileg, selbstständig zu sein.

Wenn Sie überzeugt sind, Ihr Leben ist genau so, wie Sie es immer wollten – dann kann man Ihnen nur gratulieren. Wenn Sie allerdings noch ein paar Stufen auf Ihrer Erfolgsleiter klettern wollen, dann sollten Sie besonders eine Spielregel anerkennen, die Jean Baptiste Molière mal so formulierte: »Wir sind nicht nur verantwortlich für das, was wir tun, sondern auch für das, was wir nicht tun.«

Natürlich können Sie sich entscheiden, nichts zu tun. Das steht jedem frei. Aber Jammern gilt dann nicht. Denn es stimmt, was Reinhard K. Sprenger schreibt: »Wer heute den Kopf in den Sand steckt, knirscht morgen mit den Zähnen.«

Just do it!

Besser ist, wenn Sie Bewegung in Ihr Leben bringen wollen. Dann ist Ihre Situation mit einem Billiardtisch vergleichbar. Wenn Sie eine Billardkugel gekonnt anstoßen, bringen Sie auch andere Kugeln ins Rollen. Ihr Gehirn, dieser unvorstellbar schnelle Computer, bietet Ihnen alle Voraussetzungen, um Veränderungen der Zukunft schnell vorzunehmen. Sie können in jeder Sekunde neu anfangen und Ihre Lebensumstände neu bestimmen. Sie haben jeden Tag die Wahl. Die Kombination des Tresors, in dem all Ihr Potenzial steckt, hat drei Buchstaben:

$$\textbf{T} \quad \textbf{U} \quad \textbf{N}$$

> »Der Weg zum Ziel beginnt an dem Tag, an dem Sie die hundertprozentige Verantwortung für Ihr Tun übernehmen.«
> *Dante Alighieri*

Wenn Sie mit Ihrer Situation, mit den Lebensumständen unzufrieden sind, wenn Ereignisse in Ihnen ein schlechtes Gefühl erzeugen, müssen Sie sich fragen: Kann ich durch mein Handeln etwas verändern?

- Wenn Sie diese Frage mit JA beantworten – klar, dann müssen Sie es anpacken (»Just do it«), dann müssen Sie auch ins Handeln kommen.

- Wenn Sie diese Frage mit NEIN beantworten, dann sollten Sie entweder Ihre Bewertung (Einstellung) oder Ihren Blickwinkel (Gedanken) verändern. Dies sind Ihre einzigen Möglichkeiten und Chancen.

Konstruktives TUN

Ein bekanntes Beispiel: Verkehrsstau auf der Autobahn – Sie sind mittendrin. Langsam steigt die Übellaunigkeit. Was können Sie tun? Keine Ausfahrt in Sicht. Sie können auch nicht ausscheren, einfach

Gefühlsstau: Im Film »Falling Down« spielt Michael Douglas einen Typ, der zum Amokläufer wird. Der Auslöser: ein ganz banaler Verkehrsstau.

übers Feld brettern. Sie stecken in der Falle. Der Stress des Ausgeliefertseins wird irgendwann körperlich fühlbar. Sie kochen. Sie können die Situation aber auch ganz anders bewerten, also Ihre Einstellung zu ihr verändern.

»Tue, was du kannst, mit dem, was du hast, genau da, wo du gerade bist.« Theodore Roosevelt, amerikanischer Präsident.

- Unterhalten Sie sich nett mit dem Beifahrer.
- Tagträumen Sie.
- Machen Sie ein paar Entspannungsübungen.
- Hören Sie sich eine Fortbildungskassette an.
- Flirten Sie mit einem anderen Staugeschädigten – wenn Sie solo im Auto sitzen.

Aller Anfang ist schwer, aber dann ...

Sorgen Sie jedenfalls in einer Stresssituation dafür, dass Sie in einen guten Zustand kommen. Für Ihren Körper ist es egal, ob er sich ärgert oder ob er sich gut fühlt. Er folgt einfach Ihren Gedanken – und die können Sie beeinflussen. Vergleichen Sie Ihre Situation mal mit einem Auto, das Sie im Leerlauf anschieben wollen. Bis die Kutsche erst mal ins Rollen kommt, müssen Sie sehr viel Energie aufwenden. Wenn es dann aber erst mal rollt, reicht verhältnismäßig wenig Kraft aus, um das Auto in Bewegung zu halten.

Drei Voraussetzungen, wenn Ihr TUN Erfolg haben soll ...

Erste Voraussetzung: Sie müssen es selbst TUN

Was tut ein kleines Kind, wenn es hinfällt? Es schreit. Was will es damit erreichen? Genau: Es will Mama oder Papa alarmieren. Die werden dann schon trösten und notfalls auch pflastern. Das Kind schiebt die Verantwortung ab. Darf es auch, denn Mama oder Papa übernehmen ja die Verantwortung für jede Aua-Situation.

Auch Erwachsene neigen noch dazu, anderen Verantwortung zuzuschieben. Viele scheren sich wenig um gesunden Lebenswandel. Sie rennen lieber zum Onkel Doktor, denn der ist ja schließlich für ihre Gesundheit verantwortlich.

Machen Sie immer wieder klar: Gewinnen beginnt mit beginnen!

Kinder können und dürfen Verantwortung abschieben, Erwachsene nicht. Denn nichts wird sich auf Dauer ändern, wenn Sie nicht selbst etwas verändern. Übernehmen Sie also die Verantwortung für sich, für Ihr TUN, für alles, was passiert, jetzt und in Zukunft. Werden Sie zum Akteur Ihres Lebens. Wer Verantwortung übernimmt, besitzt Macht – Macht über sein Leben und über seine Gefühle.

Zweite Voraussetzung: Sie müssen es sofort TUN

Um neue Verhaltensweisen zu lernen, müssen alte, bestehende Muster bzw. Programme unterbrochen werden. Die einfachste Möglichkeit: sofort und massiv handeln. Denn im Gehirn schwirren schon Gedanken für mögliche Verhaltensveränderungen umher. Wenn Sie jetzt nicht sofort einen Handlungsimpuls setzen, gehen diese Gedanken stillschweigend verloren.

Durch die Arbeit mit diesem Buch haben Sie die konkrete Chance, Dinge zu verändern. Nutzen Sie sie, kommen Sie sofort ins Handeln, sonst werden Ihre Gedanken für persönliches Wachstum wie Seifenblasen zerplatzen.

Kommen Sie deshalb kraftvoll ins Handeln. Jetzt! Füllen Sie deshalb auch die persönliche Erfolgsvereinbarung (Seite 157) aus. Vergessen Sie nicht, rechts unten die Unterschrift eines Zeugen dazu beizusteuern. Sie wissen schon: externer Druck!

Die magische 72

»Der eine wartet, dass die Zeit sich wandelt. Der andere packt sie kräftig an und handelt!«
Dante Alighieri

Es gibt da eine Zahl, die sich in vielen Seminaren und in der Praxis als magisch erwiesen hat: Alles, was Sie innerhalb von 72 Stunden ins Handeln bringen, hat eine 99-prozentige Erfolgsaussicht. Wohlgemerkt: Sie müssen es zunächst nur ins Handeln bringen, nicht schon abschließen. Das ist oft gar nicht möglich. Es ist aber möglich, für jedes Vorhaben innerhalb von 72 Stunden einen Aktionsplan zu erstellen und auf den Weg zu bringen. Eine ganz wichtige Rolle in diesem Aktionsplan spielen die drei folgenden Fragen:

Drei fundamentale Aktionsfragen für Ihren Aktionsplan

- **Wer?**
- **Was?**
- **Bis wann?**

Die Antworten auf diese Fragen führen direkt ins Handeln. Das gilt übrigens immer auch für Telefonate und Besprechungen. Wollen Sie schon seit geraumer Zeit mit dem Rauchen aufhören? Entscheiden Sie es jetzt. Wollen Sie abspecken? Dann entscheiden Sie jetzt, wie viel und bis wann.

Was ich in den nächsten 72 Stunden ins Handeln bringe

1.

2.

3.

4.

5.

Wollten Sie Ihrer Beziehung neuen Schwung geben? Beginnen Sie jetzt damit. Um jetzt gleich Ihren »Entscheidungsmuskel« zu trainieren, wählen Sie bitte fünf Dinge aus, die Sie definitiv in den nächsten 72 Stunden ins Handeln bringen werden.

Lesen Sie bitte erst weiter, wenn Sie hier wirklich fünf Entscheidungen für Ihre Zukunft getroffen haben. Probleme, Herausforderungen, Sachen, die Sie schon lange ins Handeln bringen wollten.

»Für das Können gibt es nur einen Beweis: Das Tun.«
Marie von Ebner-Eschenbach

Dritte Voraussetzung: Beachten Sie die Regeln des TUNs

Es gibt Veränderungen, die beschließen Sie einfach und kommen damit ins Handeln. Darüber hinaus existieren oftmals negative Verhaltensmuster, die es Ihnen schwer bis unmöglich machen, Ihre Ziele zu erreichen. Um diese eingrenzenden Muster zu verändern, können Sie jetzt die zehn Schritte zur Verhaltensveränderung verwenden:

Die zehn Schritte der Verhaltensveränderung

1. Schritt: Istzustand

⬇

2. Schritt: Zielzustand

⬇

3. Schritt: Vereinbarung

⬇

4. Schritt: Hebel

⬇

5. Schritt: Unterbrechung

⬇

6. Schritt: Alternative

⬇

7. Schritt: Programmierung

⬇

8. Schritt: Umwelt

⬇

9. Schritt: Feedback

⬇

10. Schritt: Belohnung

1. Schritt: Istzustand

Machen Sie eine ehrliche Bestandsaufnahme Ihrer momentanen Lage.

- Was hält mich eigentlich ab, mein Verhalten zu ändern?
- Ist es mangelndes Zielbewusstsein?
- Stehen meine wichtigsten Werte in Konkurrenz?
- Gelingt es mir nicht, die richtigen Fragen zu stellen?
- Hapert es an meiner körperlichen Fitness?

Füllen Sie die persönliche Erfolgsvereinbarung (rechte Seite) aus. Und vergessen Sie dabei nicht die Unterschrift eines Zeugen.

2. Schritt: Zielzustand

Legen Sie nun Ihren Sollzustand fest. Definieren Sie ganz klar Ihr(e) Ziel(e). Das Verfahren kennen Sie bereits von der Zielfindung. Stellen Sie sich auch folgende Fragen:

- Woran werde ich merken, dass ich mein Ziel erreicht habe?
- Was muss ich dafür tun?

3. Schritt: Vereinbarung

Treffen Sie mit sich eine unwiderrufliche Erfolgsvereinbarung (siehe rechte Seite). Entscheiden Sie sich ohne Wenn und Aber, alles zu tun, um Ihr Ziel (bzw. Ihre Verhaltensveränderung) zu erreichen. Treffen Sie ein hundertprozentiges Commitment. Sie müssen absolut bereit sein, den Preis für das Erreichen Ihres Zieles zu bezahlen. Übernehmen Sie die uneingeschränkte Verantwortung.

4. Schritt: Hebel

Nutzen Sie die Hebelwirkung des »Schmerz-Freude«-Prinzips. Sie kann die Kraft zur Verhaltensveränderung um ein Vielfaches verstärken. Verbinden Sie mit Ihrem alten Tun Schmerzen, falls sich nichts verändert. Verbinden Sie neue Verhaltensweisen mit Freude. Dafür stehen zwei Hilfsmittel zur Verfügung:

- Interner Druck
- Externer Druck

Beides erhöht zusätzlich die Schmerzgrenze und setzt sofortiges Handeln in Gang. Internen Druck erzeugen Sie selbst. Externer Druck wird von Ihrer Umwelt erzeugt. Beispielsweise durch eine Wette. Manche schaffen sich einen Hund an, um endlich in die Gänge zu kommen und regelmäßig zu laufen (externer Druck).

fit
FOR FUN

SÜDWEST

So
haben
Sie
Erfolg
...... Tagebuch

Was habe ich heute gelernt?

....

....

....

Was war heute außergewöhnlich?

....

....

....

Was hat mich meinen Zielen näher gebracht?

....

....

....

Meine »Diamanten« des Tages:

....

....

....

....

....

Diesen »Gedankenperlen« schenke ich ab morgen besondere Beachtung:

- »Erfolg hat nur, wer etwas tut, während er auf den Erfolg wartet.« Thomas A. Edison

- Erfolg hat auch viel mit Glauben zu tun. Erfolge müssen immer erst gedacht werden, vor dem geistigen Auge entstehen. Und ich muss an mich selbst glauben: Ich will und kann mein Ziel verwirklichen!

- Ich kann meinen persönlichen Erfolg planen. Ich muss nur die Spielregeln kennen und einhalten.

2. Tag — Mein Erfolgstagebuch

Was habe ich heute gelernt?

....

....

Was war heute außergewöhnlich?

....

....

Was hat mich meinen Zielen näher gebracht?

....

....

Meine »Diamanten« des Tages:

◇ ....

◇ ....

◇ ....

◇ ....

◇ ....

Diesen »Gedankenperlen« schenke ich ab morgen besondere Beachtung:

● *»Zum Erfolg gibt es keinen Lift. Man muss die Treppe benutzen.«*
  Emil Oesch

● *Erfolgsmenschen machen nicht grundsätzlich andere Dinge, sie machen nur ein paar grundsätzliche Dinge ein bisschen anders.*

● *»Vergiss es nicht, Mensch! Alles, was du bist, alles, was du willst, alles was du sollst, geht von dir selbst aus.«*
  Johann Heinrich Pestalozzi

Was habe ich heute gelernt?

....

....

....

Was war heute außergewöhnlich?

....

....

....

Was hat mich meinen Zielen näher gebracht?

....

....

....

Meine »Diamanten« des Tages:

◇ ....

◇ ....

◇ ....

◇ ....

◇ ....

Diesen »Gedankenperlen« schenke ich ab morgen besondere Beachtung:

- *»Erfolg ist ein Weg, kein Ziel.«*
  Deepak Chopra, Autor.

- *Alle erfolgreichen Menschen haben eine Erfolgsmentalität: Sie vertrauen auf sich. Sie wissen, dass sie in der Lage sind, alles zu lernen und alles Nötige zu tun, um zu ihrem Ziel zu kommen.*

- *»Was denkbar ist, ist auch machbar.«*
  Christoph Daum, Fußball-Lehrer.

Was habe ich heute gelernt?

....

....

....

Was war heute außergewöhnlich?

....

....

....

Was hat mich meinen Zielen näher gebracht?

....

....

....

Meine »Diamanten« des Tages:

◇ ....

◇ ....

◇ ....

◇ ....

◇ ....

Diesen »Gedankenperlen« schenke ich ab morgen besondere Beachtung:

● *Gewinnen beginnt mit beginnen!*

● *»Der beste und schnellste Weg zum Erfolg ist, Erfolgreiche zu beobachten und es ihnen nachzumachen.«*
  Jean-Claude Killy, dreifacher Ski-Olympiasieger.

● *Es kommt nicht darauf, wo du herkommst. Nur die Richtung, die du jetzt einschlägst, entscheidet darüber, wo du ankommen wirst.*

Was habe ich heute gelernt?

....

....

....

Was war heute außergewöhnlich?

....

....

....

Was hat mich meinen Zielen näher gebracht?

....

....

....

Meine »Diamanten« des Tages:

◇ ....

◇ ....

◇ ....

◇ ....

◇ ....

Diesen »Gedankenperlen« schenke ich ab morgen besondere Beachtung:

- *»Wer aufhört, besser zu werden, hat aufgehört, gut zu sein.«*
  Philipp Rosenthal, Unternehmer.

- *Wir müssen säen, bevor wir ernten können. Wir können nicht den Lohn erwarten, bevor wir etwas getan haben. Erst die Investition, dann der Gewinn und eventuelle Zinsen.*

- *»Man weiß nie, wozu man imstande ist – bis man es probiert.«*
  Hubert Schwarz, Extremsportler.

Was habe ich heute gelernt?

....

....

....

Was war heute außergewöhnlich?

....

....

....

Was hat mich meinen Zielen näher gebracht?

....

....

....

Meine »Diamanten« des Tages:

◇ ....

◇ ....

◇ ....

◇ ....

◇ ....

Diesen »Gedankenperlen« schenke ich ab morgen besondere Beachtung:

- *Erfolgreiche Menschen sind offen für Neues und Veränderungen. Sie kleben nicht an alten Vorstellungen.*

- *Wenn du tust, was du immer tust, kriegst du das, was du immer kriegst.*

- *»Leben Sie von Tag zu Tag. Richten Sie Ihre Energie, Ihre Aufmerksamkeit, Ihr Streben auf das, was zählt: auf das Heute«*
  Dale Carnegie, Erfolgsautor.

Was habe ich heute gelernt?

....

....

....

Was war heute außergewöhnlich?

....

....

....

Was hat mich meinen Zielen näher gebracht?

....

....

....

Meine »Diamanten« des Tages:

....

◈ ....

◈ ....

◈ ....

◈ ....

◈ ....

Diesen »Gedankenperlen« schenke ich ab morgen besondere Beachtung:

• *Erfolgreiche Menschen tun gern das, was sie tun. Was sie mit Freude tun, fällt leichter. Was leicht fällt, wird auch besser.*

• *Denken Sie daran: Nichts ändert sich, außer ich ändere mich!*

• *»Probleme kann man niemals mit derselben Denkweise lösen, durch die sie entstanden sind.«*
  Albert Einstein

8. Tag	Mein Erfolgstagebuch

Was habe ich heute gelernt?

....

....

....

Was war heute außergewöhnlich?

....

....

....

Was hat mich meinen Zielen näher gebracht?

....

....

....

Meine »Diamanten« des Tages:

....

....

....

....

....

Diesen »Gedankenperlen« schenke ich ab morgen besondere Beachtung:

- *»Erfolg ist ein Gesetz der Serie, und Misserfolge sind Zwischen-ergebnisse. Wer weitermacht, kann gar nicht verhindern, dass er irgendwann auch Erfolg hat.«*
  Thomas A. Edison

- *Erfolgreiche Menschen geben immer ihr Bestes, in jeder Situation.*

- *Wer seine Einstellung ändert, verändert sein Verhalten.*
  Wer sein Verhalten ändert, verändert seine Einstellung.

Was habe ich heute gelernt?

....

....

....

Was war heute außergewöhnlich?

....

....

....

Was hat mich meinen Zielen näher gebracht?

....

....

....

Meine »Diamanten« des Tages:

◇ ....

◇ ....

◇ ....

◇ ....

◇ ....

Diesen »Gedankenperlen« schenke ich ab morgen besondere Beachtung:

- *»Erfolg ist das Ergebnis einer richtigen Entscheidung. Richtige Entscheidungen sind das Ergebnis von Erfahrungen. Und Erfahrungen sind oft das Ergebnis falscher Entscheidungen.«*
Anthony Robbins, Erfolgstrainer.

- *Ihr Gehirn ist der beste Computer auf der Welt: Er kann sich seine Software selbst schreiben.*

- *Wenn Sie sich Ihre Werte bewusst machen, lassen sich Ihre inneren Konflikte besser lösen.*

Was habe ich heute gelernt?

....

....

....

Was war heute außergewöhnlich?

....

....

....

Was hat mich meinen Zielen näher gebracht?

....

....

....

Meine »Diamanten« des Tages:

◈ ....

◈ ....

◈ ....

◈ ....

◈ ....

Diesen »Gedankenperlen« schenke ich ab morgen besondere Beachtung:

- *»Wenn du nicht weißt, wohin du gehen willst, wie kannst du dann erwarten, dort anzukommen?«*
  Basil S. Walsh

- *Ihr Unterbewusstsein bewertet nicht. Es führt immer aus, was Sie durch Ihr Bewusstsein vorgeben.*

- *Hören Sie nur auf Ratschläge von Leuten, die das schon erreicht haben, was Sie noch erreichen wollen.*

Was habe ich heute gelernt?

....

....

....

Was war heute außergewöhnlich?

....

....

....

Was hat mich meinen Zielen näher gebracht?

....

....

....

Meine »Diamanten« des Tages:

◈ ....

◈ ....

◈ ....

◈ ....

◈ ....

Diesen »Gedankenperlen« schenke ich ab morgen besondere Beachtung:

- *Der Geist des Menschen ist wie ein Fallschirm: Er funktioniert nur, wenn er offen ist.*

- *»Das Komische am Leben ist: Wenn man darauf besteht, nur das Beste zu bekommen, dann bekommt man es häufig auch.«*
  W. Somerset Maugham

- *Gefühle sind die wichtigste Triebfeder hinter all unserem Verhalten und Handeln.*

Was habe ich heute gelernt?

....

....

....

Was war heute außergewöhnlich?

....

....

....

Was hat mich meinen Zielen näher gebracht?

....

....

....

Meine »Diamanten« des Tages:

◇ ....

◇ ....

◇ ....

◇ ....

◇ ....

Diesen »Gedankenperlen« schenke ich ab morgen besondere Beachtung:

- *Erfolg ist der Sieg der Einfälle über die Zufälle.*

- *»Wer Angst vor Misserfolg hat, wird niemals wirklich Erfolg haben.«*
  Malcolm Forbes, Unternehmer.

- *Kritik hat immer etwas Gutes. Weil Sie durch Kritik auch Irrtümer und Fehler aufspüren und erkennen – und weil Sie damit einen Schlüssel haben, sich weiter zu verbessern.*

Was habe ich heute gelernt?

Was war heute außergewöhnlich?

Was hat mich meinen Zielen näher gebracht?

Meine »Diamanten« des Tages:

Diesen »Gedankenperlen« schenke ich ab morgen besondere Beachtung:

- *Ein Sieger findet für jedes Problem eine Lösung. Ein Verlierer findet in jeder Lösung ein Problem.*

- *»Jeder Fehler, jeder Fehltritt, jeder Skandal und jede Flaute haben mich stärker gemacht.«*
  Thomas Gottschalk, Entertainer.

- *Stellen Sie sich diese Frage: Was wird geschehen, wenn ich mich nicht verändere?*

Was habe ich heute gelernt?

....

....

Was war heute außergewöhnlich?

....

....

Was hat mich meinen Zielen näher gebracht?

....

....

....

Meine »Diamanten« des Tages:

◇ ....

◇ ....

◇ ....

◇ ....

◇ ....

Diesen »Gedankenperlen« schenke ich ab morgen besondere Beachtung:

- *»Wer meint, er ist am Ziel, der geht zurück.«*
  Laotse

- *»Viele Menschen verfolgen hartnäckig den Weg, den sie gewählt haben,
  aber nur wenige das Ziel.«*
  Kurt Tepperwein, Therapeut und Autor.

- *Ziele erzeugen in Ihnen die Kraft, die richtigen Entscheidungen zu
  treffen und geben Ihrem Leben in kürzester Zeit eine neue Richtung.*

Was habe ich heute gelernt?

....

....

Was war heute außergewöhnlich?

....

....

....

Was hat mich meinen Zielen näher gebracht?

....

....

....

Meine »Diamanten« des Tages:

....

....

....

....

....

Diesen »Gedankenperlen« schenke ich ab morgen besondere Beachtung:

- *»Sich kleine Ziele setzen. Sie erreichen. Sich neue, etwas größere Ziele setzen. Sie erreichen – so funktioniert Erfolg.«*
  Dale Carnegie, Erfolgsautor.

- *»Wer Ausdauer besitzt, ist fast schon am Ziel.«*
  Ernst R. Hauschka

- *Unser Unterbewusstsein kann nicht unterscheiden, ob etwas Realität oder bloß eine lebendige Vorstellung ist.*

Was habe ich heute gelernt?

....

....

Was war heute außergewöhnlich?

....

....

Was hat mich meinen Zielen näher gebracht?

....

....

Meine »Diamanten« des Tages:

....

....

....

....

....

Diesen »Gedankenperlen« schenke ich ab morgen besondere Beachtung:

- *»Ich versuche nie, ein Turnier zu gewinnen. Ich versuche auch nie, einen Satz oder ein Spiel zu gewinnen. Ich will nur den nächsten Punkt.«*
  Pete Sampras, Tennis-Champion.

- *»Es sind nicht die Dinge an sich, die den Menschen beunruhigen, sondern das, was er über diese Dinge denkt.«*
  Epiktet

- *Erfolglose verschwenden ihre Zeit. Erfolgreiche nutzen ihre Zeit.*

Was habe ich heute gelernt?

....

....

....

Was war heute außergewöhnlich?

....

....

....

Was hat mich meinen Zielen näher gebracht?

....

....

....

Meine »Diamanten« des Tages:

....

....

....

....

....

Diesen »Gedankenperlen« schenke ich ab morgen besondere Beachtung:

- *Die Entscheidungen waren nur der Anfang von etwas.*

- *Wenn man einen Entschluss gefasst hatte, dann tauchte man in eine gewaltige Strömung, die einen mit sich riss, zu einem Ort, den man sich bei dem Entschluß niemals hätte träumen lassen.«*
  Paulo Coelho (»Der Alchemist«)

- *Denken Sie stets daran: Sie sind, was Sie von sich denken!*

Was habe ich heute gelernt?

Was war heute außergewöhnlich?

Was hat mich meinen Zielen näher gebracht?

Meine »Diamanten« des Tages:

Diesen »Gedankenperlen« schenke ich ab morgen besondere Beachtung:

- *»Der Schlüssel zum Erfolg sind nicht Informationen. Es sind Menschen.«* *Lee Iacocca*

- *Wenn Sie es wirklich lernen, Ihr Leben als interessantes, spannendes Spiel zu betrachten und zu leben, dann beherrschen Sie ein hohe Kunst.*

- *Unser Selbstbild bestimmt unser Leben. Wir werden zu dem, wie wir uns selbst sehen.*

Was habe ich heute gelernt?

....

....

....

Was war heute außergewöhnlich?

....

....

....

Was hat mich meinen Zielen näher gebracht?

....

....

....

Meine »Diamanten« des Tages:

....

....

....

....

....

Diesen »Gedankenperlen« schenke ich ab morgen besondere Beachtung:

- *»Denke immer daran, dass deine eigene Entschlossenheit, erfolgreich zu sein, wichtiger ist, als alles andere.«*
  Abraham Lincoln

- *Wer die Kunst des Zuhörens beherrscht, zieht andere an. Denn er gibt ihnen das gute Gefühl, dass sie wichtig sind.*

- *Durch die Kraft der Vorstellung lässt sich enorm viel bewegen. Tun Sie als ob Sie schon so wären, wie Sie sein wollen.*

Was habe ich heute gelernt?

....

....

Was war heute außergewöhnlich?

....

....

Was hat mich meinen Zielen näher gebracht?

....

....

Meine »Diamanten« des Tages:

◇ ....

◇ ....

◇ ....

◇ ....

◇ ....

Diesen »Gedankenperlen« schenke ich ab morgen besondere Beachtung:

- *»Viele habe das Zeug zu einer großen Tenniskarriere, aber nur wenige haben die Selbstdiziplin, die dazu nötig ist«.*
  Steffi Graf

- *»Erst wenn du weißt, was du kannst, kannst du anfangen zu tun, was du willst.«*
  Jörg Löhr

- *Zwischen Verhalten und Befinden gibt es einen engen Zusammenhang. Unsere Gefühle und unser Verhalten beeinflussen sich gegenseitig sehr stark.*

Was habe ich heute gelernt?

....

....

....

Was war heute außergewöhnlich?

....

....

....

Was hat mich meinen Zielen näher gebracht?

....

....

....

Meine »Diamanten« des Tages:

⬦ ....

⬦ ....

⬦ ....

⬦ ....

⬦ ....

Diesen »Gedankenperlen« schenke ich ab morgen besondere Beachtung:

- *»Ein Optimist weigert sich nicht, die negativen Seiten einer Situation zur Kenntnis zu nehmen. Er weigert sich lediglich, sich diesen Seiten zu unterwerfen.«*
  Norman Vincent Peale

- *Negative Gefühle sind wie die Warnleuchten des Lebens. Sie zeigen Gefahren an und sorgen dafür, dass wir ins Handeln kommen, um Probleme zu lösen.*

- *Ein Mensch, der aus seiner Mitte lebt, wird zum Mittelpunkt.*

Was habe ich heute gelernt?

....

....

Was war heute außergewöhnlich?

....

....

Was hat mich meinen Zielen näher gebracht?

....

....

Meine »Diamanten« des Tages:

....

....

....

....

....

Diesen »Gedankenperlen« schenke ich ab morgen besondere Beachtung:

- *»Ich habe aus Rückschlägen oft mehr gelernt als aus Erfolgen.«*
  Boris Becker

- *Die Umstände lassen sich oft nicht ändern. Trotzdem können Sie immer etwas ändern: nämlich Ihre Einstellung zu den Umständen.*

- *Nutzen Sie Ihren Körper als Instrument, wenn Sie sich wohl fühlen wollen: Springen Sie auf! Lockern Sie sich! Lachen Sie bewusst!*

Was habe ich heute gelernt?

....

....

....

Was war heute außergewöhnlich?

....

....

....

Was hat mich meinen Zielen näher gebracht?

....

....

....

Meine »Diamanten« des Tages:

....

....

....

....

....

Diesen »Gedankenperlen« schenke ich ab morgen besondere Beachtung:

- *»Es ist nicht genug zu wissen, man muss es auch anwenden. Es ist nicht genug zu wollen, man muss es auch tun.«*
  Johann Wolfgang von Goethe

- *»Der Plan ist der Vater des Erfolgs, die Aktion ist die Mutter des Erfolgs.«*
  Alexander Christiani

- *Loslassen ist oft schwer. Loslassen bedeutet nicht, nichts mehr haben zu wollen. Im Gegenteil: Festhalten heißt abhängig zu sein. Loslassen macht frei und unabhängig.*

Was habe ich heute gelernt?

....

....

....

Was war heute außergewöhnlich?

....

....

....

Was hat mich meinen Zielen näher gebracht?

....

....

....

Meine »Diamanten« des Tages:

◇ ....

◇ ....

◇ ....

◇ ....

◇ ....

Diesen »Gedankenperlen« schenke ich ab morgen besondere Beachtung:

- »Wenn das Leben keine Vision hat, nach der man sich sehnt, die man verwirklichen möchte, dann gibt es auch kein Motiv, sich anzustrengen.« Erich Fromm

- Sie sollten negative Menschen meiden – Leute, die Sie herunterziehen, Sie nur Zeit kosten und Sie nur vom Wesentlichen ablenken.

- Handeln kommt von Hand – nicht von Maul. Diese einfache Einsicht ist ein Schlüssel zum Erfolg.

Was habe ich heute gelernt?

....

....

....

Was war heute außergewöhnlich?

....

....

....

Was hat mich meinen Zielen näher gebracht?

....

....

....

Meine »Diamanten« des Tages:

....

....

....

....

....

Diesen »Gedankenperlen« schenke ich ab morgen besondere Beachtung:

- *»Auch das größte Problem dieser Welt hätte gelöst werden können, solange es noch klein war.«*
  Laotse

- *»Leben ist, was dir passiert, während du andere Pläne hast.«*
  John Lennon

- *Lassen Sie sich nicht zum Sklaven Ihrer Gefühle machen. Sondern nutzen Sie Ihre Gefühle – sie können zu einer starken Kraft werden.*

Was habe ich heute gelernt?

....

....

....

Was war heute außergewöhnlich?

....

....

....

Was hat mich meinen Zielen näher gebracht?

....

....

....

Meine »Diamanten« des Tages:

◇ ....

◇ ....

◇ ....

◇ ....

◇ ....

Diesen »Gedankenperlen« schenke ich ab morgen besondere Beachtung:

- *»Zielklarheit – das sind 80 Prozent des Erfolgs.«*
  Brian Tracy
- *Selbstbewusstsein – das ist die Fähigkeit, sich als Original zu fühlen,*
  auch wenn man nur eine Kopie ist.
  Anonym
- *Werden Sie zum Zauberer! Schaffen Sie jeden Tag mindestens fünf*
  magische Momente. Was Sie geben, wird direkt oder indirekt
  wieder zu Ihnen zurückkehren.

Was habe ich heute gelernt?

....

....

Was war heute außergewöhnlich?

....

....

Was hat mich meinen Zielen näher gebracht?

....

....

Meine »Diamanten« des Tages:

....

....

....

....

....

Diesen »Gedankenperlen« schenke ich ab morgen besondere Beachtung:

- *»Das Leben ist wie ein Zehn-Gang-Fahrrad. Die meisten Gänge benutzen wir nie.«*
  Charles Schultz, Peanuts-Schöpfer.

- *Denken Sie immer wieder daran: Jede Veränderung beginnt mit einem starken Verlangen – dem Verlangen, wirklich etwas verändern zu wollen.*

- *»Ein Lächeln steigert den Wert Ihres Gesichts!«*
  Inschrift an einem Londoner Geschäft

Was habe ich heute gelernt?

....

....

....

Was war heute außergewöhnlich?

....

....

....

Was hat mich meinen Zielen näher gebracht?

....

....

....

Meine »Diamanten« des Tages:

....

....

....

....

....

Diesen »Gedankenperlen« schenke ich ab morgen besondere Beachtung:

- *»Du musst schon da sein, bevor du angekommen bist.«*
  Richard Bach (»Die Möve Jonathan«)

- *Begeisterung und lodernde Leidenschaft sind der beste Brennstoff*
  für das Handeln.

- *Ziele sorgen für Vorfreude, sie geben also Anfangsmotivation und*
  zudem wichtige Motivation zum Durchhalten.

Was habe ich heute gelernt?

....

....

....

Was war heute außergewöhnlich?

....

....

....

Was hat mich meinen Zielen näher gebracht?

....

....

....

Meine »Diamanten« des Tages:

◇ ....

◇ ....

◇ ....

◇ ....

◇ ....

Diesen »Gedankenperlen« schenke ich ab morgen besondere Beachtung:

- *»Probleme sind gute Gelegenheiten zu zeigen, was man kann.«*
  Duke Ellington, Jazz-Legende.

- *Nicht die Größe des Hundes ist im Kampf entscheidend, sondern die Größe des Kampfes im Hund.*
  Texanisches Sprichwort

- *Einfühlungsvermögen, Verständnis, und Kompromissbereitschaft sind fundamentale Voraussetzungen für erfolgreiches Handeln.*

Was habe ich heute gelernt?

....

....

....

Was war heute außergewöhnlich?

....

....

....

Was hat mich meinen Zielen näher gebracht?

....

....

....

Meine »Diamanten« des Tages:

....

....

....

....

....

Diesen »Gedankenperlen« schenke ich ab morgen besondere Beachtung:

- *»Das Leben ist eine Baustelle.«*
  Erfolgreicher Filmtitel

- *Spitzenleistungen lassen sich vor allem aus einem Zustand von Freude, Begeisterung und Hingabe erzielen.*

- *»Nicht aufgeben! Es gibt Rückschläge, aber es gibt keine endgültige Niederlage.«*
  Evander Holyfield, Box-Weltmeister.

Das Erfolgstagebuch aus »FIT FOR FUN –
So haben Sie Erfolg«

3. Auflage 2000

Persönliche Erfolgsvereinbarung

von _____

- **Ich verpflichte mich, dass ...**

- **Mein Ziel:**

- **Mein Zeitrahmen:**

- **Mein Aktionsplan:**

- **Falls ich mein Ziel nicht erreiche, werde ich ...**

| **Ort, Datum** | **Unterschrift** | **Zeuge** |

Manche melden sich bei einem Marathon an, erzählen Teil eins der Heldentat überall herum und müssen nun, wenn sie nicht als Angeber verschrien sein wollen, regelmäßig trainieren.

Besonders wirksam: die Kombination von internem und externem Druck.

Ein fränkischer Bauträger legte in einem Erfolgsseminar einmal unaufgefordert eine Abbuchungserlaubnis über 50.000 Mark auf den Tisch. Er wollte das Geld für einen wohltätigen Zweck spenden, falls er in den nächsten zwei Jahren eine einzige Zigarette raucht. Donnerwetter, echt externer Druck. Der wirkte. Der Franke ist bis heute Nichtraucher. Besonders wirksam ist immer die Kombination von internem und externem Druck.

5. Schritt: Unterbrechung

Erinnern Sie sich an die guten alten Schellack-Schallplatten? Was haben Sie getan, wenn eine sprang (Kratzer) und immer die alte Leier kam? Genau, Sie gaben dem Schallplattenarm einen kleinen Schubser, danach ging es korrekt weiter.

Das Verhaltensmuster anderer Menschen lässt sich am Besten unterbrechen, wenn Sie völlig unerwartet reagieren.

Mit alten Programmen ist das auch so. Sie erzeugen immer wieder ähnliche Verhaltensmuster. Klar, für neues Verhalten müssen Sie Ihr altes, automatisches Verhalten unterbrechen. Geben auch Sie sich einen Schubser, wenn Sie immer dasselbe alte Verhalten feststellen. Das heißt: Unterbrechen Sie sofort die alte Leier. Probieren Sie es mit einer neuen Tour. Je verrückter das geschieht, umso besser. Denn umso schneller wirkt dann neues Verhalten.

Der »Ich-bin-ein-geiler-Typ«-Trick

● Ein Seminarteilnehmer erzählte von seiner speziellen Variante der Unterbrechung. Immer wenn er merkte, jetzt wälze ich wieder mutlose, verzweifelte, depressive Gedanken, sagte er laut: »Stopp, ich bin ein geiler Typ!« – Ein Satz, der in der U-Bahn, im Restaurant oder sonstwo, nicht ohne Echo blieb. Passanten schauten irritiert, manche lächelten, und der geile Typ selbst musste über sich lachen. Ihm war ganz egal, was andere dachten. Viel wichtiger war, dass er sekundenschnell in einen anderen Gefühlszustand wechseln konnte. Inzwischen hat er die Unterbrecherformel auf ein ziviles »Stopp« verkürzt.

6. Schritt: Alternative

Sie haben es geschafft, altes Verhalten zu unterbrechen oder verkümmern zu lassen? Warum aber führt das nicht prompt zu einem neuen Verhalten? Ein Phänomen: Jedes Verhalten (auch schlechtes) hat einen bestimmten Sinn oder Nutzen. Zigaretten bedeuten für Raucher Entspannung, den Geschmack von Freiheit und Abenteuer oder bloß das angenehme Ritual einer Arbeitspause.

Dieser Nutzen ist einprogrammiert. Oder kennen Sie Menschen, die schon bei ihrer allerersten Zigarette ganz entspannt das Gefühl von Freiheit und Abenteuer erlebten?

Wohl kaum. Wenn Raucher also ihre Blaue-Dunst-Karriere aufgeben wollen, müssen sie den bisherigen Nutzen ihres Tuns durch eine neue Befriedigung ersetzen. Was machen die meisten? Richtig, sie kompensieren mit Naschwerk. Ungeliebte Nebenwirkung: Fettzellen. Da wächst leicht die Überzeugung: Lieber ein schlanker Raucher als ein dicker Nichtraucher.

Wenn Sie ein altes Verhalten durch ein neues ersetzen wollen, klären Sie bewusst ab, welchen Nutzen das alte Verhalten hatte. Was hat es befriedigt? Wie ist das mit der neuen Alternative? Um beim Beispiel Rauchen zu bleiben: Gehen Sie spazieren, joggen Sie, wenn Sie

Wenn Sie altes Verhalten durch neues Verhalten ersetzen wollen, sollten Sie zunächst checken: Welchen Sinn und Nutzen hatte meine alte Gewohnheit?

Härtetest Zigarette: Wer erfolgreich das Rauchen aufgeben will, muss sich alternative Befriedigung beschaffen.

Entspannung suchen. Essen Sie frisches Obst, wenn Sie orale Befriedigung wollen. Entwickeln Sie Kreativität, wenn Sie sich auf alternative Weise Befriedigung verschaffen möchten.

Meiden Sie negative Menschen, also Leute, die Sie herunterziehen, die Ihnen nur Zeit nehmen, die Sie nur von den wesentlichen Dingen ablenken.

7. Schritt: Programmierung

Sie müssen nun Ihr neues Verhalten programmieren. Stichworte: »Wiederholung« und »emotionale Intensität«. Sie sollten jetzt die neue Nervenverbindung zur Autobahn ausbauen.

- Wiederholen Sie deshalb ständig Ihr neues Verhalten, bis es festes, neues Programm geworden ist.
- Visualisieren Sie Ihr neues Tun, denn das Gehirn kann ja bekanntlich nicht unterscheiden zwischen einer erlebten Handlung und einer sich intensiv vorgestellten Handlung.
- Bestärken Sie sich, sprechen Sie sich Mut zu.
- Belohnen Sie sich.

Alles ist erlaubt, was Ihnen hilft, Widerstände des alten Verhaltensmusters zu überwinden.

8. Schritt: Umwelt

Wenn Sie neues Verhalten erfolgreich ins Handeln bringen wollen, ist Unterstützung von Ihrer Umwelt sehr wichtig. Nehmen wir an, Sie haben beschlossen, abzuspecken. Oder Beziehungsfrust nicht länger mit Dickmachern zu kompensieren. Dann muss Ihre Wohnung konsequent eine schokofreie Zone sein. Alles, was in Versuchung führen könnte, bleibt verbannt. Menschen, die von Drogen loskommen wollen, müssen den Mut haben, sich von ihrer Clique fernzuhalten und sich nur noch mit Menschen zu umgeben, die ihnen Kraft und Mut geben. Wenn Sie beschließen, aus Gründen der Vernunft mit dem Joggen zu beginnen, aber Laufen ziemlich langweilig finden, dann müssen Sie Ihr neues Tun interessant gestalten.

- Laufen Sie mit Musik aus dem Walkman.
- Kaufen Sie flotte, funktionelle Ausrüstung. Motto: Es gibt kein schlechtes Wetter, nur schlechte Klamotten.
- Schließen Sie sich einer Gruppe (Lauftreff) an.

Übernehmen Sie die Verantwortung, und kreieren Sie für sich eine Umwelt, die Sie in Ihrem neuen Verhalten Zielen beflügelt.

9. Schritt: Feedback

Beobachten Sie, ob Ihr neues Verhalten schon etabliert ist. Wenn ja, machen Sie mit Schritt Nummer 10 weiter. Wenn nein, »POPen« Sie! Bleiben Sie flexibel, verändern Sie die bisherigen Handlungsschritte, bis Sie das gewünschte Ergebnis erzielen. In einer sich ständig verändernden Welt ist Flexibilität eine der wichtigsten Erfolgsfaktoren der Zukunft.

Denken Sie an Ihre Vereinbarung. Fragen Sie sich:

- War der Hebel stark genug?
- Was kann ich tun, um den Druck zu erhöhen?
- Hatte ich bei der Programmierung genug Geduld?
- Wie hat mich meine Umwelt unterstützt?
- Woran kann ich noch etwas verändern?

Lassen Sie erst ab, wenn Sie sehen, dass das neue Verhalten bereits die erhoffte Wirkung zeigt. Wenn nicht, gehen Sie zurück zu den Schritten 4, 5, 6, 7 oder 8 – und zwar so lange, bis Sie wirklich zufrieden sind mit dem Feedback, das Sie daraus ziehen können.

Denken Sie immer daran: Jede Veränderung beginnt mit einem starken Verlangen – dem Verlangen, wirklich etwas verändern zu wollen.

10. Schritt: Belohnung

Bestärken Sie sich in Ihrem neuen Verhalten, wann immer es geht. Belohnung ist eine wirksame Verstärkung Ihres Tuns. Wenn Sie zum Beispiel Ihr Körperfett rapide verringern wollen – sagen wir um zehn Prozent –, kann das Monate dauern. Sprechen Sie sich täglich, am besten jedes Mal Mut zu, wenn Sie zum Obst greifen.

Ermuntern Sie sich, durchzuhalten. Je mehr Sie in diese positive, sich selbst bestärkende Spirale kommen, desto geringer ist die Gefahr, dass Sie in Ihr altes Programm zurückfallen.

- Freuen Sie sich, wenn Sie bei Süßem nicht schwach werden.
- Freuen Sie sich, wenn Sie auch bei Sauwetter laufen.
- Belohnen Sie sich – häufig. Mit Worten und kleinen Gesten.
- Kaufen Sie sich was Nettes.

Im übertragenen Sinn heißt das: Bringen Sie durch Belohnungen im Körper kleine Glücksbällchen zum Platzen. Da werden Glückshormone freigesetzt. Die entwickeln dann einen eigenen Sog und bestärken Ihr neues Verhalten.

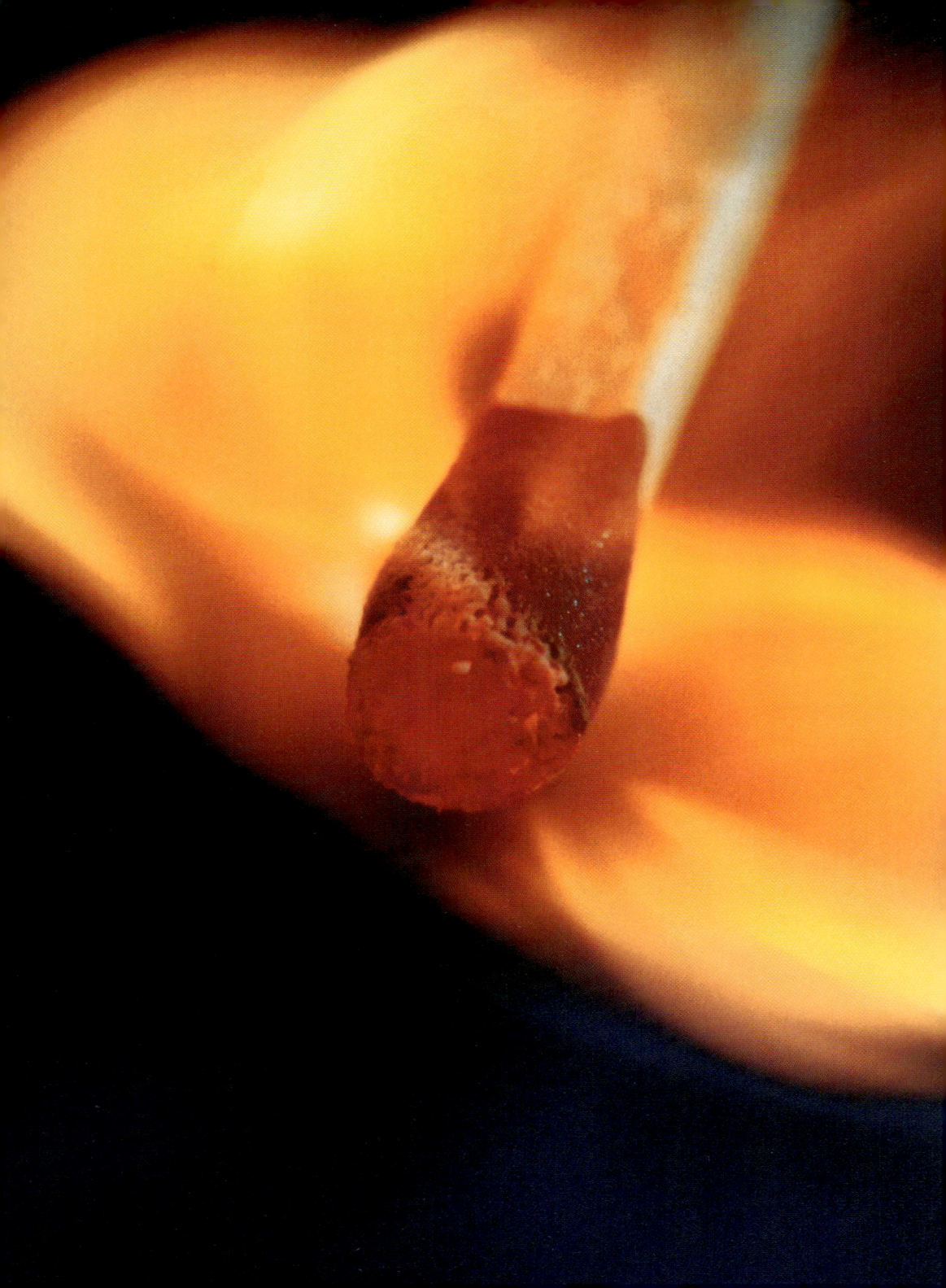

WIE ICH IN JEDER LEBENSLAGE NEUE MOTIVATION FINDE

»Schöne Blindgänger, die meisten Studenten, die haben doch null Motivation, oder?« Das Geschrei war darauf ziemlich groß und die Kritik hämisch, nachdem sich ein Reporter der Frankfurter Allgemeinen Zeitung als verdeckter Zuhörer in die Prüfungskommission der Marburger Uni gemogelt hatte. Heimlich protokollierte er mit, was die jungen Damen und Herren Studiosi so antreibt: Warum wollen Sie eigentlich studieren?

Die Antworten hörten sich so an: »Weil ich keine Lehrstelle gefunden habe.« – »Weil ich geistige Arbeit körperlicher Arbeit vorziehe.« – »Weil das eben cool ist.« – »Weil man als Studentin immer schön lange ausschlafen kann.«

Also, so viel erkennt hier wohl jeder Laie: Diese akademischen Neulinge mögen zwar ehrlich sein, aber motiviert sind sie nun wirklich nicht. Keine gute Basis für das Studium!

> »Wenn das Leben keine Vision hat, nach der man sich sehnt, die man verwirklichen möchte, dann gibt es auch kein Motiv, sich anzustrengen.«
> *Erich Fromm*

Das Feuer der Begeisterung

»Siehste, haben keine Ahnung von Motivation, unsere Fußballkommentatoren, oder? Was reden die doch für einen Flachsinn!« Da liegt also ein Team zur Halbzeit zurück. Und nach der Pause kommen dieselben Kicker »wie verwandelt« zurück, die drehen plötzlich auf, haben Feuer, sind mit Einsatzfreude und Begeisterung im Spiel. Und was mutmaßt ein schlauer Reporter in so einem Fall?

Richtig. Der schwadroniert da vom Donnerwetter in der Kabine, von einer Gardinenpredigt gar, und bestimmt hätte der Trainer seine

163

Spieler richtig rund (will heißen: zur Sau) gemacht. Also so viel steht auch hier fest: Wer so etwas sagt, hat vom Thema Motivation so gut wie keinen blassen Schimmer. Man darf Motivation nicht mit Motivierung verwechseln. Echte Motivation ist wie ein Feuer, ein Feuer der Begeisterung. Motivation ist ein brennendes Verlangen. Es wird vom Wollen, von unseren inneren Werten und Wünschen gespeist. Motivierung dagegen heißt Fremdsteuerung. Da stirbt die Flamme, sobald nichts mehr nachgelegt wird.

Begeisterung und lodernde Leidenschaft sind der beste Brennstoff für das Handeln.

Noch ein Beispiel für den alltäglichen Motivationsmumpitz. Neulich wurde ein schwedischer Biathlet überraschend Dritter bei einem Weltcuprennen. Wie erklärte der Fernsehreporter den Zuschauern diesen Erfolg? Nun, er versuchte mit intimen Kenntnissen zu glänzen. Dass er von Pin-up-Fotos im Schrank des alten Schweden wüsste, und diese Nackedeis hätten den Sportsmann wohl ganz schön motiviert.

Erfolgsfaktor Motivation

Puh! Mythos Motivation. Weil Motivation für jeden Erfolg von entscheidender Bedeutung ist, sollten wir tiefer in das Kapitel einsteigen. Größtes Missverständnis: Wer auf die Motivierung durch andere wartet, denkt völlig falsch. Wirksame Motivation kann ich von nirgendwo, von niemandem erwarten, von keinem Trainer, keinem Freund, keinem Psychoguru, auch von keiner Nackten.

Niemand kann uns Motivation frei Haus liefern. Auch ein Erfolgstrainer kann das nicht. Und nicht mal dieses Buch über Erfolg wird Sie mobilisieren, wenn Sie nicht mitziehen, wenn Sie nicht wirklich wollen. Denn Motivation finden Sie nur in sich selbst. Allerdings: Dieses Buch will, soll und kann die nötige Inspiration liefern und Erfolgsstrategien aufzeigen. Alles andere liegt an Ihnen und Ihrer Einstellung. Nur wenn Sie selbst die volle Verantwortung für Ihr Leben übernehmen, werden Sie sich fortan auch selbst wirksam motivieren können.

Was Motivation ist

Das Lexikon erklärt: »Motivation ist die Bereitschaft zu einem bestimmten Verhalten. Motivation hängt von der inneren Bereitschaft und gewissen Außenreizen ab.«

Fest steht: Motivation ist jene treibende Kraft im Leben, die unsere Gefühle und Handlungen bestärkt, erfolgreich zu sein. Motivation ist das Motiv für Aktion. Das Motiv – ja, es ist entscheidend. Wir kennen das aus der Kriminologie. Woran orientieren sich Kommissare zu allererst, wenn sie einen Mörder suchen? Und was bringt sie fast immer auf die richtige Spur? Genau. Die Antwort auf die Frage: Wer hatte das stärkste Motiv für die Tat?

Motivation kommt vom lateinischen Wort »movere« (= sich bewegen). Motivation ist also die Energie, die alles in Bewegung bringt. Motivation, sagt Volkes Stimme treffend, ist der Stachel im Hintern, der Ausdauer verleiht und Widrigkeiten überwinden hilft. Für viele Menschen ist es schwer, die nötige Motivation aufzubauen. Aber wie leicht lassen wir uns demotivieren.

Aus der Motivationspsychologie wissen wir, dass rationale Einsichten wenig bewegen. Aber emotionale Einsichten setzen Veränderung in Gang.

Was uns die Motivation rauben kann

- Unfaire und negative Kritik
- Unfaire Behandlung
- Negative Erfahrungen
- Versagensängste
- Geringschätzigkeit
- Das Fehlen eines klaren Ziels
- Mangelnde Selbstachtung
- Negative Selbstgespräche
- Misserfolg
- Mobbing
- Vorgesetzte ohne natürliche Autorität

Der innere Schweinehund als Motivationskiller

Jeder weiß, wie stark er sein kann – der Schweinehund in uns. Er knurrt und kläfft, wenn es unangenehm werden soll. Er winselt, wenn er hinter dem Ofen hervor soll. Und er blockiert unsere Handlungsfähigkeit, weil er es sich nun mal gern in seiner Komfortzone kommod macht. Ja, die größten Feinde der Motivation sind Selbstzufriedenenheit und selbstgefällige Bequemlichkeit. Ein gefährlicher Zustand, denn er führt prompt in die Frustation. Wer erst einmal frustriert ist, wird noch pomadiger und lässt sich schneller verleiten, rascher aufzugeben, weil sein Blick für das, was wichtig ist, allmählich vernebelt. Wie war das doch noch? Hatten Sie nicht beschlossen, künftig besonderen Wert auf Ihr persönliches Wohlfühl-Programm zu legen? Wollten Sie nicht das Rauchen aufgeben? Oder ein paar Pfunde loswerden? Und wie war das mit Ihrem Vorsatz für ein besseres Zeitmanagement? Wollten Sie nicht prinzipiell mehr für Ihre Gesundheit tun? Wollten Sie nicht mehr Bewegung in Ihr Leben bringen? Zum Beispiel regelmäßig joggen?

> »Motivation ist der Ursprung aller Handlungen. Eine Sache muss für mich wertvoll sein, sonst kann ich mich nicht hinreichend für sie einsetzen. Ich muss von mir und meinen Fähigkeiten überzeugt sein. Ich muss mir selbst sagen: Ich bin überzeugt, dass ich meine Anforderungen schaffen werde, wenn ich mich jetzt anstrenge.«
> *Hubert Schwarz, Extremsportler.*

Die beiden Antriebskräfte

Was also hält Sie zurück – in Ihrer Komfortzone? Warum fehlt der Antrieb, das letzte Quäntchen Motivation, um tatsächlich ins Handeln zu kommen?

Es gibt, wie schon im vorigen Kapitel ausführlich beschrieben, nur zwei starke Antriebskräfte in unserem Leben:

- Das Prinzip Freude: Wir wollen bewusst und unbewusst Spaß und Lust erleben und kommen schließlich ins Handeln, um uns auf ein erfreuliches Ziel zuzubewegen.
- Das Prinzip Schmerz: Wir versuchen bewusst und unbewusst, unangenehme Situationen (Druck, Angst) zu verhindern und kommen vor allem ins Handeln, um Pein zu vermeiden.

Alles, was wir tun, wird von unserem Gehirn nach diesem Gefühlsprinzip bewertet: Bringt es mir Schmerz oder Freude? Erst wenn der Anreiz oder der Druck groß genug sind, ändern wir unser Verhalten.

Externe Motivation

Werner Lorant, der rustikale Trainer von 1860 München, versucht gern mit einfachen Motivationsmethoden seinen Kickern Beine zu machen. Vor einem Bundesligaspiel gegen Hertha BSC gab er mal die Parole aus: »Wenn wir verlieren, sehen wir uns Sonntagmorgen um sieben Uhr zum Training; wenn wir gewinnen, habt ihr zwei Tage trainingsfrei fürs Oktoberfest.«

Erfolgreich mit bodenständigen Motivations-Methoden: Fußballtrainer Werner Lorant (1860 München).

Er hatte mit dem simplen Trick Erfolg. Seine Löwen kämpften wie die Löwen und gewannen das wichtige Spiel. Druck, Geld, Belohnungen, Ruhm, Lob, aber auch Angst (z. B. den Arbeitsplatz zu verlieren) – all das sind klassische Beispiele für so genannte externe Motivation, also Motivation, die von außen kommt.

Wie motivierend wirkt Geld?

Motivation lässt sich nicht kaufen. Wer sich nur für Geld ins Zeug legt, wird langfristig kaum wirklich Erfolg haben. »Zwar ist der Glaube noch weit verbreitet, dass man durch Gehaltserhöhungen, Orden und Ehrenzeichen das Leistungsniveau anheben könne«, schreibt der Psychiatrieprofessor Paul Matussek in seinem Buch »Was der Mensch braucht«. »Aber nicht nur im Sport, dem von der Öffentlichkeit am stärksten beachteten Feld, auch in der Wissenschaft und Wirtschaft haben neuere Untersuchungen die alte Annahme als Irrtum aufgedeckt. Wer im Fußball nicht für 10.000 Mark sein Bestes gibt, tut es auch nicht fürs Zehnfache.« Spitzensportler betonen das immer wieder. Die meisten von uns haben es ihnen nur nicht geglaubt. Aber jetzt bestätigt ja unsere Fußballnationalmannschaft diese Tatsache ein ums andere Mal.

»Arsch hoch und tanzen!«
Motivierende T-Shirt-Aufschrift

Das Spiel mit der Angst

Externe Motivation ist immer problematisch. Zum Beispiel das Spiel mit der Angst. Hierzulande haben ohnehin schon zwei Drittel der Arbeitnehmer Angst um ihren Arbeitsplatz. Wenn zusätzlich ein Chef diese Art des Drucks überzieht, kann das Mitarbeiter lähmen. Allerdings: Wenn Mitarbeiter sich absolut sicher und unkontrolliert fühlen, kann das manche auch zur Trägheit verführen. Psychologen fanden außerdem heraus:

- Leistungsbereitschaft entsteht erst dann, wenn diese absolute Sicherheit abnimmt. Dann wird der Mensch aktiv.
- Höchstleistungen kann ein Mitarbeiter nur erbringen, wenn ihn seine Angst anspornt, aber nicht blockiert.
- Wer Angst vor Fehlern hat, kann nicht kreativ sein.

Zuckerbrot und Peitsche?

Motivation mittels Peitsche – das ist leider immer noch eine weit verbreitete Methode. Nebenwirkungen und Nachteile dieser Methode:

- Sie erzeugt Stress.
- Sie zerstört Kreativität.
- Langfristig sind nur mittelmäßige Leistungen zu erwarten.
- Der Druck muss immer ein bisschen größer werden.
- Sobald der »Motivator« fehlt, endet auch die Motivation.

»Belohnung zerstört die Motivation«

In unserem Arbeitsalltag werden Belohnungen als eine Art universelles Dopingmittel (Prämien, Incentivereisen oder Ähnliches) verwendet. Sicher kann eine Belohnung die Zufriedenheit eines ohnehin motivierten Mitarbeiters steigern. Doch bei unmotivierten Kollegen wird dadurch prinzipiell kaum etwas bewirkt. Und wenn, allenfalls kurzfristig. Da strengt sich einer vielleicht so lange an, bis er die Belohnung kassieren kann, und lässt dann wieder nach.

Frage an Reinhard K. Sprenger, Unternehmensberater und Bestsellerautor (»Mythos Motivation«): Motivieren Belohnungen? Seine klare Antwort: »Nein, Belohnung zerstört die Motivation. Belohnungen untergraben unser natürliches Interesse, eine Sache um ihrer selbst willen zu tun. Sie verhindern, dass wir uns für etwas engagieren, einfach, weil es uns Spaß macht.«

> »Echte Motivation erwächst niemals nur aus finanziellen Anreizen oder aus der Angst, vor die Tür gesetzt zu werden. Wer nur für sein Gehalt arbeitet und nicht, weil er das, was er macht, gern macht und/oder sich angeregt fühlt, es gut zu machen, wird immer nur so viel arbeiten, wie er muss, um sein Geld zu bekommen.«
> *Dale Carnegie (»Der Erfolg ist in dir«)*

Interne Motivation

Kennen Sie die Geschichte von dem kleinen Kälbchen, das nicht in den Stall wollte? Zwei starke Männer mühten sich, schoben und zerrten mit aller Kraft – vergeblich. Das Kälbchen blieb stur stehen. Bis ein kleines Mädchen kam. Es gab dem Kälbchen seinen Finger, ließ es daran nuckeln und ging dann langsam in den Stall. Das Tier folgte dem Nuckelfinger, ganz freiwillig.

Einen Wunsch wecken. Ganz ähnlich funktioniert auch bei uns das, was interne Motivation heißt. Sie ist die wirksamste Motivation – sie kommt von innen. Aber sie kommt nicht aus dem Kopf, sondern aus dem Herzen. Das wirkt.

»Wenn du ein Schiff bauen willst, dann rufe nicht die Menschen zusammen, um Holz zu sammeln, Aufgaben zu verteilen und die Arbeit einzuteilen, sondern lehre sie die Sehnsucht nach dem großen, weiten Meer.« Es war der französische Schriftsteller Antoine de Saint-Exupéry (»Der kleine Prinz«), der diese schöne Metapher fand – für Begeisterung.

Motivationsquelle Begeisterung

Hingabe, Leidenschaft, Enthusiasmus. Wir sollten, wir müssen von dem, was wir tun, überzeugt – begeistert sein. Wenn wir begeistert sind, können wir alles schaffen. Wer begeistert ist, reißt auch andere mit, spornt sie an, bewegt sie. Das wiederum hilft für die eigenen Ziele. Keiner kann gezwungen werden, Außergewöhnliches zu leisten. Das kann nur der, der es wirklich will. Wollen ist die unbedingte Voraussetzung.

- Begeisterung ist die Leidenschaft, die ungeahnte Kraft zum Handeln freisetzen kann.
- Begeisterung ist das Zündholz, das das Feuer im Kamin zum Brennen bringt.
- Begeisterung – das ist der Glanz in den Augen, das ist der persönliche Schwung. Begeisterung – das ist die Vorfreude und Lust für eine Sache, die wir sehr wichtig finden – die wir unbedingt tun wollen. Deshalb ist so wichtig, ein klares, attraktives Ziel zu finden und zu formulieren, für das sich Totaleinsatz lohnt. Dann kommen wir schneller ins Handeln.

»Die meiste Energie gewinnt der Mensch nicht aus der Nahrung, sondern aus Begeisterung. Sie ist die wichtigste Energiequelle im menschlichen Leben. Begeisterung kann zu schier unmenschlichen Leistungen stimulieren.«
Dr. Peter Konopka

169

Das Feuer entfachen

Stellen Sie sich dieses Ziel sehr realitätsnah vor. Stellen Sie sich auch das Erreichen dieses Ziels in allen Einzelheiten vor. Durch diese »Visualisierung« lösen Sie im Gehirn die nötige »emotionale Intensität« aus, die Begeisterung in Gang setzt und am Leben hält. Sie können diese Visualisierungstechnik stärken und stützen, indem Sie Erfolge der Vergangenheit noch einmal möglichst bildhaft vor Ihrem geistigen Auge ablaufen lassen:

- Welche Herausforderungen/Probleme habe ich bereits erfolgreich gemeistert?
- Was war mein schönster Erfolg? Wie habe ich ihn erlebt? Was habe ich dabei gefühlt?
- Mit welchem Erfolg konnte ich überhaupt nicht rechnen – und wie ist er dennoch zustande gekommen?

Tipp: Wetten Sie! Dann steigt die Chance, dass Sie Ihr Pensum auch durchhalten. Amerikanische Forscher fanden heraus, dass ohne Wette nur 20 Prozent ihre guten Vorsätze umsetzten, mit Wetteinsatz dagegen 97 Prozent erfolgreich waren.

Beachtung schafft Verstärkung

Ein wesentlicher Motivationsgrundsatz lautet: Beachtung schafft Verstärkung. Mit anderen Worten: Konzentrieren Sie sich also auf Ihre Erfolge, auch auf Ihre vergangenen Erfolge. Je mehr Sie sie beachten, umso mehr werden sie verstärkt – und das wiederum stärkt Ihre Motivation.

Wie Sie bei sich Begeisterung erzeugen

- Setzen Sie sich ein attraktives Ziel.
- Verknüpfen Sie Ihr Ziel mit guten Gefühlen (Freudeprinzip).
- Entscheiden Sie sich für vollen Einsatz.
- Setzen Sie sich bei allem, was Sie tun, voll ein. Verbannen Sie Halbherzigkeit aus Ihrer Gedankenwelt.
- Tun Sie das, was Sie gerade zu erledigen haben, bewusst, mit Spaß und voller Konzentration.
- Wer das Gewöhnliche mit ungewöhnlicher Begeisterung, mit Hingabe tut, wird Erfolg haben.

Sportler – die wandelnden Erfolgsbeispiele

Wir können in Sachen Motivation und Erfolg viel von Sportlern lernen und profitieren. Sport ist ganz häufig ein einfach wunderbares und wunderbar einfaches Modell. »Nirgends ist es offensichtlicher als im Sport, dass es nicht vorbei ist, bevor es vorbei ist«, sagt der Sportpsychologe Dr. James E. Loehr aus Orlando, Florida. Er hat in den letzten 20 Jahren Hunderte von Athleten betreut, darunter die Tennisspieler Monica Seles, André Agassi und Dan Jansen, den große Versagensängste plagten und der dann doch Olympiasieger im Eisschnelllaufen wurde.

Sport als Spielfeld für andere Lebensbereiche. Nirgends wird die Notwendigkeit von Stress und Erholung so deutlich wie im Sport. Nirgends wird klarer, dass neben Talent vor allem Durchsetzungskraft zählt. Nirgends lässt sich so gut aus Niederlagen lernen. Nirgends wie im Sport wird allerdings auch so klar, dass der Weg zu innerer Stärke eine beschwerliche Reise ohne Ende ist.

Der Sportpsychologie, Wegbereiterin bei der Erforschung von Spitzenleistungen, verdanken wir neue, wichtige Erkenntnisse. Spitzensportler sind wie leibhaftige Fallbeispiele für die wichtigen Erfolgsfaktoren. Durch sie wird deutlich, wie man seinen idealen Leistungszustand findet, welche mentalen und physischen Fähigkeiten entscheidend sind – und was sie motiviert.

Die Jetzt-erst-recht-Motivation

»Du musst es von dir selbst erwarten, nur dann wirst du es tun – und auch schaffen«, sagt Michael (»Air«) Jordan. Der große Basketballspieler verfehlte einst als Kind sein großes Ziel, das Collegeteam. Aber nach den ersten Tränen trainierte er umso härter.

Zuletzt wurde das Tun des »Außerirdischen« übrigens mit 38 Millionen Dollar pro Jahr vergütet. Wie kein anderer verkörpert Michael Jordan als Symbolfigur des American dream, wie erfolgreich man mit dem Motivationsmotto »Jetzt-erst-recht!« werden kann. »Das schaffst du nie« – ein populärer Satz, der schon auf vielen abgeladen wurde. Verbales Niedermachen wirkt oft glatt demotivierend, doch

Ich habe im Monat über den Sport gerade 50 Mark bekommen. Anfangs war für mich die Hauptmotivation, mich ständig zu entwickeln, mit Trainern, mit Spezialisten meine Fähigkeiten immer weiter auszubauen. Ich wollte immer besser werden, das war erst mal wichtiger als Reisen.«
Christian Schenk, Zehnkämpfer (Olympiasieger 1988).

Der amerikanische Sportpsychologe Shane Murphy ist seit Jahren mit Topathleten vertraut. Viele von ihnen hat er auf Olympia vorbereitet. Hier ihre wirksamsten Motivationsleitsätze.

Wie sich Spitzensportler erfolgreich motivieren

- Ich setze mich immer hundertprozentig ein.

- Sobald ich mir ein Ziel setze, bin ich bestrebt, es auch zu verwirklichen.

- Ich bin stolz darauf, stets mein Bestes zu geben, selbst wenn ich mein Ziel nicht erreiche.

- Wenn ich mich einer Herausforderung gegenübersehe, bemühe ich mich immer um persönliche Höchstleistungen.

- Ich muss nicht immer perfekt sein, um meine Ziele zu erreichen. Was zählt, ist die Bereitschaft, sich anzustrengen und sein Bestes zu geben.

- Ich traue mir zu, mit jedem Problem fertig zu werden.

- Mir gefällt die derzeitige Situation nicht, aber ich kann damit umgehen.

- Ich kann das Verhalten anderer Menschen nicht ändern. Aber ich kann meine Reaktion darauf ändern.

- Das Leben ist zu kurz, um sich wegen irgendwelcher Kleinigkeiten aufzuregen.

- Ich weiß, dass es mir gelingt, in jeder Situation Kontrolle über mich zu behalten.

- Ich bin bestrebt, ständig dazu zu lernen. Es gibt immer Möglichkeiten, die eigene Leistung zu verbessern.

- Meine Fehler sind eine hervorragende Infoquelle. Sie zeigen mir, wo ich meine Stärken noch ausbauen kann.

- Der einzige Stress, den es für mich gibt, ist der Stress, den ich mir selbst mache.

Quelle: Shane Murphy: Die Kunst, erfolgreich zu sein, dtv, München 1997.

bei vielen kann es besonders starke Antriebskräfte freisetzen. Wer Erfolgsstorys genauer betrachtet, wird feststellen, dass nicht wenige Topkarrieren im Grunde aus Trotz in Gang gekommen sind: Um es dem Alten zu beweisen, um es der Welt zu beweisen – um es sich selbst zu beweisen.

Wie sich erfolgreiche Spitzensportler in schwierigen Momenten selbst aufmuntern, wie sie negative Gedanken los werden und auf konstruktiven Kurs kommen – das hat der Sportpsychologe Shane Murphy hautnah beobachtet (siehe linke Seite).

»Der stärkste Trieb der menschlichen Natur ist das Streben nach Anerkennung.«
William James

Wie Sie Ihren Motivationsauslöser finden

Was treibt Sie, was spornt Sie besonders an? Welcher Anreiz ist für Sie so stark, dass Sie wirklich Ihr Bestes zu geben bereit sind? Ist es manchmal vielleicht auch der Jetzt-erst-recht-Ehrgeiz? Oder wollen Sie anderen nacheifern (»Wenn der das kann, kann ich das auch!«), es ihnen gleichtun? Fest steht: Jeder verfügt über ein spezielles Armaturensystem. Welcher Auslöserknopf muss also gedrückt werden, um bei Ihnen interne Motivation auszulösen?

Was besonders motivierend wirkt
• Die Lust, selbst in Aktion zu sein
• Das Vorbild anderer (»Was der kann, kann ich schon lange«)
• Die Erinnerung an alte Erfolge
• Die attraktive Perspektive
• Die totale Erfüllung der Aufgabe
• Das Wohlgefühl während der Aktion
• Das Wettkampfprickeln
• Der Kick der Alleinverantwortung
• Der mitreißende Teamspirit
• Die Außenstimulation
• Die Anerkennung von außen
• Das starke Sicherheitsgefühl durch die gute Vorbereitung

Vor gut zehn Jahren, als das sowjetische Sportsystem noch absolute Weltspitze war, entwickelten sowjetische Sportpsychologen einen interessanten Test: die Motivatorenanalyse. Damit konnten sie die Allerbesten aus dem Feld der Besten herausfiltern.

Sie forschten nach Denk- und Gefühlsgewohnheiten, die jeder selbst aktivieren kann und die letztlich motivieren und beflügeln, um über sich selbst hinauszuwachsen.

Erinnern Sie sich jetzt bitte an ein für Sie persönlich wichtiges Erfolgserlebnis. Fragen Sie sich:

- Welche der so genannten Motivatoren spielten bei Ihrem Erfolgserlebnis eine wichtige Rolle?
- Welche Motivatoren treffen für Sie nicht zu?

Spielen Sie das Erfolgserlebnis noch mal in allen Einzelheiten in Ihrem Kopf durch. Fragen Sie sich:

- Was hören und sehen Sie?
- Was sagen Sie in dieser Situation?
- Wie haben Sie sich damals vorbereitet?

Rufen Sie sich bitte noch ein weiteres Erfolgserlebnis in Erinnerung und spielen Sie es in allen oben genannten Punkten durch. Und wiederholen Sie die Aufgabe mit noch drei weiteren Erfolgserlebnissen. Sie können auf diese Weise erkennen:

- Was Sie erfolgreich motiviert.
- Unter welchen Umständen Sie über sich hinauswachsen.
- Was Sie sich in Erinnerung rufen müssen, wenn Sie sich selbst motivieren wollen.

> **»Der Plan ist der Vater des Erfolgs, die Aktion ist die Mutter des Erfolgs.«**
> *Alexander Christiani*

Das Selbstmotivationsprogramm S-M-A-R-T

»Man muss nur wollen!« – Dieser gute Vorsatz allein reicht noch nicht aus. Gute Vorsätze lösen sich meistens schnell in Luft auf, weil die Motivation nach dem ersten Misserfolg häufig flöten geht. Die Folge: mentale Durststrecken – weil wir zu wenig darüber wissen, wie Motivation eigentlich funktioniert und wie wir uns immer wieder selbst motivieren können.

Selbstmotivation ist unsere positive Energiequelle – die wichtigste, die jedem zur Verfügung steht. Sie sprudelt, wenn wir uns Ziele setzen. Aber diese Ziele müssen erreichbar sein, Schritt für Schritt. Die Strategie der kleinen Schritte ermöglicht Zwischenresultate, kleine Erfolgserlebnisse. Sich Ziele setzen, diese Ziele nicht aus den Augen verlieren, Misserfolge und Rückschläge wegstecken können – das ist schwer. Aber: Jeder kann das lernen.

Ziele sorgen für Vorfreude, sie geben also Anfangsmotivation und zudem wichtige Motivation zum Durchhalten.

S – Setzen von Zielen

Wer sich wirksam motivieren will, braucht ein Ziel vor Augen. Ziele geben die Anfangsmotivation (Vorfreude) und Ziele geben die ebenso wichtige Motivation zum Durchhalten. Hier noch einmal die wichtigsten Punkte, die Sie beachten müssen:

- Das Ziel positiv formulieren.
- Das Ziel muss in überschaubaren Zeiträumen erreichbar sein.
- Das Ziel konkret benennen (Datum und Ort).
- Das Ziel muss ohne fremde Hilfe zu schaffen sein.
- Das Ziel muss realistisch sein.

M – Muster erkennen

Jeder von uns verfügt über unbewusste Verhaltensmuster, nach denen er handelt. Erst wenn Sie Ihre Muster erkennen, wissen Sie, was bei Ihrem Ziel für Sie Priorität hat.

Sagen Sie Ihren Text laut auf. Es gibt keinen Grund, sich zu genieren.

A – Aktion installieren

In dieser Phase verbinden Sie Ihr Ziel mit Ihren persönlichen Mustern und schauen schon mal auf Ihr privates Siegerfoto: Malen Sie sich den Moment aus, wenn Sie Ihr Ziel erreicht haben. Stellen Sie sich die Situation attraktiv vor. Sie sind der Regisseur, der das Bild gestalten kann. Wenn Sie zum Beispiel gern bei schönem Wetter laufen, sollte bei der Zielankunft Ihres ersten Marathons in Ihrem Film die Sonne lachen. Schauen Sie Ihr Bild noch einmal an, und formulieren Sie einen detailgenauen Text:

- Ich kann ... erreichen.
- Ich will es an diesem ... Tag erreichen.
- Ich kenne auch schon den genauen Ort. Und zwar ...
- Ich schmecke das süße Gefühl beim Erreichen des Ziels.

Kleine Tricks für erfolgreiche Selbstmotivation

Besinnen Sie sich regelmäßig auf Ihre eigenen Stärken. Fragen Sie sich zum Beispiel täglich:

»Langfristig er-
folgreich werden
nur jene Men-
schen sein, die
tun, was sie tun –
ohne auf weitere
Anreize zu war-
ten. Menschen,
für die das
Ergebnis ihrer
Arbeit Bedeutung
hat und nicht die
möglicherweise
darauf folgende
Belohnung; die
etwas tun, weil es
ihre Sache ist.«
*Reinhard
K. Sprenger
(»Die Ent-
scheidung
liegt bei Dir!«)*

- Was habe ich heute prima gemacht?

- Was ist heute für mich gut gelaufen?

- Worauf kann ich stolz sein? Auf diese Weise rücken Sie automatisch Ihre Stärken ins Zentrum.

- Erinnern Sie sich auf dem Weg zu einem neuen Ziel an alte Erfolge und das gute Gefühl, das Sie dabei hatten.

- Arbeiten Sie mit positiven Affirmationen, um Ihr Selbstbewusstsein zu stärken. »Ich mache meine Sache richtig gut.« – »Ich bin innerlich sehr stark und halte durch.« – »Ich lasse mich von meinem Weg nicht abbringen.« – »Ich weiß, dass ich erfolgreich sein werde.« Positive Affirmationen stabilisieren die Motivation.

- Denken Sie sich große Aufgaben klein. Große Aufgaben verlieren ihren Schrecken, wenn Sie sie in handliche Portionen zerlegen und sie dann nacheinander anpacken.

- Loben Sie sich selbst, wenn Sie etwas gut hingekriegt haben.

- Belohnen Sie sich zwischendurch selbst für kleine Erfolge.

- Verzweifeln Sie nicht an schwierigen Aufgaben und Problemen. Betrachten Sie jede schwierige Situation als Chance zur Bewährung. Und obendrein als Chance, die persönliches Wachstum ermöglicht.

- Legen Sie Ihre Lieblingspower-Musik auf, wenn Sie sich schnell positiv aufladen wollen.

- Hüpfen Sie. Das ist ein erster Schritt, wenn Sie aus der Lethargie in Aktion kommen wollen.

R – Ressourcen

Um Ihr Ziel zu erreichen, schreiben Sie ein genaues Aktionsprogramm mit diesen Details:

- Die richtige Schützenhilfe (allein, zu zweit, im Team?)
- Das richtige Maß (Wie hart will ich dafür arbeiten?)
- Der richtige Augenblick (Wann werde ich dafür arbeiten?)
- Die richtige Regelmäßigkeit (Wie oft will ich was dafür tun?)
- Das richtige Trainingsprogramm (Was genau tue ich dafür?)

T – Test

Nichts ist demotivierender, als ein gestecktes Ziel zu verfehlen. Deshalb sollten Sie hin und wieder überprüfen, ob Sie auch auf dem richtigen Weg sind.

- Schauen Sie regelmäßig Ihr Ziel an, und vergleichen Sie die Fortschritte mit Ihrem Bild.
- Bei schlechter Motivation lesen Sie sich Ihren Filmtext noch einmal laut vor und lassen dabei Bilder vor Ihrem geistigen Auge ablaufen. Seien Sie kritisch: Nur selten ist das Aktionsprogramm gleich beim ersten Versuch perfekt. Ändern Sie gegebenenfalls die Ressourcen, aber verändern Sie nicht Ihr Ziel.

  Gut, die Motivation ist da. Das Wissen auch. Aber das Wissen allein, wie wichtig oder wie gut etwas ist, reicht oft noch nicht aus. Die Umsetzung kostet immer noch gewaltig Kraft und Überwindung. Denn da sind oftmals Gewohnheiten. Alte Gewohnheiten zu ändern und durch neue, bessere Gewohnheiten zu ersetzen, das ist ein mühseliger Prozess. Deshalb:

- Schieben Sie nichts auf die lange Bank. Lassen Sie Ihrem guten Vorsatz, Ihrer Entscheidung immer sofort eine Tat folgen. Machen Sie wenigstens einen ersten kleinen Teilschritt.
- Machen Sie Ihre neue Sache zu einer Gewohnheit, die Sie regelmäßig ausüben. Erst wenn Sie eine Tätigkeit wirklich zu einer neuen Gewohnheit machen, müssen Sie nicht jedesmal wieder so viel Energie aufbringen wie beim ersten Mal.
- Gestatten Sie sich keine Ausnahmen. Bleiben Sie konsequent. Ausnahmen torpedieren Gewohnheiten. Sie würden sich schon bald eine weitere Ausnahme gestatten – was alles nur unnötig erschwert. Das amerikanische Sprichwort ist leider wahr: »The exception kills.«

> **»Der beste und schnellste Weg zum Erfolg ist, Erfolgreiche zu beobachten und es ihnen nachzumachen.«**
> *Jean-Claude Killy, dreifacher Ski-olympiasieger.*

177

WIE ICH MEINE ERFOLGSCHANCEN VERBESSERE

Manchmal läuft Fred Kogel nachts um halb eins, nach einem Geschäftsessen, noch los. Nein, dann ist Laufen nicht schiere Lust wie sonst. Dann muss auch er sich quälen. »Aber hinterher«, sagt der SAT 1-Chef, »da fühle ich mich saugut. Ich brauch das.« Schon wegen der Optik. Ein kleines Bäuchlein würde er als persönliche Katastrophe betrachten. »Ich funktioniere nur optimal, wenn ich mich auch körperlich wohl fühle.« Körperbewusstsein als Basis für Leistung.

Vor Konzerttourneen pflegen sich Rockmusiker besonders auf Touren zu bringen – zum Beispiel die Scorpions. Wochen vorher trainieren sie eisern mit einem Fitnesstrainer, täglich strampeln sie auf Fahrradergometern und sie ernähren sich bewusst. Sänger Klaus Meine: »Die Bühnenshow ist anstrengend wie ein Marathonlauf. Wenn ich jeden Abend mehr als 100 Prozent geben will, muss ich im besten Sinne fit for fun sein.« Fitness als Basis für Belastbarkeit.

> »Bewegungsmangel ist nicht nur ein gesundheitlicher Risikofaktor, sondern in der Berufswelt zunehmend auch ein Aufstiegshindernis auf der Karriereleiter.«
> *Prof. Dr. Volker Rittner, Sporthochschule Köln.*

Erfolgsfaktor Fitness

Bundeskanzler Schröder und sein Außenminister beim Antrittsbesuch in Washington. Der Protokollchef rollt beflissen den roten Teppich aus. »Nicht nötig«, wehrt Gerhard Schröder lächelnd ab, »ich hab meinen grünen Läufer dabei.« Mit solchen Witzen muss sich Außenminister Joschka Fischer nun herumschlagen. Doch eine Witzfigur ist er deswegen wahrlich nicht. Im Gegenteil. Der Lebenslauf des Joschka Fischer taugt als Musterbeispiel dafür, wie man dazulegen kann, wenn man abnimmt.

Der Politiker war auf 110 Kilo aufgeschwemmt, seine Frau hatte ihn verlassen. Er fühlte sich am Ende. Lauf oder stirb – so sah er seine düstere Perspektive. Er entschied sich für Fitness. Seither läuft er. Regelmäßig, planmäßig. Er wurde sogar Marathonmann. Sein Leben läuft jetzt in neuen Bahnen, hat neue Qualität gewonnen: »Ich lebe jetzt intensiver, freier, kreativer. Ich bewältige meine persönlichen Seelenqualen, Stress nennt man das wohl, jetzt besser.« Niemals hätte Joschka Fischer das mörderische Pensum des Bundestagswahlkampfes, den die Grünen auf ihn zugeschnitten hatten, ohne seine neue körperliche Fitness durchstehen können. Fitness als Basis für Erfolg.

Wie eng körperliche Fitness und geistige Leistungsfähigkeit gekoppelt sind, ist mittlerweile durch viele Forschungsergebnisse belegt. »Sportlich Aktive sind sowohl sozial aktiver und leistungsorientierter als auch beruflich erfolgreicher«, weiß Professor Dr. Volker Rittner, Leiter des Instituts für Sportsoziologie an der Deutschen Sporthochschule Köln.

»Workout ist eine Metapher für das Leben. Pack es richtig an, dann gibt es dir alles zurück.«
Henry Rollins, Musiker, Autor, Gewichtheber.

Fitness als Karrierekick

In den USA ist Fitness längst ein Statussymbol – und wichtigstes Kriterium für den Karrierekick. Fest steht: Berufliche Höchstleistungen sind nur möglich, wenn man gesund lebt. Über 70 Prozent der Großunternehmen bieten ihren Mitarbeitern spezielle Wellnessprogramme an. Natürlich nicht ohne Hintergedanken. Jeder in die Gesundheit investierte Dollar zahlt sich dreifach aus, das beweist eine Studie der Pepsi Company. Weil die Mitarbeiter weniger krank werden und insgesamt belastbarer sind. Wer körperlich fit ist, bietet dem Alltagsstress weniger Angriffsfläche. Die so genannte Stresstoleranz wächst. Das ist empirisch belegt.

Auch hierzulande hat sich diese Einsicht mittlerweile durchgesetzt. Laut FIT-FOR-FUN-Umfrage glauben hierzulande 98 Prozent, dass Fitness den beruflichen Aufstieg erleichtert. Tatsächlich wählen viele Personalleiter nicht mehr nur nach fachlicher Kompetenz aus. Bei gleicher Qualifikation ist der Faktor Fitness ausschlaggebend. Fitness ist mehr als Muskelstärke, Ausdauer, Kraft, Beweglichkeit und ein leistungsfähiges Herz-Kreislauf-System.

Der Faktor Fitness, der immer mehr an Bedeutung gewinnt, setzt sich zusammen aus den folgenden Komponenten:
- Ein richtiges Maß an Bewegung
- Bewusste Ernährung
- Regelmäßige Entspannung

Wenn Sie fit sind: 15 Vorteile für den Job

- Sie fühlen sich ausgeruhter, die Arbeit macht mehr Spaß.
- Sie sind belastbarer und können besser mit Stress umgehen.
- Sie sind dynamischer und kreativer.
- Sie sehen besser aus, wirken jünger (besseres Image).
- Sie strahlen mehr Energie aus.
- Sie gewinnen Selbstvertrauen.
- Sie werden geduldiger.
- Sie werden kontaktfreudiger.
- Sie werden seltener krank.
- Sie sind weniger anfällig für typische Büroleiden (z. B. Rücken- und Kopfschmerzen).
- Sie trauen sich mehr zu.
- Sie übernehmen lieber Verantwortung.
- Sie treffen leichter Entscheidungen.
- Sie werden als Kollege mehr geschätzt, weil sich mit ihrem Wohlbefinden auch Ihre Laune bessert.
- Sie werden ausgeglichen und gelassener.

»**Bewegungsmangel ist das Resultat einer in wenigen Jahrzehnten vollzogenen Technisierung und Automation. Die Wandlung unseres Lebensstils hat zwar die Umwelt verändert, aber nicht unser Erbgut.**«
Prof. Dr. Wildor Hollmann

Das Bewegungswunder

Sport ist Mord – das reimt sich zwar schön, aber trotzdem ist dieser beliebte Spruch der größte anzunehmende Unsinn, der über moderne Lebensführung kursiert. Das Gegenteil trifft zu: Sich regen bringt Segen. Bewegung ist die beste Therapie und kann von vielem befreien: unter anderem von Rückenschmerzen und Depressionen.

Aktive Menschen verlieren Pfunde und gewinnen gute Laune und Wohlbefinden. Bewegung bringt Sie in Form. Ein richtiges Maß an Bewegung ist der Schlüssel zu einem besserem Leben.

Bewegung ist und bleibt auch die beste Möglichkeit, Stress vorzubeugen. Durch Muskelarbeit verbrennen Sie Blutfette und Zucker, Sie steigern Ihre körperliche Stabilität, Kraft und Konzentration. Und schließlich hilft Bewegung Ihnen, dass Sie sich und Ihren Körper wieder bewusst wahrnehmen.

Eine umfassende Studie des US-Gesundheitsministeriums bestätigt, welche Vorteile regelmäßiges Training bringt:

- Die Lebenserwartung steigt (um durchschnittlich 3 1/2 Jahre).
- Das Risiko von Herz-Kreislauf-Erkrankungen (Herzinfarkt), Diabetes und Darmkrebs sinkt.
- Die Herz(schlag)frequenz sinkt, das Herz wird größer und leistungsfähiger.
- Das Blut wird fließfähiger, das Herz spart Pumpenergie.
- Die Atmung wird tiefer und kräftiger.
- Die Lungenkapazität verbessert sich.
- Die Knochen, Gelenke und Bänder werden stärker.
- Das Gehirn wird besser durchblutet, das Denken geht schneller.
- Der Stoffwechsel arbeitet reibungsloser.
- Das Immunsystem (Abwehrkraft) wird gestärkt.
- Stress wird besser verkraftet, weil die Stresshormone Kortisol, Adrenalin und Noradrenalin langsamer und in geringerer Konzentration ausgeschüttet werden.

Bewegungsmangel und die Folgen

Der Krankmacher Nummer eins hat einen hässlichen Namen: Hypokinese – Bewegungsmangel. Viele bezeichnen das als typische Zivilisationskrankheit. Sie tun, als könnten sie nichts dagegen tun. Wir müssen zunächst einsehen: Als faule Hunde sind wir eine Fehlkonstruktion. Nein, wir sind nicht dazu geschaffen, nichts zu tun. »Wie vor Jahrtausenden gilt die biologische Grundregel: Struktur und Leistungsfähigkeit eines Organs werden bestimmt von Qualität und Quantität seiner Beanspruchung«, weiß Professor Wildor Hollmann von der Sporthochschule Köln. Bewegung ist nun mal im Betriebsplan unseres Gesamtstoffwechsels vorgesehen. Nur bei ausreichender Bewegung funktioniert unser Herz-Kreislauf-System auf die Dauer optimal und reibungslos.

Kraftabbau

Hatten Sie schon mal Pech mit einem Arm- oder Beinbruch, hatten Sie mal wochenlang einen Gips? Dann wissen Sie ja, wie dramatisch und schnell Muskulatur und Kraft abbauen. So ähnlich ist das auch bei einem Körper ohne Bewegung: Wenn die Funktionsfähigkeit stark eingeschränkt ist, sind Krankheiten und frühzeitiges Altern fast immer die unvermeidliche Folge. Doch dem kann man hervorragend entgegenwirken.

»Die körperliche Leistungsfähigkeit kann nur über ein regelmäßiges, langfristig durchgeführtes Training und einen gesunden Umgang mit dem Körper gesteigert werden. Und das erfordert Geduld.« *Prof. Dr. Klaus-Michael Braumann*

Welche positiven Effekte hat körperliche Fitness im Beruf?

98 Prozent der befragten Deutschen sind der Meinung, dass regelmäßiges sportliches Training auch berufliche Vorteile mit sich bingt.

	Frauen	Männer	Gesamt
Man geht mit mehr Freude an die Arbeit.	51	60	56
Besseres Aussehen	37	28	32
Seltener krank	65	74	70
Man wirkt dynamischer.	34	47	41
Man ist belastbarer.	76	78	77
Man wirkt jünger.	17	17	17
Besseres Image	14	10	12
Man strahlt Energie und Selbstdisziplin aus.	24	26	25
Nichts davon	2	1	1
Sonstiges	2	2	2

Alle Angaben in Prozent. Mehrfachnennungen möglich.
Quelle: Fit For Fun 11/1997, Seite 174

Körper und Psyche

Wie eng die physische und die psychische Verfassung gekoppelt sind, drückt sich in vielen Redewendungen aus – da steckt Weisheit und Wissen um die ganzheitlichen Zusammenhänge drin:

- Mir bleibt die Luft weg.
- Es stockt mir der Atem.
- Mir fällt die Decke auf den Kopf.
- Das Problem bereitet mir Kopfschmerzen.
- Das schlägt mir auf den Magen.
- Der frisst alles in sich hinein.
- Mir dreht sich der Magen um.
- Das kann ich nur schwer verdauen.
- Das hängt mir zum Halse raus.
- Das finde ich zum Kotzen.
- Da läuft mir das Wasser im Munde zusammen.
- Der kann den Hals nicht voll genug kriegen.
- Das Wasser steht ihm bis zum Hals.

»Man lernt im Sport eigenständig zu entscheiden, Verantwortung zu übernehmen, verlieren zu können und Menschen aller sozialen Schichten zu akzeptieren. Das habe ich immer als einen Wettbewerbsvorteil empfunden.« *Hans Wilhelm Gäb, Aufsichtsratsvorsitzender bei Opel und ehemaliger Tischtennisnationalspieler.*

Wie viel Bewegung braucht der Mensch?

Um gesund und fit zu sein, ist weder ein muskelbepackter Body noch anstrengendes Hochleistungstraining nötig. Schon minimales Bewegungstraining bringt's. Als wirksames Pensum empfiehlt der amerikanische Fitnesspapst Dr. Kenneth Cooper (Institute für Aerobic Research, Dallas) neuerdings nur »moderate Bewegung«:

- Dreimal 30 Minuten pro Woche (aerobes) Ausdauertraining
- Dreimal 20 Minuten pro Woche Krafttraining der drei wichtigsten Muskelgruppen (Arme/Schultern/Brust, Bauch/Rumpf, Beine/unterer Rücken).

Eine neue Alltagslogistik muss her

Sein Direktor Dr. Steven Blair meint zu Recht: »Eine neue Alltagslogistik muss her, in der Bewegung ihren festen Platz hat – genau wie Zähneputzen. Der Mensch wird ja auch nicht mit einer Zahnbürste im Mund geboren, und trotzdem putzt er sich jeden Tag die Zähne.«

Verschaffen Sie sich regelmäßig Bewegung

Fitness und Gesundheit kann man leider nicht bequem kaufen, ebenso wenig wie die Motivation, aktiv zu werden. Für den Zustand des eigenen Körpers sind weder Ärzte noch die böse Umwelt zuständig – sondern nur Sie selbst. Es klingt banal, aber so ist es nun mal: Wenn Sie also Ihre körperliche Leistungsfähigkeit verbessern und erhalten wollen, sind Sie selbst gefordert.

»Iss richtig und beweg deinen Arsch!«
Susan Powter, amerikanische Fitnessqueen.

Wie Sie jederzeit im Alltag auf Trab kommen

- Gehen Sie Treppen, statt Lift oder Rolltreppe zu nehmen.
- Gehen Sie für Besorgungen (zur Post, zum Einkaufen) zu Fuß oder nehmen Sie das Fahrrad.

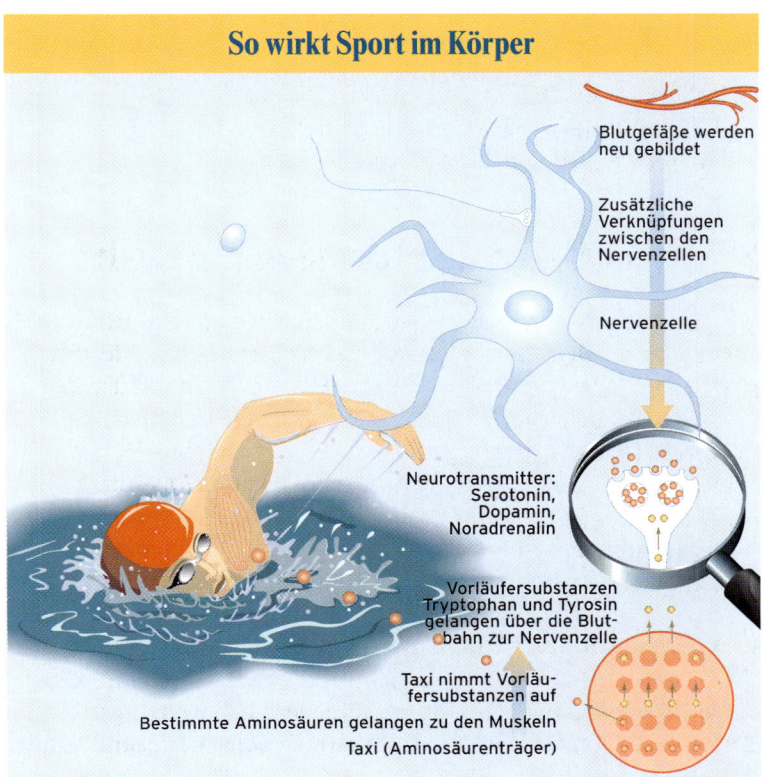

So wirkt Sport im Körper

Blutgefäße werden neu gebildet

Zusätzliche Verknüpfungen zwischen den Nervenzellen

Nervenzelle

Neurotransmitter: Serotonin, Dopamin, Noradrenalin

Vorläufersubstanzen Tryptophan und Tyrosin gelangen über die Blutbahn zur Nervenzelle

Taxi nimmt Vorläufersubstanzen auf

Bestimmte Aminosäuren gelangen zu den Muskeln

Taxi (Aminosäurenträger)

185

Was Sport bringt ...

Aus der Übersicht können Sie entnehmen, mit welchem Training Sie bestimmte Fähigkeiten und Eigenschaften stärken können, die auch im Job wichtig sind.

Sportart	Effekte für den Körper	Effekte für die Psyche	Transfereffekte für den Beruf
Ausdauersport (Radfahren, Joggen etc.)	Verbesserung des Herz-Kreislauf-Systems, Verringerung von Risikofaktoren, Gewichtsabnahme	Ausgeglichenheit, allgemeine Steigerung des Wohlbefindens, Zunahme der geistigen Ausdauerleistung	Erhöhte Stresstoleranz, bessere Belastbarkeit, stärkere Konzentrationsfähigkeit und Ausdauerleistung
Rückschlagspiele (Tennis, Squash etc.)	Förderung des Koordinationsvermögens und der Schnelligkeit, Verringerung der Risikofaktoren	Entspannung durch Anspannung. Der Wettkampfcharakter sorgt für Druck, der sofort wieder abgebaut wird.	Förderung der Selbstdisziplin und Konzentrationsfähigkeit; erhebliche Stärkung des Durchsetzungsvermögens
Skating (Inline, Rollschuh)	Verbesserung des Herz-Kreislauf-Systems, Verringerung von Risikofaktoren, Gewichtsabnahme	Gefühl der Leichtigkeit und der Harmonie mit sich selbst	Unkonventionelle Herangehensweise an Probleme, risikoreicheres Handeln
Fitnesstraining	Stärkung von Kraft und Ausdauer (Verringerung von Risikofaktoren), Stabilisierung und Aufbau der Muskulatur	Mehr Selbstbewusstsein durch gesteigerte Attraktivität, Entspannung	Erhöhte Disziplinfähigkeit (bei regelmäßigem Training), sichereres Auftreten (»aufrechter Gang«)
Tauchen	Stärkung der Beinmuskulatur bei gleichzeitiger Entlastung des Bewegungsapparats	Abtauchen in eine andere Welt, Entspannung durch das Naturerlebnis, Angstbewältigung	Sich ohne Angst »in unbekannten Gewässern« bewegen zu können; neue Aufgaben meistern
Körperbetonter Ballsport (Fußball, Handball etc.)	Stärkung von Schnelligkeit, Koordination und Ausdauer (Verringern von Risikofaktoren)	Aggressionsabbau, starkes Gemeinschaftsgefühl	Steigerung des Durchsetzungsvermögens, stark verbesserte Teamfähigkeit

186

Was Sport bringt ...

Aus der Übersicht können Sie entnehmen, mit welchem Training Sie bestimmte Fähigkeiten und Eigenschaften stärken können, die auch im Job wichtig sind.

Sportart	Effekte für den Körper	Effekte für die Psyche	Transfereffekte für den Beruf
Volleyball	Vor allem Training von Schnelligkeit und Koordination.	Extreme Teamorientierung (jeder individuelle Fehler wird sofort bestraft).	Verbesserung der Fehlertoleranz (bei sich und anderen).
Segeln	Lediglich mittlere Verbesserungsperspektiven bei der Koordination	Das Gefühl, »neue Horizonte« gesehen zu haben, regt die Fantasie an. Förderung des Verantwortungsbewusstseins.	Verbesserung der Fähigkeit, Probleme effizient zu beurteilen und zu lösen (das Denken »über den Horizont hinaus«)
Surfen	Stärkung der Rumpf- und Oberschenkelmuskulatur	Das Begreifen der eigenen Grenzen beim Spiel mit Wind und Wellen, Respekt empfinden.	Gegebenheiten anerkennen und respektieren, Dinge realistisch einschätzen können.
Tanzen	Sehr hohe Verbesserungsperspektive bei der Koordination, mittlere bei der Beweglichkeit	Stärkung des Selbstbewusstseins (Koordination komplexer Bewegungsabläufe), starkes Harmonieempfinden	Erhöhte Risikobereitschaft, etwas Neues auszuprobieren, Dinge zu realisieren, die man vorher für unmöglich hielt
Golf	Hohe Verbesserungsperspektiven bei der Koordination	Das positive Denken wird gefördert. Man lernt, komplexe Abläufe genau zu berechnen und umzusetzen.	Verbesserung der Konzentration, Erhöhung der Stresstoleranz
Kampfsport (Karate, Judo etc.)	Trainiert fast alle sportmotorischen Grundfertigkeiten in höchstem Maße (bis auf Ausdauer).	Förderung des Selbstwertgefühls	Führt zu mehr Gelassenheit, Selbstkontrolle und Standfestigkeit.
Flugsport (Gleitschirm etc.)	Ausdauer (bei Gleitschirmpiloten, die den Berg zu Fuß besteigen)	Glücksgefühle (Adrenalinausschüttung), mehr Selbstbewusstsein durch die Überwindung der Furcht	Weniger Angst vor wichtigen Entscheidungen – sie können schneller und präziser getroffen werden.

- Nutzen Sie die Mittagspause zu einem Spaziergang.
- Gehen Sie ein paar Minuten in höherem Tempo (Walking).
- Stehen und gehen Sie beim Telefonieren (fördert klares Denken).

Tatsächlich reicht es schon aus, wenn Sie täglich durch sportives Tun wenigstens 150 Kalorien verbrennen.

Wie lange Sie sich bewegen sollten, hängt von der Intensität und Frequenz (weniger Kraft, mehr Zeit) ab. Eine Viertelstunde Treppen steigen oder Schnee schaufeln haben die gleiche Wirkung wie 45 Minuten Volleyball.

Hilft viel Bewegung der geistigen Leistungsfähigkeit?

Rund die Hälfte der befragten Personen meinten, dass Training ihre geistige Leistungsfähigkeit positiv beeinflusst.

	Frauen	Männer	16–29 Jahre	30–45 Jahre
• Immer	51	50	44	56
• Manchmal	41	43	43	41
• Selten	8	4	11	1
• Nie	0	3	2	2

Alle Angaben in Prozent. Mehrfachnennungen möglich.
Quelle: Fit For Fun 6/1998, Seite 186.

Zu viel, zu fett, zu süß – das sind die Hauptmängel unserer alltäglichen Ernährung. Die meisten sind heute nur noch Sitzriesen – sie ernähren sich aber, als wären sie körperliche Schwerarbeiter.

Erfolgsfaktor bewusste Ernährung

Wer mehr von seinem Körper will, der muss ihm auch mehr geben – so simpel ist die Versorgungsformel für körperliche Bestform. »Der Mensch ist, was er isst« – manche Menschen können diesen alten Klassiker von einem gewissen Ludwig Feuerbach (1850) vielleicht schon nicht mehr hören. Aber besser lässt sich der enge Zusammenhang zwischen Ernährung, Körpergefühl und Leistung einfach nicht auf den Punkt bringen.

Vernünftige Ernährung, also die richtige Nahrung, die richtigen Mengen in der richtigen Zusammensetzung zum richtigen Zeitpunkt – auf diesen Erfolgsfaktor haben Sie großen Einfluss.

Zehn gute Gründe fürs Schlanksein

Schlanksein ist einfach gesünder. Das Risiko von Diabetes und Herzinfarkt sinkt. Schon fünf bis zehn Prozent weniger Gewicht senken Blutdruck und Cholesterin. Die Vorteile:

- Sie altern langsamer.
- Sie leben mit ziemlicher Sicherheit länger.
- Sie ersparen sich viele Selbstzweifel und Demütigungen.
- Sie wirken attraktiver.
- Sie haben mehr Spaß am Sex.
- Sie haben mehr Ausdauer.
- Sie sind leistungsfähiger.
- Sie haben bessere Karrierechancen.
- Sie fühlen sich einfach besser, stärker, selbstsicherer, belastbarer.

Die Risikofaktoren

Die allermeisten Krankheiten, von denen wir niedergestreckt werden, haben direkt mit unserer Lebensweise zu tun. Sie sind also vermeidbar. Zum Beispiel durch mehr Bewegung und Fitnesstraining oder Verzicht.

- Rauchen erhöht das Herzinfarktrisiko im Alter zwischen 30 und 50 Jahren um 500 Prozent.
- Dauerstress führt häufig zu Kopfschmerzen, Schwindelgefühlen, Herz-Kreislauf-Störungen, Verdauungsproblemen und auch zu sexuellen Störungen.
- Ein Cholesteringehalt von 250 Millilitern je 100 Milliliter Blut verdoppelt das Infarktrisiko. Wenn Sie es schaffen, Ihren Cholesterinspiegel um zehn Prozent zu senken (unter 200), reduzieren Sie das Risiko um 25 Prozent.
- Zu hoher Blutdruck kann Herz- oder Hirninfarkt auslösen.
- Falsche Ernährung gilt mittlerweile als Hauptursache für Leiden wie Arteriosklerose, Herzinfarkt, Diabetes, Magen-Darm-Erkrankungen, verschiedene Krebsarten – und natürlich Übergewicht.

Wie die Ernährung, so die Leistung. Wer sein Leben erfolgreich meistern will, sollte also bewusst auf die Ernährung achten.

189

Damit kommt dem, was wir täglich auf unseren Teller legen, eine immense Bedeutung zu. Das sollten wir allerdings nicht als Belastung empfinden, sondern als Chance werten: Wenn wir beizeiten den Grundstein legen, können wir durch eine bewusste Ernährung aktiv dazu beitragen, dass es uns besser geht – vor allem auch, wenn wir älter werden (wollen).

Die zehn goldenen Ernährungsregeln

1. Verbote sind verboten

Alles, was verboten ist, gewinnt an Reiz. Sie nehmen sich vor, keine Schokolade mehr zu essen – von dem Moment an denken Sie öfter denn je an die süße Versuchung, wetten? Umgekehrter Effekt: Stellen Sie sich vor, Sie müssten täglich eine Tafel Schokolade essen. Sofort entsteht innere Abwehr. Der Appetit ist gebremst. Essen Sie lieber mit Lust und Genuss, anstatt sich ständig mit dem zu beschäftigen, was Sie nicht essen sollten.

Unser Gehirn, das aus bis zu 100 Milliarden Neuronen besteht, beansprucht 25 Prozent (!) unseres gesamten Nährstoffbedarfs.

2. Frühstücken Sie

Wenn Sie schon morgens etwas essen (am allerbesten Müsli mit Obst), sinkt die Wahrscheinlichkeit, dass sich Ihr Essensrhythmus weiter in den Abend schiebt und Sie spät am Abend noch Hunger haben und dann zu viel essen.

3. Hören Sie auf Ihren Magen

Ignorieren Sie Ihr Hungergefühl nicht, sonst rächt sich Ihr Organismus mit Heißhunger. Essen Sie rechtzeitig eine Kleinigkeit (z. B. ein Stück Obst, Gemüse, Knäckebrot oder eine kleine Portion körnigen Frischkäse), wenn sich Ihr Magen knurrig meldet. Und vor allem: regelmäßig essen!

4. Essen Sie nur, was Sie mögen

Klingt banal, ist aber sehr wichtig: Essen soll Spaß machen. Wer auf Vorrat isst, obwohl er keinen richtigen Appetit mehr hat, verzehrt automatisch mehr. Außerdem ist ein gut trainierter Essinstinkt ein verlässlicher Wegweiser zu gesunder Ernährung.

Denn unsere innere Stimme führt meist zu der Nahrung, die wir gerade am dringendsten brauchen. Voraussetzung ist, dass die ursprünglichen Appetit- und Sättigungssignale nicht durch entgleiste Essgewohnheiten überlagert werden.

5. Essen Sie langsam

Es dauert 15 bis 25 Minuten, ehe der Magen Sättigungssignale ans Hirn schickt. Legen Sie zwischendurch mal das Besteck aus der Hand, wenn Sie sich nicht unnötig vollstopfen wollen. Essen Sie in kleinen Bissen. Warten Sie nach Möglichkeit zehn Minuten, ehe Sie einen Nachschlag verlangen.

Trinken Sie, bevor der Durst kommt. Durst ist ein Warnzeichen dafür, dass das Blutvolumen – und mithin auch die Leistungsfähigkeit – schon vermindert sind.

6. Essen Sie bewusst

Werden Sie zum Feinschmecker, der jeden Bissen genießt. Hastige Esser bringen sich nicht nur um den Genuss – sie futtern auch mehr, bis sie endlich das nötige Sättigungsgefühl spüren.

7. Vorfahrt für Beilagen

Nicht dem Fleisch gebürt der meiste Platz auf dem Teller, sondern den Beilagen: Kartoffeln, Reis, Nudeln, Gemüse verdoppeln, Fleisch halbieren. Diese Verteilung gewährleistet auf Dauer eine optimale Nährstoffversorgung.

8. Trinken Sie viel Wasser

Unser Körper braucht täglich zweieinhalb Liter Flüssigkeit. Während des Tages alle ein bis zwei Stunden ein Glas Mineral- oder Leitungswasser – das wäre ideal. Zischen Sie gleich nach dem Aufstehen ein Glas. Wasser drosselt deutlich den Appetit, ist also auch eine gute Vorbeugemaßnahme gegen späte Fressattacken. Ein Appetitzügler ist somit überflüssig.

9. Gehen Sie mit der Natur

Wer sich an das hält, was Jahreszeit und Landschaft zu bieten haben, fährt auf jeden Fall gesund. Frisches, naturbelassenes Obst und Gemüse der Saison ist in der Regel reif, hat genügend Sonne getankt, um den vollen Gehalt an Vitaminen und Mineralstoffen zu entwickeln. Außerdem sorgen die Jahreszeiten für Abwechslung und Genuss.

10. Werden Sie zum Pflanzenfresser

Pflanzliche Nahrung enthält die meisten gesundheitsfördernden Substanzen und ist dabei ausgesprochen fett- und kalorienarm. Erstens haben die in Obst und Gemüse enthaltenen Ballaststoffe (Pektine) im Magen-Darm-Trakt eine fettbindende Wirkung. Zweitens sind Sie schneller satt. Fünfmal täglich Obst und Gemüse und ein guter Teil davon als Rohkost wäre für eine gute Nährstoffversorgung optimal. Ein Beispiel, wie es ganz leicht funktioniert:

- Einmal frisches Obst zum Müsli
- Ein Glas Gemüsesaft (am besten frisch gepresst)
- Einmal gedünstetes Gemüse als Beilage
- Einmal frisches Obst als Pausensnack
- Eine nicht zu kleine Portion Salat

Bereichern Sie zusätzlich Ihren Speiseplan durch Nüsse und Sprossen! So sind Sie jederzeit bestens mit allen wichtigen Pflanzenschutzstoffen versorgt.

Wissenschaftler der University of California fanden heraus, dass sich die Konzentration erheblich erhöht, wenn man regelmäßig Sport treibt – außerdem entspannt man schneller.

Erfolgsfaktor bewusste Entspannung

Entspannung heißt das neue Zauberwort für den Weg nach oben. Keiner kann ständig nur auf Hochtouren laufen, auf der Überholspur leben, voll durchpowern. Sie können auf Dauer nur erfolgreich sein, wenn Sie trotz äußeren Drucks lässig, leistungsfähig und liebenswürdig bleiben. Wenn Sie in brenzligen Situationen einen kühlen Kopf bewahren, wenn Ihnen Konzentration und Kreativität nicht flöten gehen. Wenn Sie innerlich ausgeglichen sind. Wie fast immer im Leben kommt es auf ein gesundes Gleichgewicht an: auf ein ausgewogenes Verhältnis zwischen Arbeit und Muse, zwischen Anspannung und Entspannung. Erholung, Pausen zum Kräfte sammeln, Auszeiten müssen sein, sonst verlieren Sie Spannkraft, Gesundheit und brennen aus (Burnoutsyndrom). Auch hier kommt es also wieder auf Ihre Einstellung an.

Arbeiten Sie entspannter, wenn Sie Sport treiben?

Etwa jeder zweite Befragte gab an, dass ihm regelmäßiger Sport ein entspanntes Arbeiten ermöglicht.

	Frauen	Männer	16–29 Jahre	30–45 Jahre
Immer	36	37	32	41
Manchmal	51	52	54	50
Selten	7	8	8	7
Nie	6	3	6	2

Alle Angaben in Prozent. Mehrfachnennungen möglich.
Quelle: Fit For Fun 6/1998, Seite 190.

Wie Sie mehr Widerstandskraft gewinnen

- Akzeptieren Sie die eigenen Bedürfnisse.
- Gewinnen Sie eine positive Einstellung zu sich.
- Lachen Sie auch mal über sich selbst.
- Nehmen Sie sich Zeit für Dinge, die Sie gern tun.
- Lernen Sie, auch mal »Nein« zu sagen.
- Messen Sie sich nicht ständig mit anderen.
- Schaffen Sie sich Ruhe- und Rückzugszonen, um wieder zu Kräften zu kommen.
- Genießen Sie eigene Erfolge, ehe Sie wieder neue Herausforderungen anpacken.
- Versuchen Sie, den wunderbaren Sinnspruch des schwäbischen Theologen Friedrich Christoph Oetinger zu beherzigen:

> Herr, gib mir die Gelassenheit, die Dinge hinzunehmen,
> die ich nicht ändern kann.
> Verleihe mir den Mut, die Dinge zu ändern,
> die ich ändern kann,
> und schenke mir die Weisheit, das eine vom anderen
> zu unterscheiden.
>
> *Oetinger*

Wer vorankommen will, muss auch loslassen können – deshalb immer Ruhephasen und Rückzugszonen einplanen!

193

Entspannung heißt: Ent-Span-nung. In schwierigen Situationen also erst ein paar Mal tief durchatmen. So bekommen Sie wieder einen klaren Kopf.

Zehn leichte Wege, sich schnell zu entspannen

1. **Machen Sie mal Pause:** Unterbrechen Sie einfach eine für Sie stressige Situation. Sammeln Sie sich.

2. **Gehen Sie weg:** Verlassen Sie erst mal den Ort Ihres Ärgers, drehen Sie ihm den Rücken zu.

3. **Strecken Sie sich:** Stress erzeugt Muskelverspannungen. Wenn Sie Ihre Muskeln lockern, empfinden Sie weniger Anspannung.

4. **Kauen Sie:** Viele neigen bei Stress dazu, die Zähne aufeinander zu beißen. Lockern Sie Ihren Unterkiefer, schieben Sie ihn hin und her, so dass die Kiefermuskeln entspannen.

5. **Hören Sie Musik:** Mit speziellen Beruhigungskassetten (New Age, Softrock) können Sie sich erfolgreich besänftigen.

6. **Tauchen Sie in warmes Wasser:** Im Büro werden Sie kaum in eine Wanne steigen können, aber lassen Sie wenigstens heißes Wasser über die Hände (Puls) laufen. Das fördert wohltuend die Durchblutung.

7. **Durchatmen:** Wer gestresst ist, atmet automatisch schneller und flacher. Kopf hoch, Brust raus, Bauch rein. Entspannen Sie die Schultern, und atmen Sie bewusst ruhig, gleichmäßig und tief in den Bauch – mindestens zehn Minuten lang.

8. **Gähnen Sie:** Normalerweise signalisiert der Körper auf diese Weise sein Verlangen nach frischer Luft. Aber Gähnen ist auch die natürlichste Form der intensiven Tiefenatmung.

9. **Visualisieren Sie:** Schließen Sie die Augen, und tauchen Sie mit Ihrer Vorstellungskraft total und mit allen Sinnen in Ihre Lieblingskulisse ein. Etwa ans Meer oder auf eine Alm. Achten Sie auf Geräusche, Düfte, fühlen Sie den Wind, die Sonne.

10. **Schreien Sie sich frei:** Wenn Sie Aggressionen unterdrücken, Frust schieben oder Stress haben, laufen zahlreiche Körperfunktionen auf Hochtouren und belasten den Organismus. Befreien Sie sich durch eine alltagstaugliche Variante der Urschreitherapie. Trommeln Sie zusätzlich mit den Fäusten gegen eine Wand. Sie sollten das außer Hörweite tun, um sicher zu sein, dass niemand die weiß gekleideten Männer ruft.

Entspannung will gelernt sein

Immer mit der Ruhe? Nehmen Sie sich Zeit. Schaffen Sie sich eine angenehme Umgebung, einen behaglichen, ruhigen Raum. Oder gehen Sie an die frische Luft, in die Natur. Entspannung kann man nicht einfach nur wollen. Entspannung ist etwas Aktives. Zum Beispiel Sport. Entspannung muss man erfühlen und erleben. Zum Beispiel mit Hobbys oder als aktiv genutzte Freizeit. Entspannung heißt: ganz einfach loslassen, sich eine Weile ausklinken. Ganz bewusst und hingebungsvoll. Hier einige Beispiele:

- Spaziergang
- Schmökern
- Schmusen
- Saunabesuch
- Gartenarbeit
- Gemütlich Musik hören

Wenn in Ihrem Leben diese Balance zwischen Anspannung und Entspannung gestört ist, entsteht irgendwann unweigerlich ein Gefühl der Leere, der inneren Unruhe und Unzufriedenheit – des Misserfolgs. Sie empfinden Stress.

»Ich habe Stress« – dieser Satz taugt nicht mehr als Statussymbol. Gefragt sind jetzt eher Lässigkeit, Leichtigkeit, Liebenswürdigkeit – also Stressstabilität.

Wie Sie optimal mit Stress umgehen

Stress heißt eigentlich: Ich habe Angst, etwas nicht zu schaffen. Aber Stress muss nicht zwingend etwas Negatives, Stress kann auch durchaus eine positive Energiequelle sein. Stress ist immer ein subjektiver Faktor, der sich oft nur im eigenen Kopf entwickelt. Stressstabilität ist die Basis für jeden Erfolg. Diese Stressstabilität können Sie selbst steuern und trainieren.

Der erste Schritt ist einfach: Entscheiden Sie sich einfach gegen den Stress! Sie haben nämlich fast immer die Wahl: Sie können unabänderliche Tatsachen akzeptieren oder aber ständig gegen Windmühlen ankämpfen. Auch Stressreaktionen wie Angst, Ärger und Aufregung haben damit zu tun, wie hoch Ihre Stresstoleranz ist. Mit Stresstoleranz ist übrigens ein »dickes Fell« gemeint.

Der zweite Schritt ist nicht ganz so leicht: Finden Sie Distanz und die »richtige« (positive) Einstellung:

- Zu sich selbst und zu anderen
- Zu Umständen und Ereignissen

Tipp: Notieren Sie abends ruhig mal, über was Sie sich so richtig geärgert haben, warum Sie zum Beispiel neidisch oder frustriert waren, aber auch, was Sie erfreut, beglückt und befriedigt hat. So lernen Sie sich besser kennen und sehen, in welchen Situationen Ihnen mehr Gelassenheit gut täte.

»Gelassenheit ist die angenehmste Form des Selbstbewusstseins.«
Marie von Ebner-Eschenbach

Entspannung fördert die Kreativität

Entspannung ist auch die Basis für Kreativität. »Jede gute Idee«, so der Psychoanalytiker C. G. Jung, »ist aus der Imagination hervorgegangen, aus einer infantilen Fantasie.« Mit dem Ziel, sich in die rechte schöpferische und intuitive Gehirnhemisphäre einzuklinken, hat Jung die »Aktive Imagination« entwickelt: Das Objekt der Betrachtung kann ein Traum sein, ein Gemälde, ein Gedicht. An einem ruhigen Ort werden erst Details (Bildausschnitte, sprachliche Formen), dann das Kunstwerk als Ganzes erfasst. Es geht nicht darum, zu analysieren, sondern freie Assoziationen in Gang zu setzen. Alle Vorstellungen, Erinnerungen und Gefühle sind dabei willkommen. Die Vernunft sollten Sie zunächst ausschalten. Hinterher können Sie die aufgetauchten Bilder festhalten: entweder aufschreiben oder in ein Diktiergerät sprechen – danach erst objektivieren.

Haben Sie nach dem Training bessere Ideen?

Nur zwei Prozent der 30- bis 45-Jährigen gaben an, dass Training ihre Kreativität nicht verbessert.

	Frauen	Männer	16–29 Jahre	30–45 Jahre
Immer	15	31	21	28
Manchmal	56	50	45	60
Selten	23	16	27	10
Nie	6	3	7	2

Alle Angaben in Prozent. Mehrfachnennungen möglich.
Quelle: Fit For Fun 6/1998, Seite 188.

Wirksame Entspannung durch Anspannung

Wenn Sie beispielsweise nach einem anstrengenden Tag nicht abschalten können, wirkt Progressive Muskelentspannung Wunder. Bei dieser Methode nach Dr. Edmund Jacobson geht der Entspannung zunächst eine Muskelanspannung voraus.

- Legen Sie sich bequem hin. Schließen Sie die Augen. Ballen Sie die rechte Hand maximal zur Faust und spüren Sie die Spannung in Ihrer Faust. Halten Sie diese Spannung einige Sekunden lang und heben Sie dann diese Anspannung wieder auf. Konzentrieren Sie sich jetzt darauf, wie locker sich Ihr rechter Arm anfühlt. Ruhen Sie sich aus und fühlen Sie die Entspannung ganz bewusst.
- Lenken Sie die Aufmerksamkeit auf Ihre linke Hand, ballen, spannen und entspannen Sie sie in gleicher Weise.
- Konzentrieren Sie sich danach wieder auf die rechte Hand, den rechten Unterarm und den rechten Oberarm.
- Dann auf die linke Hand, den linken Unterarm und Oberarm.
- Dann auf Ihr Gesicht. Spannen Sie die Gesichtsmuskeln an, runzeln Sie die Stirn, ziehen Sie die Mundwinkel zurück. Beißen Sie die Zähne aufeinander, und halten Sie die Spannung. Entspannen. Noch einmal dasselbe.
- Konzentrieren Sie sich auf Ihre Nacken- und Rückenmuskeln.
- Atmen Sie ganz tief ein – und noch etwas tiefer –, und halten Sie den Atem an. Lassen Sie den Atem hinausströmen. Atmen Sie noch ein paar Mal tief und ganz ruhig und gleichmäßig.
- Lenken Sie Ihre Aufmerksamkeit auf Ihr rechtes Bein.
- Lenken Sie Ihre Aufmerksamkeit auf Ihr linkes Bein.

»Meditation ist keine Flucht aus der Wirklichkeit, sondern eine gelassene Begegnung mit der Wirklichkeit.« *Thich Nhat Hanh (»Das Wunder der Achtsamkeit«).*

Meditation

Der Schlüssel zum »Inner Management« ist die Meditation. Ziel der Übungen ist die Erschließung körperlicher, emotionaler und intellektueller Ressourcen. Allen Meditationstechniken ist gemein:

- Der Rückzug vor äußeren Sinneseindrücken.
- die Konzentration auf ein inneres, meditatives Objekt. Das kann – wie bei den Hinduisten – ein Mantra oder eine Kerze sein. Oder – wie bei den Buddhisten – Atem, Haltung oder ein k'òan (paradoxes Problem).

Es gelten drei Grundregeln für die Meditation:

Hatten Sie schon Vorteile durch Sport?

Für diese Befragung wurden ausschließlich Personen mit »guter« oder »sehr guter« Fitness herangezogen. Die meisten profitieren im Beruf von ihrer Fitness.

	Frauen	Männer	Gesamt
• Hatte weniger Probleme, einen Job zu finden.	25	18	21
• Wurde schneller befördert.	0	6	3
• Hatte besseres Ansehen bei den Kollegen.	13	27	20
• Wurde vom Chef als besser eingeschätzt.	12	19	16
• Sonstiges	22	21	21
• Hatte keine Vorteile.	43	43	43

Alle Angaben in Prozent. Mehrfachnennungen möglich.
Quelle: Fit For Fun 11/1997, Seite 175.

Die meisten Entspannungsmethoden kann man leicht in Kursen erlernen, zum Beispiel an der Volkshochschule.

1. Aufrechte, aber entspannte Körperhaltung einnehmen. Klassisch: Lotus- oder Halblotussitz (auf dem Boden, Beine gekreuzt, die Füße ruhen auf den Oberschenkeln). Zur Not: aufrecht auf die Vorderkante eines Stuhls setzen.
2. Der Atemrhythmus wird nicht beeinflusst, nur beobachtet. Im Lauf der Meditation wird die Atmung ruhiger und tiefer.
3. Eine entspannte, konzentrierte Geisteshaltung im »überwachen« Zustand. Alle Gedanken und Empfindungen werden aufmerksam, aber mit Distanz und innerlich unbeteiligt, wahrgenommen. So als ob Sie an einem Flussufer sitzen, auf das Rauschen hören und das Wasser vorbeiziehen sehen, ohne nachzudenken ...

Entspannungstherapien

Wenn Sie diese klassische Muskelrelaxation beherrschen, werden Sie andere Entspannungstechniken leichter lernen. Die populärsten:

- Autogenes Training, Bioenergetik, Feldenkrais
- Akupressur, Yoga, Shiatsu

Erfolgsfaktor Zeit

Zeit ist kostbar – zu kostbar, um sie zu verschwenden oder damit gedankenlos umzugehen. Es ist in jeder Sekunde Ihre Zeit, die Sie verbrauchen. Sie sollten also mit Ihrer Zeit sehr sorgsam umgehen. Wer immer gehetzt (»leider im Moment keine Zeit«) und ohne Muße (»hätte ich doch mehr Zeit«) durch die Kalenderwochen eilt, macht grundsätzlich etwas falsch. Nutzen Sie Ihre Zeit besser.

Ihre Zeit ist begrenzt. Erfolglose Menschen verschwenden ihre Zeit. Erfolgreiche Menschen nutzen ihre Zeit.

Planen Sie – aber nicht blind

Planen Sie, aber verplanen Sie sich nicht. Zeitchaos entsteht, weil wir Dinge, die wir ungern tun, verdrängen oder immer wieder aufschieben. Weil wir falsch einschätzen, wie viel Zeit wir Menschen widmen oder für Aufgaben brauchen. Entlarven Sie Ihre Zeitdiebe (Aufschieberitis, Papierflut, Unordnung, unangemeldeter Besuch, überflüssige Besprechungen, Telefonitis, Nicht-Nein-sagen-Können) und ändern Sie, was möglich ist. Zeitmanagement ist Selbstmanagement. Unverzichtbare Standards sind:

- Tagesplan aufstellen.
- Arbeit nach Wichtigkeit (First things first) ordnen und erledigen.
- Täglich zwei Stunden Arbeitszeit »am Stück« schaffen und nutzen.
- Produktive Stunden (Leistungshoch) konsequent nutzen.
- Immer nur auf eine Aufgabe konzentrieren.
- Zeitlimits für eigene Aufgaben und Besprechungen setzen.
- Zeitzonen als Puffer einbauen.

Fünf wichtige Fragen für Ihre Zeitplanung:

1. Was will ich?

2. Was muss getan werden?

3. Worauf kommt es an?

4. Wie setze ich es um?

5. Was kann ich besser machen?

Kleine Pausen als Puffer

Kein Mensch kommt ohne Pausen aus. Denken Sie an Unvorhergesehenes. Planen Sie immer Zeitpuffer ein. Außerdem ist eine regelmäßige kurze Pause wichtig, in der man gewissermaßen die Zeit anhält. In dieser stillen Viertelstunde sollten Sie Ihren Tagestrott unterbrechen, durchatmen und den Stand der Dinge für sich klären:

- Habe ich etwas Wichtiges versäumt?
- Welche Aufgaben kann ich delegieren?
- Wo finde ich Problemlösungen?
- Kann ich meine Entscheidung auch morgen noch verantworten?
- Brauche ich vielleicht mal eine längere Pause (Urlaub)?

WIE ICH ANDERE FÜR MICH UND MEINE ZIELE GEWINNE

Niemand ist eine Insel. Wir Menschen sind nun mal soziale Wesen. Auch wenn wir es vielleicht nicht wollen oder nicht wahrhaben wollen: Wir können nicht ohne andere Menschen auskommen. Wir müssen auf andere Rücksicht nehmen. Wir sind mehr oder weniger auf die Hilfe anderer angewiesen. Wir müssen uns arrangieren. Kaum einer kann ganz allein Karriere machen.

Niemand ist eine Insel. Wir sollten wissen, wie wir bei anderen ankommen. Und wie wichtig es ist, bei anderen gut anzukommen. Denn Fachwissen allein bringt noch keinen Erfolg. »Nur 15 Prozent des Erfolges basieren auf Know-how«, behauptet Brian Tracy, Amerikas anerkannter Erfolgstrainer. Viel wichtiger seien persönliche Qualitäten wie eine positive Ausstrahlung, Energie, Charme, sicheres Auftreten, Begeisterungsfähigkeit, Kommunikationsstärke.

Die Kunst, mit anderen erfolgreich umzugehen

»Der Schlüssel zum Erfolg sind nicht Informationen. Es sind Menschen.«
Lee Iacocca

Tracys Prozentzahlen mögen umstritten sein. Trotzdem: Die Tendenz seiner überraschenden Aussage stimmt: Fachwissen wird häufig überschätzt, während der Erfolgsfaktor Persönlichkeit vielfach noch total unterschätzt wird. Erfolg hängt ganz wesentlich auch davon ab, dass wir wissen, wie wir andere für uns gewinnen. Mit anderen Worten: Erfolg ist die Kunst, richtig mit Menschen umzugehen. Niemand ist eine Insel – und das ist gut so. Es gibt immer Menschen, die uns

Jeder von uns bevorzugt einen der Sinne. Wir sind entweder für Sehen, Hören oder Fühlen besonders empfänglich.

Kanal. Jeder Mensch nutzt alle, hat aber seinen Lieblingskanal. Für visuelle Typen sind die Augen der wichtigste Informationskanal. Sie liefern schon in ihrer Sprache Hinweise darauf: »Ich sehe schon, was du meinst.« Auditive Menschen bevorzugen Sätze wie: »Das hört sich aber gut an. Das klingt sehr vernünftig.«

Für Kinästheten steht bei allem das Gefühl obenan. Wenn sich zwei Menschen auf unterschiedlichen Sinneskanälen bewegen, kann es leicht zu Missverständnissen oder Konflikten kommen. Welchen Informationskanal ein Mensch bevorzugt, lässt sich meist unschwer erkennen.

Der visuelle Typ

- Lieblingsfloskeln: »Das sehe ich nicht ein. Ich habe folgende Vorstellung. Ich sehe Ihren Standpunkt. Das sind ja trübe Aussichten. Er hat keinen Blick für ...«
- Atmung: hoch im Brustkorb
- Körperhaltung: aufrechte Haltung, gestreckter Hals, Kinn etwas nach vorne geschoben
- Stimme: hoch, manchmal leicht gequetscht, Schnellsprecher

Der auditive Typ

- Lieblingsfloskeln: »Ich höre! Ich verstehe nur Bahnhof. Du bist wohl taub für sowas? Das klingt vernünftig ...«
- Atmung: im ganzen Brustkorb
- Körperhaltung: zurückgezogene Schultern, Kopf leicht zur Seite geneigt
- Stimme: mittlere Höhe, mittleres Sprechtempo, ziemlich gleichmäßiger Redefluss

Der kinästhetische Typ

- Lieblingsfloskeln: »Ich habe das Gefühl, dass ... Bei mir entsteht da ein ganz komisches Gefühl, Ich fühle mich nicht wohl dabei. Begreifst du das? Da gibt es nichts dran zu rütteln ...«
- Atmung: im ganzen Brustkorb
- Körperhaltung: entspannte, hängende Schultern, leichter Rundrücken
- Stimme: tief, langsames Sprechtempo

Kommunikation kommt von gemeinsam

Kommunikation ist mehr als verbaler Informationsaustausch. Das Wort kommt aus dem Lateinischen (»communis« = gemeinsam) und bedeutet gemeinschaftlich. Es ist falsch, wenn Sie glauben, bei Kommunikation komme es vor allem auf die geschickte Wahl der Worte an. Das allein reicht noch nicht. Untersuchungen haben gezeigt, was wirklich beim Kommunizieren ausschlaggebend ist:

- Die Worte (Inhalt): 7 Prozent
- Die Stimme: 38 Prozent
- Die Physiologie (Körpersprache): 55 Prozent

Was nützt die genialste Idee, wenn wir nicht andere Menschen dafür gewinnen können?

»Der Ton macht die Musik.« Diesen schlauen Satz haben wir alle schon mal gehört. Aber wer zieht schon ins Kalkül, wie wichtig darüber hinaus der Gesichtsausdruck (Mimik), die Gebärden (Gestik), die Bewegungen, die Haltung sind, wenn Kommunikation wirklich erfolgreich sein soll!?

Körpersprache und Erfolg

»You never get a second chance to make a first impression.« *Werbespruch*

Noch bevor die ersten Worte gewechselt sind, werden über unseren Körper mehr Informationen ausgetauscht, als uns vielleicht bewusst ist. Erfolg ist sichtbar. Die meisten glauben, schon in Sekundenbruchteilen sagen zu können, ob sie einem Looser oder einem Erfolgstypen gegenüberstehen – weil sich Sicherheit und Unsicherheit, Kompetenz oder Unvermögen, auch deutlich im Auftreten, in der Körpersprache ausdrücken. Beachten Sie unbedingt: Die Körpersprache eines Menschen ist ausschlaggebend für eine positive oder negative Einschätzung einer Person.

Die Macht des ersten Augenblicks

Das erste Urteil basiert auf dem ersten Eindruck. Natürlich entstehen dabei Fehlurteile. Aber eine zweite Chance, den ersten Eindruck zu korrigieren, gibt es dennoch selten. Deshalb ist der erste Eindruck, den wir machen, so unerhört wichtig.

Die »Allmacht der persönlichen Ausstrahlung« fasste Bernard Tapie, ein smarter Selfmademann, der sich vom Kohlenträger vorübergehend zum milliardenschweren Unternehmer (Olympique Marseille, adidas) hocharbeitete, in eine knappe Formel. Er nennt sie die »drei Zwanziger«:

- Die zwanzig Zentimeter des Gesichts
- Die ersten zwanzig Sekunden (atmosphärisch)
- Die ersten zwanzig Worte eines Gesprächs

Eindruck – den hinterlassen manche nur, wenn sie in den Schnee fallen.
Anonym

Menschenkenntnis in Kurzfassung. Unternehmer Tapie machte die Regel der »drei Zwanziger« sozusagen zum Hausgesetz, nach dem auch seine Mitarbeiter, die neue Mitarbeiter einstellten, handelten. Tapies Empfehlung für Wirkung und Ausstrahlung: »Man muss den Dolchstoß sofort ausführen, man muss sofort eine wesentliche Seite seiner Persönlichkeit zeigen.«

Mein Selbstbild: Wie wirke ich auf andere?

Der erste Eindruck: positiv ⟶ negativ

Mein Auftreten	selbstbewusst	10 9 8 7 6 5 4 3 2 1	verschüchtert
Meine Kleidung	stilvoll	10 9 8 7 6 5 4 3 2 1	stillos
Meine Schuhe	sauber	10 9 8 7 6 5 4 3 2 1	vernachlässigt
Meine Frisur	gepflegt	10 9 8 7 6 5 4 3 2 1	ungepflegt
Körperliche Erscheinung	fit	10 9 8 7 6 5 4 3 2 1	unästhetisch

Meine Ausstrahlung:			
	offen	10 9 8 7 6 5 4 3 2 1	schüchtern
	kompetent	10 9 8 7 6 5 4 3 2 1	inkompetent
	dynamisch	10 9 8 7 6 5 4 3 2 1	lasch
	freundlich	10 9 8 7 6 5 4 3 2 1	unfreundlich
	gelassen	10 9 8 7 6 5 4 3 2 1	hektisch
	sicher	10 9 8 7 6 5 4 3 2 1	unsicher
	begeisternd	10 9 8 7 6 5 4 3 2 1	langweilig

Meine Sprache:			
	verständlich	10 9 8 7 6 5 4 3 2 1	unverständlich
	einfach	10 9 8 7 6 5 4 3 2 1	verwirrend
	selbstsicher	10 9 8 7 6 5 4 3 2 1	unsicher

Wie sehen mich die anderen?

Wenn Sie ein realistisches Bild Ihrer Person bekommen wollen, sollten Sie diesen Test fortsetzen. Lassen Sie sich von fünf Ihrer Bekannten und nach diesem Test einschätzen. Die Durchschnittswerte ergeben ein gutes Spiegelbild. Und dann noch von fünf völlig Fremden. Warum Fremde? Genau dies ist eine normale Alltagssituation.

Kommunikation – Basis für erfolgreiches Handeln

Einfühlungsvermögen, Verständnis und Kompromissbereitschaft sind fundamentale Voraussetzungen für erfolgreiches Handeln.

Tun wir bitte nicht so, als wären Sprichwörter immer Schrott. »Der Ton macht die Musik«, »Eine Hand wäscht die andere« oder »Wie man in den Wald hineinruft, so schallt es heraus.« – In solchen Sprichwörtern steckt Wahrheit, Weisheit – und ganz Wesentliches über Kommunikation.

Wer durch sein Handeln gute Resultate erzielen will, muss gut kommunizieren können. Um erfolgreich zu handeln, sollte man sein eigenes Ziel nicht auf Biegen und Brechen durchsetzen, sondern in Übereinstimmung mit dem anderen. Dazu ist ein Kompromiss nötig – und Kompromisse müssen ausgehandelt werden (= »Win-Win«-Prinzip). Und dazu sind wiederum Kompromissbereitschaft und Verständnis für den anderen fundamentale Voraussetzungen. Jeder Mensch hat den Wunsch, verstanden zu werden und möchte bei anderen Verständnis finden.

Was das gegenseitige Verständnis fördert

Gute zwischenmenschliche Beziehungen zeichnen sich durch die folgenden Faktoren aus:
- Offen sein
- Sich Zeit nehmen
- Interesse zeigen

- Sich einfühlen können (in die Lage des anderen versetzen)
- Rücksicht nehmen
- Engagiert zuhören (Blickkontakt halten, durch Körpersprache Interesse signalisieren, nicht ablenken lassen)
- Den anderen ausreden lassen
- Vertiefend nachfragen
- Gemeinsam nach Problemlösungen suchen

Ein Mensch, der aus seiner Mitte lebt, wird zum Mittelpunkt.

Wie Sie gut mit Leuten klarkommen

Komplizierter Umgang auf einen einfachen Nenner gebracht: Der amerikanische Idealist Dr. Norman Vincent Peale inspiriert mit Büchern und Tonkassetten seit vielen Jahren Millionen von Menschen. Hier seine wichtigsten Regeln für bessere Beziehungen:

- Lernen Sie, sich Namen besser zu merken. Es gefällt anderen Menschen, wenn man sich an sie erinnert.

- Seien Sie umgänglich. Machen Sie es anderen leicht, mit Ihnen zu reden und umzugehen.

- Zeigen Sie Interesse an anderen Menschen. Werden Sie zu dem, den Sie selbst gern um sich hätten.

- Versuchen Sie, immer von anderen zu lernen. Erwecken Sie nie den Eindruck, Sie wüssten alles – und alles besser.

- Respektieren Sie die Meinung anderer.

- Arbeiten Sie an Ihren Umgangsformen. Seien Sie wohlwollend, höflich, taktvoll.

- Werden Sie zum Schlichter. Bemühen Sie sich, Missverständnisse aufzuklären.

- Schauen Sie über die Schwächen und Fehler anderer großzügiger hinweg.

- Unterstützen Sie andere. Ermutigen Sie sie, helfen Sie, sagen Sie ihnen, wenn Ihnen etwas gut gefällt.

Wie Sie durch engagiertes Zuhören motivieren können

Zwischen Hören und Zuhören besteht ein fundamentaler Unterschied. Als aufmerksamer und verständnisvoller Zuhörer schaffen Sie schon mal ein gutes Gesprächsklima – eine wichtige Voraussetzung, wenn ein Gespräch konstruktiv sein soll. Wie Sie Ihren Gesprächspartner zusätzlich durch positive Verstärkung gewinnen:

- Drücken Sie ihm zunächst Ihr Dankeschön aus.
- Sagen Sie ihm genau, was er gut gemacht hat (Anerkennung).
- Sagen Sie ihm, was sein Einsatz gebracht hat (Nutzen).

Wer die Kunst des Zuhörens beherrscht, zieht andere an. Denn er gibt ihnen das gute Gefühl, dass sie wichtig sind.

Welche Eigenschaften für gute Beziehungen schlecht sind

- Arroganz
- Argwohn
- Selbstgefälligkeit
- Selbstsucht
- Egozentrik (»Ich weiß sowieso alles besser«)
- Habgier
- Mangelnde Höflichkeit
- Schlechtes Benehmen
- Negative Lebenseinstellung
- Vorurteile
- Ungeduld
- Unberechenbarkeit
- Unbeherrschtheit

Höflichkeit und Pünktlichkeit

Über die guten, alten königlichen Tugenden Höflichkeit und Pünktlichkeit mögen manche ja spotten: Pünktlichkeit, das sei die Kunst, nicht ganz so viel zu spät zu kommen wie der andere. Und Höflichkeit sei der Versuch, den anderen so zu sehen, wie er nicht ist ...

Auch wenn es für manche uncool erscheinen mag: Pünktlichkeit ist auch heute noch eine persönliche Visitenkarte, die zählt. Und Höflichkeit sieht Heinz Commer (»Das Erfolgs-ABC für das In- und Ausland«) als »wichtige Brücke für unsere Zukunft, unsere Karriere, unser Leben insgesamt, insbesondere im Beruf«.

Erfolgsfaktor Lächeln
• Lächeln Sie also möglichst oft.
• Lächeln Sie am Telefon. Ob Sie es glauben oder nicht – so schaffen Sie ein positives Gesprächsklima.
• Lächeln Sie, wenn Sie sich ärgern. Das hebt Ihre Stimmung.
• Lächeln Sie, wenn der andere verärgert ist. Das kann versöhnlich sein (wenn Sie nicht gerade süffisant grinsen).
• Lächeln Sie täglich zweimal eine halbe Minute lang in den Spiegel. Kann sein, dass Sie sich dabei zunächst albern vorkommen. Aber Sie werden sich hinterher besser fühlen.

Wenn Sie lächeln, werden sofort Freudehormone ausgeschüttet. Dieser neurophysiologische Vorgang läuft auch dann ab, wenn Sie das Lächeln nur spielen.

Mit Humor geht alles leichter. Viele nehmen sich leider viel zu ernst. Dabei relativieren sich die meisten Probleme, wenn man über sich selbst lachen kann. Außerdem erleichtert es die Kommunikation: Jedes Lächeln ist ein Eisbrecher. Denn wer lächelt, hat automatisch einen positiven Körperausdruck. Durch ein Lächeln, wenn Sie Ihre Mundwinkel anheben, aktivieren Sie automatisch eine Muskelgruppe unterhalb Ihres Auges, die ein positives Signal zum Gehirn leitet. Sofort werden Freudehormone ausgeschüttet – dieser neurophysiologische Vorgang ist immer gleich. Egal, ob Sie wirklich Grund zum Lächeln haben oder das Lächeln nur spielen.

»Ein Lächeln steigert den Wert Ihres Gesichts!«
Inschrift an einem Londoner Geschäft

Wie Sie Konflikte konstruktiv lösen können

Mensch, ärgere dich mal! Aber bitte selbstkontrolliert! Lassen Sie nie zu, dass sich ungewollte Gefühle aufstauen. Konflikte sind oft unvermeidlich. Und sie sind eine große Chance: Sie helfen – richtig geführt –, unangenehme Situationen zu klären. Ungewollte Gefühlsausbrüche, Unbeherrschtheit schaden nur.

Wie Sie mit Unmut, Ärger und Wut richtig umgehen

- Warten Sie einen geeigneten Zeitpunkt ab.
- Ihr erster Gedanke muss sein: Wie finde ich eine Lösung. Nicht: wie kann ich als Sieger aus dem Konflikt kommen.
- Überlegen Sie vorher, was Sie sagen wollen.
- Konfrontieren Sie den Menschen, über den Sie sich geärgert haben, nur unter vier Augen mit ihren Gefühlen.
- Klären Sie für sich, wie viel Anteil Sie an der Konfrontation haben.
- Grenzen Sie ein, worüber Sie sich ärgern. Oft fehlt der Glaube, eine Situation zu ändern.
- Fragen Sie sich, ob die Sache überhaupt die Aufregung wert ist. Kommentieren Sie nur das Verhalten, das Sie erzürnt, nicht die Person, die Sie geärgert hat.

> **»Ärger ist ein Wind, der die Lampe der Vernunft ausbläst.«**
> *Robert Ingersoll*

Wenn es dann doch zum offenen Schlagabtausch kommt, beachten Sie die folgenden Punkte:

- Haben Sie Respekt vor Ihrem Kontrahenten.
- Atmen Sie dreimal tief durch. Versuchen Sie, ruhiger zu werden.
- Lassen Sie sich nicht provozieren.
- Fragen Sie sich: Warum tut der andere, was er tut? Was sind seine Motive? Weisen Sie ihn in seine Schranken.
- Werden Sie nicht beleidigend oder ausfallend.
- Versuchen Sie, nicht auszuweichen oder abzulenken. Schließlich wollen Sie ja etwas klären.
- Lassen Sie Ihr Gegenüber ausreden. Die Stimmung eskaliert, wenn sich Brüllaffen dauernd gegenseitig ins Wort fallen.

Die sieben Schritte zum persönlichen Power-Team

Menschen sind Ihre wichtigste Kraftquelle. Umgeben Sie sich deshalb vor allem mit Menschen, die entweder so sind, wie Sie sein wollen oder die Ihnen auf Ihrem Weg behilflich sein können.

Normalerwiese haben Sie Menschen um sich, die so sind wie Sie. Dies bedeutet, dass diese sich auf Ihrer Stufe aufhalten. Damit Sie auf Ihrer Erfolgstreppe die nächste Stufe erklimmen, müssen Sie möglichst viele Menschen der nächst höheren Stufe um sich haben.

Jede Begegnung beeinflusst und prägt. Vergleichen Sie jeden Kontakt mit einem Teilchen aus einem Puzzlespiel. Vielleicht stammen einige Teile noch aus Ihrer Kindheit. Doch Ihre Vergangenheit ist nicht Ihre Zukunft. Übernehmen Sie die Verantwortung, und gestalten Sie Ihre Umgebung nach Ihren Vorstellungen.

1. Bestimmen Sie Ihr Ziel

Verdeutlichen Sie sich wiederum, was genau Ihr Ziel ist. Beantworten Sie sich die Frage: Wo will ich hin?

2. Machen Sie eine Standortanalyse

Beantworten Sie schriftlich folgende Fragen:
- Mit wem umgebe ich mich zur Zeit?
- Helfen mir diese Menschen auf dem Weg zu meinem Ziel?
- Sind diese Menschen so, wie ich sein will?

3. Ziehen Sie Konsequenzen

Fragen Sie sich nach jedem Treffen mit Ihren bisherigen Teamspielern, was es in Ihnen verursacht hat. Sind Sie völlig motiviert (100 Prozent) oder gänzlich demotiviert (0 Prozent). Haben Sie etwas gelernt (100 Prozent) oder war es Zeitverschwendung (0 Prozent)? Wenn Sie durch diese Menschen öfters unter die 70-Prozent-Grenze gelangen, dann wird es Zeit, dass Sie sich neu orientieren. Haben Sie den Mut, sich von Menschen zu trennen, die Sie in Ihrer Entwicklung behindern. Diese Negativlinge sind oft eine Quelle für Probleme.

Trennung kann kurzfristig hart und schmerzhaft sein, vielleicht werden Sie ein paar alte Bekannte verlieren. Doch für Ihren persönlichen Erfolg müssen Sie die Latte Ihrer eigenen Lebensqualität überspringen.

4. Stellen Sie sich Ihr Dream-Team zusammen

Beantworten Sie sich folgende Fragen:
- Wen hätte ich gern in meinem Team?
- Wer gibt mir neue Ideen, Energien und Sichtweisen?
- Wer bringt mich wirklich voran?

5. Nehmen Sie Kontakt auf

Sie müssen dabei Antworten auf die Fragen finden:
- Wer kennt die entsprechende Person?
- Wie kann ich sie kennen lernen?
- Was interessiert mich an ihr besonders?

6. Vorleistung bringen

Die nächste Frage darf nun nicht lauten: Was gibt mir diese Person?, sondern: Was kann ich für diesen Menschen tun? Wenn Sie sich in Ihrem Garten blühende Rosen wünschen, dann müssen Sie beizeiten Rosenstöcke setzen. Damit Sie besonderen Menschen etwas bieten können, müssen Sie am besten selbst in einer Sache außergewöhnlich gut sein. Dies bedeutet in der Konsequenz, dass Sie sich auf Ihre Stärken konzentrieren und diese weiter ausbauen. Denn wenn Sie in einer Sache erfolgreich sind, dann werden Sie automatisch für andere erfolgreiche Menschen interessant.

7. Pflegen Sie Ihre Teamspieler

Es ist noch nicht damit getan, besondere Spieler in Ihr Team zu holen. Das Kunststück besteht darin, die Kontakte zu pflegen und dafür zu sorgen, dass diese Menschen sich in Ihrem Team wohl fühlen. Wenn Sie die Beziehung zu Ihren Teamspielern verbessern wollen, müssen Sie entweder mehr Zeit mit den Menschen verbringen oder die emotionale Intensität zu ihnen steigern. Ganz wichtig dabei ist: Die Mitspieler müssen von Ihrem Team begeistert sein – und bleiben. Wenn Sie mit positiven Menschen – im Freundeskreis, in der Familie, im Beruf, in Vereinen und Verbänden – zusammen sind, werden Sie neue Energiequellen erschließen, Ihre Kreativität besser aktivieren und mit Begeisterung neue Dinge ins Handeln bringen.

Werden Sie zum Zauberer! Schaffen Sie jeden Tag mindestens fünf magische Momente. Was Sie geben, wird direkt oder indirekt wieder zu Ihnen zurückkehren.

Magische Momente

- Magische Momente sind Augenblicke, in denen Sie Ihre Umwelt gewissermaßen verzaubern: durch geistreiche Komplimente, durch ein ehrliches Lob oder fantasievolles Geschenk.
- Manchmal ist es eine Rose, eine Einladung zum Essen, herzliche Worte oder eine Notiz. Sie können andere »verzaubern«, wenn sie durch Ihre Aktion positiv überrascht werden.

Stellen Sie auf einer Liste die Teamspieler zusammen, mit denen Sie in Zukunft erfolgreich sein werden. Überlegen Sie, welche magischen Momente Sie ihnen in den nächsten Tagen bescheren können. Am Besten fangen Sie sofort damit an!

WIE ICH AN MEINEM ERFOLGSKONZEPT FESTHALTE

Haben Sie schon mal beobachtet, dass es kurz vor der Dämmerung am dunkelsten ist. So ist das prinzipiell auch in puncto Erfolg. Bevor Sie die nächste Stufe Ihrer Erfolgstreppe erklimmen können, schlagen erst einmal für Sie dunkle Stunden: der Test, ob Sie bereit sind für die nächste Ebene.

Denken Sie an vergangene Rückschläge. Hatten Sie nicht immer zwei Konsequenzen? Entweder, Sie haben an dieser Stelle Ihre Kräfte konzentriert und sind auf die nächst höhere Stufe gegangen. Oder: Sie sind der Versuchung erlegen und in alte Verhaltensformen zurückgefallen. Das Letztere, der Rückfall in die Komfortzone, war sicher angenehm, einfach. Einfach verführerisch. Einfach leicht.

Fehler sind Lernerfahrungen

> »Auch das größte Problem dieser Welt hätte gelöst werden können, solange es noch klein war.«
> *Laotse*

Jeder Erfolg ist das Ergebnis von guten Entscheidungen. Gute Entscheidungen sind wiederum das Ergebnis von Erfahrungen. Und Erfahrungen sind oft das Ergebnis von Fehlern. Oder sollten wir besser sagen: Problemen, Rückschlägen oder Misserfolgen. Egal, wie Sie es nennen, jeder so genannte Fehler oder Rückschlag ist nur ein weiterer Versuch, eine Lernerfahrung, einen Weg zum Ziel zu finden. Wenn der nicht optimal ist, muss ich eben sofort einen neuen Weg suchen, der mich zum Ziel, zum Erfolg führt.

Thomas A. Edison, einer der bedeutendsten Erfinder, brauchte über 10.000 Versuche, um die elektrische Glühbirne zu erfinden. Als ihn nach fast 10.000 Fehlversuchen ein Freund auf seine Misserfolge ansprach, sagte er: »Ich bin nicht entmutigt, weil jeder als falsch verworfene Versuch ein weiterer Schritt vorwärts ist.« Spüren Sie, aus welchem Holz bedeutende Menschen geschnitzt sind? Fehler, Rückschläge und Probleme, die sich auftun, sind lediglich willkommene Erfahrungen, um daraus zu lernen, um neue Strategien zu entwickeln – hin zum Erfolg.

Ein Sieger findet für jedes Problem eine Lösung. Ein Verlierer findet in jeder Lösung ein Problem.

Warum Probleme positiv sind

Haben wir es schon wieder vergessen, als wir als Kind einen Bauklotz auf den anderen stellten und der Turm dabei zusammenbrach? Was haben wir getan? Haben wir uns entmutigen lassen? Haben wir geweint? Wollten wir Mitleid von unserer Umwelt? Nein. Voller Spaß haben wir uns wieder an die Arbeit gemacht, um wieder einen Klotz auf den anderen zu platzieren. Wir hatten Spaß beim Lernen und probierten ständig voller Freude Neues aus.

Oder die ersten Gehversuche. Haben wir uns damals Gedanken über Rückschläge und Misserfolge gemacht? Bestimmt nicht. Voller Energie haben wir so lange probiert, bis es klappte.

Und heute? Wir beschweren uns über Probleme, sind verzweifelt bei Rückschlägen und kapitulieren angesichts von Misserfolgen. Diese Einstellung ist falsch!

Denken Sie immer wieder daran: Jeder Erfolgsweg ist gepflastert mit Problemen. Und je erfolgreicher Sie werden, desto mehr Probleme werden Sie bekommen. So ist nun mal das Leben. Erfolge ohne Probleme zu erreichen, ist so wenig möglich, wie Schwimmen ohne Wasser zu lernen.

Kein Erfolg ohne Misserfolg

Nicht die Größe unseres Problems spielt eine Rolle, sondern unsere Bewertung der Situation. Oder wie es Brian Tracy ausdrückte: »Nicht wie tief du fällst, sondern wie hoch du zurückfederst, zählt.«

Jeder Rückschlag wird immer seine Wirkung verlieren in dem Moment, in dem wir unseren Blickwinkel positiv verändern. Indem wir uns überlegen, was wir aus der Situation lernen können. Welche Herausforderung und welche Chance sich uns bietet. Doch die Worte selbst weisen uns schon den Weg. Welches Wort steckt denn in »Misserfolg«? Klar, Erfolg. Erinnern Sie sich nochmals an die Spielregel der Polarität. Ohne Misserfolg ist kein Erfolg denkbar.
Oder das Wort Problem. »Pro« bedeutet ja bekanntlich »für«. Das heißt, die Situation arbeitet für und nicht gegen uns. Klingt doch eigentlich ganz logisch, sonst müsste es ja »Kontra«-blem heißen.

»Ich habe aus meinen Rückschlägen oft mehr gelernt als aus meinen Erfolgen.«
Boris Becker

Probleme sofort anpacken

Ohne Probleme und Schwierigkeiten gibt es nun mal keine Erfolgserlebnisse. Probleme geben uns die Möglichkeit, zu zeigen, was wirklich in uns steckt. Sie veranlassen uns, aus der Komfortzone herauszugehen, um mehr zu erreichen, als wir jemals für möglich gehalten haben, Selbstwertgefühl aufzubauen und Glücksgefühle zu erhalten. Doch die meisten Menschen fürchten sich vor Problemen. Anstatt entschlossen zu handeln, reden, reden und reden sie. Und dabei bleibt es dann leider auch.
»Die meisten Menschen verwenden mehr Zeit und Kraft darauf, um die Probleme herumzureden, als sie anzupacken«, kritisierte seinerzeit Henry Ford.

Probleme sind eine prima Chance

Probleme sind tückisch. Sie werden immer größer, wenn wir nichts tun. Gut, anfangs können wir den Problemen noch ausweichen. Doch jedes Problem schlägt immer schneller und größer zurück. Immer und immer wieder. So lange, bis wir es anpacken oder überrollt werden. Was anfangs nur ein kleiner Schneeball war, kann zu einer riesigen Lawine werden.
Gewinner haben erkannt, dass Probleme eine prima Chance sind, um persönlich zu wachsen. Sie übernehmen die Ver-»antwort«-ung für alles, was geschieht. Das Verblüffende: Wenn Sie die Verantwortung an sich reißen, finden Sie auch die »Antwort«, die Lösung.

Jede Krise ist zugleich eine Chance

wei + ji

Gefahr + Chance

Jeder Rückschlag birgt sowohl eine Krise als auch eine Chance in sich. Unser ehemaliger Bundespräsident Richard von Weizsäcker verwies gern auf die Chinesen: »Von ihnen können wir viel lernen. Sie haben ein und dasselbe Wort für Krise und Chance.« Wie Recht er damit hat! Das chinesische Wort WEI-JI setzt sich aus zwei Schriftzeichen zusammen: »WEI« zeigt uns den negativen Aspekt, die Gefahr. »JI« hingegen weist uns auf die Chance hin. So ist jede Krise eine Chance im Leben, die wachrüttelt. Ein Wegweiser zur nächst höheren Stufe unseres Lebens.

Die Konzentration der Kräfte

Je größer die Rückschläge, desto mehr sind Sie gefordert, Ihre Kräfte zu konzentrieren und mit Blick auf Ihr Ziel ins Handeln zu kommen. Rückschlag bedeutet, dass Ihr Wagen auf dem Weg zum Ziel zum Stehen gekommen ist. Sie müssen nun all Ihre Kräfte sammeln, um den Wagen wieder ins Rollen zu bringen.

Rollt er wieder, dann reicht eine vergleichsweise geringe Kraftmenge aus, um die Geschwindigkeit beizubehalten. Was die Konzentration der Kräfte bedeuten kann, wissen wir von den Pfadfindern: Mit einem Brennglas ist es uns möglich, die Sonnenstrahlen zu bündeln und ein Feuer zu entzünden.

> »Probleme sind gute Gelegenheiten zu zeigen, was man kann.«
> *Duke Ellington, Jazzlegende.*

Problemlösungsstrategie

Probleme kommen meistens dann, wenn man sie nicht gebrauchen kann. Wir reagieren emotional, und unsere Gefühle und Reaktionen laufen unkontrolliert ab. Instinkte und unbewusste Gewohnheiten steuern unser Verhalten. Von kraftvollen richtungweisenden Gedanken keine Spur. Deshalb sollten Sie sich beizeiten aus einem guten Zustand heraus mit folgenden Punkten beschäftigen:

Kleiner Krisengipfel: So fühlen Sie sich besser

- **Ziele:** Richten Sie Ihre Gedanken auf Ihr Ziel. Je größer und emotionaler das Ziel ist, desto kleiner und unbedeutender erscheint das Problem.

- **Gespräche mit positiven Menschen:** Umgeben Sie sich mit Menschen, die Ihnen aus der Krise helfen können. Bestimmen Sie schon im Vorfeld, wer Ihnen wieder eine positive Sichtweise vermittelt. Wer Ihnen beim Lösungsbrainstorming hilft.

- **Erfolgstagebuch:** Führen Sie mit absoluter Konsequenz Ihr Erfolgstagebuch. Vermerken Sie darin jeden Tag Ihre fünf bis zehn »Diamanten«. Die Punkte, die Ihnen gut gelungen sind, schaffen Selbstwertgefühl.

- **Bücher:** Lesen, lesen und lesen Sie positive und aufbauende Literatur. Lernen Sie aus den Erfahrungen anderer, und nutzen Sie bewährte Erfolgsstrategien.

- **Seminare:** Sie bieten Ihnen die gute Möglichkeit, aus Ihrem Trott auszubrechen, mit anderen positiven und an Entwicklung interessierten Menschen neue bewährte Erfolgsstrategien kennen zu lernen und ins Handeln zu bringen.

Denken Sie daran: Nichts ändert sich, außer ich ändere mich!

- Probleme werden auf mich zukommen. Je größer mein Ziel ist, desto größer werden die Probleme werden – vielleicht sogar größer, als ich es mir jemals vorstellen kann.
- Ich beschließe, die Verantwortung für die Lösung meines Problems zu übernehmen – egal, was passiert.
- Aus einem guten Zustand heraus werde ich überlegen, welche Probleme auf mich zukommen können.
- Für jedes dieser Probleme werde ich einen oder mehrere Lösungsvorschläge finden.
- Ich werde einen schriftlichen Plan zum Stimmungsumschwung von vornherein festlegen.
- Ich werde nach diesem Plan vorgehen, im Detail aber flexibel für Veränderungen bleiben.

Sieben Tipps, um wieder auf Erfolgskurs zu kommen

Im Folgenden geben wir sieben Tipps, mit denen Sie sich schnell wieder auf Erfolgskurs bringen können, wenn Sie ins Wanken geraten sind:

»Disziplin ist nur eine Frage der Zielbewusstheit. Wer seine inneren Bilder klar vor Augen hat, kann die nächste Handlungsgelegenheit gar nicht abwarten.«
Arnold Schwarzenegger

1. Machen Sie sich Ihr Ziel bewusst.

2. Formulieren Sie Ihr Problem um: Nennen Sie Ihr Problem ab jetzt nur noch Herausforderung, Chance oder Möglichkeit.

3. Beantworten Sie folgende Fragen:
- Was ist positiv an dieser Situation?
- Wie kann ich die Situation verbessern?
- Wie kann ich Spaß bei der Verbesserung empfinden?

Diese positiven Fragen schaffen positive Antworten, die Ihren Zustand verändern und Ihnen damit gute Entscheidungen und Verhaltensweisen ermöglichen.

4. Schaffen Sie Lösungen: Notieren Sie nun alle Lösungen auf ein Blatt Papier, die Ihnen zur Bewältigung der Herausforderung in den Sinn kommen. Bewerten Sie dabei keine, sondern schreiben Sie sie nur auf.

5. Entscheiden Sie: Legen Sie sich nun fest, welche die beste Lösung darstellt.

6. Entwickeln Sie einen Aktionsplan: Entsprechend der Aktionsfrage »wer macht was bis wann?« entwickeln Sie nun einen Plan, mit dem Sie die beste Lösung ins Handeln bringen. Sofort!

7. Beobachten und reagieren Sie flexibel: Nehmen Sie nun zur Kenntnis, ob Ihr Handeln zur Lösung Ihrer Herausforderung führt. Sollte dies nicht der Fall sein, so bleiben Sie flexibel und verändern Sie Ihre Strategie so lange, bis Sie eine geeignete Lösung gefunden haben. Immer und immer wieder.

Glauben Sie an Ihren Erfolg

Gehen Sie den Weg Ihres Erfolgs mit dem Bewusstsein, dass Sie Rückschläge und Widerstände ereilen können. Jetzt kommt es darauf an! Machen Sie sich Folgendes klar: Wenn ein Steinmetz ein Meisterwerk schaffen will, schlägt er zunächst mit großer Kraft auf den Stein. Nichts passiert. Er weiß aber schon, wie sein Ergebnis aussehen wird. Immer und immer wieder haut er mit unverminderter Kraft – und nichts ist zu sehen. Manchmal kommen Menschen vorbei und schütteln verwundert den Kopf. Denn obwohl der Steinmetz sich so abmüht, sehen sie kein Ergebnis, keinen Fortschritt. Nur der Steinmetz weiß, dass er mit gleicher Kraft den Stein bearbeiten muss. Und irgendwann, vielleicht beim 500. oder erst beim 1.000. Schlag, bricht sein Stein gewaltig auseinander. Jetzt kann er mit den Feinarbeiten beginnen. Wenn alles fertig ist, sieht man dieselben Menschen, die vorher noch den Kopf schüttelten, wieder. Nun stehen sie bewundernd vor der Skulptur und tun so, als hätten sie es von Anfang an gewusst. Der Steinmetz lächelt. Er kennt das Geheimnis des Erfolges: Es ist die Fähigkeit, die Zukunft gedanklich in die Gegenwart zu holen und gleich bleibender Einsatz der Kräfte – allen Widerständen zum Trotz.

> **»Wer Ausdauer besitzt, ist fast schon am Ziel.«**
> *Ernst R. Hauschka*

Lassen Sie sich nicht von Rückschlägen und Misserfolgen entmutigen! Die erfolgreiche Ausführung einer Idee besteht aus vielen kleinen Schritten.

WAS BRINGT MIR EIN ERFOLGSSEMINAR?

Mensch, war das ein Wochenende! Nein, wir haben es uns wirklich nicht leicht gemacht. Während andere gerade gemütlich Kaffee tranken, ließen wir uns durchregnen. Wir standen im Wald, starrten zu unserer Aufgabe hoch, die uns in gut zehn Metern Höhe erwartete. Wir schauten uns verdutzt an, wir zweifelten an uns.

Wir fühlten uns klein – und großartig am Ende dieses Wochenendes. Wir entblößten unsere Seelen, ja, wir lieferten uns aus, unseren Gefühlen, den Ängsten, den Wünschen – und den anderen. Einmal ließen wir uns ins Nichts fallen, das war nachts um zwei. Wir kamen kaum zum Schlafen. Dafür kamen wir dem auf die Spur, was wir wirklich wollen, anpacken wollen.

> »Was ich heute bin, ist ein Hinweis auf das, was ich gelernt habe, aber nicht auf das, was mein Potenzial ist.«
> *Virginia Satir*

»Tage der Entscheidung«

Wir waren 60 Teilnehmer an diesem Wochenende. Die meisten kannten keinen auf dem Seminar, das »Tage der Entscheidung« hieß. Erfolgstraining. Jeder hatte über 1.500 Mark Gebühr gezahlt.

Mensch, auch ich kenne mich kaum wieder. War ich das wirklich? Bin ich das? Geradezu perverse Sachen habe ich mitgemacht in unserem Seminarhotel namens »Wutzschleife« in einem Kaff namens Rötz, das im idyllischen Niemandsland der Oberpfalz liegt. Ich habe zum Beispiel getanzt. Ich habe auch gesungen. Und obwohl meine Grundstimmung seit Monaten ins Trostlos-Traurige tendierte, wurde an diesem Wochenende meine Fröhlichkeit neu geweckt.

Ich fasste Wildfremde an. Wir haben uns ein ums andere Mal zu einem Kreis formiert und uns umarmt. Einmal mussten wir uns ganz lange und ganz tief in die Augen schauen. Verrückt. Na gut, mit Frauen geht das vielleicht, aber hier standen meist wildfremde Männer

223

vor mir. Und doch konnte ich eine sonderbare, selbstverständliche Sympathie entwickeln. Ich kam dem ganz nahe, was mich in mir zurückhält. Mensch, das gibt's doch gar nicht! Zum Schluss saßen wir alle im Seminarraum – total aufgekratzt, happy und den anderen zugetan. Torsten, von der Statur her ein Kavenzmann, war ganz sanft. Ursula, die zu Beginn verhärmt wirkte, strahlte. »Huu, ich kann plötzlich wieder aus mir rausgehen und gelöst sein.«

Auch ich fühlte eine angenehme Leichtigkeit in mir, Klarheit, neue Stärke. Aber auch Sentimentalität. Ich dachte: »Warum habe ich diesen Ausflug zu mir selbst bloß noch nicht eher gesucht, warum habe ich es nicht geschafft?«

»Der Mensch hat einen Kopf und einen Bauch – beides hat ein Recht, angesprochen zu werden.« *Prof. Dr. Lutz von Rosenstiel*

Dann floss es aus mir heraus. Zu guter Letzt sollte jeder einen Brief schreiben, einen Brief an sich selbst. So viel ich weiß, habe ich mein Leben neu entworfen, jedenfalls eine schöne Vision davon. Ich bin schon gespannt, was genau in meinem Brief an mich steht.

Vorsicht, Seminarren!

Wir waren bestimmt keine Gruppe leicht Verführbarer oder esoterische Träumer, wir waren eine gut gemischte Gruppe ganz normaler Leute: Angestellte, Manager, Mütter, Gärtner, Pfarrer, Ärzte, Fitnesstrainer, Ingenieure, Kauffrauen, Werbeleute, Verkäufer, Vertreter – und Skeptiker. »Vorsicht, Seminarren!«, dachte ich anfangs. Wie soll das denn gehen, wie kann man denn als graue Maus zum bunten Vogel, wie kann ein eingefleischter Einzelgänger zum Teamplayer, ein Verlierertyp zum strahlenden Sieger werden?

Ist es denn tatsächlich möglich, dass man in wenigen Tagen zum Beispiel langjährige (schlechte) Gewohnheiten ablegen, sich wirkungsvoll verändern kann?

Gerade hatte ich noch diese kritische Abrechnung über gewisse Crashkurse für die Psyche gelesen. »Warum lassen sich intelligente Menschen so schnell beeinflussen«, fragt die Autorin Bärbel Schwertfeger in ihrem aufklärerischen Buch »Der Griff nach der Psyche«. Wie können zweifelhafte Experten und umstrittene Persönlichkeitstrainer mit sonderbaren Spielchen und Übungen Heulorgien auslösen und psychische Zusammenbrüche provozieren? Weshalb verlieren lebenserfahrene Manager mitunter jegliche kritische Distanz und werden zu blinden Anhängern eines Psychogurus?

Mummenschanz oder Wunderwaffe – was sind Persönlichkeitsseminare denn nun wirklich? Weil Persönlichkeitstraining gerade voll im Trend liegt, weil die boomende Branche sicher auch viele schwarze Schafe anlockt, neigen manche dazu, das ganze Seminarbusiness über einen Kamm zu scheren.

»Es gibt ohne Frage wissenschaftlich gut fundierte, in der Methodenzusammenstellung vernünftig konzipierte und der beruflichen Qualifikation dienende Seminare, die darüber hinaus den Teilnehmern helfen, sich über eigene Stärken und Schwächen bewusst zu werden. Diese Seminare können auch dazu verhelfen, dass man außerhalb der beruflichen Welt mit sich selbst und anderen verhaltenssicherer und angemessener umgehen kann, um so zusätzliche Autonomie zu gewinnen.« So lautet dazu die neutrale Einschätzung des Experten Prof. Dr. Lutz von Rosenstiel von der Ludwig-Maximilians-Universität in München.

»Das Leben ist wie ein Zehngangfahrrad. Die meisten Gänge benutzen wir nie.«
Charles Schultz, Peanuts-Schöpfer.

Feuer der Begeisterung – oder nur ein Strohfeuer?

»Holen Sie sich Ihre Motivationsimpulse, die Ihnen zu ungeahnten Höhenflügen verhelfen. Steigern Sie das Potenzial, das in Ihnen steckt«, warb der smarte Erfolgstrainer Jörg Löhr. Und er versprach

Fliegen – warum nicht? Die richtigen Motivationsimpulse verhelfen Ihnen zu ungeahnten Höhenflügen.

uns: »Sie lernen die Strategien des Erfolgs kennen, die Geheimnisse der Kommunikation, wie Sie Ihre Grenzen überwinden und Angst in Kraft verwandeln, wie Sie mehr Lebensenergie und Daseinsfreude erlangen, wie Sie Ihr Feuer der Begeisterung entfachen.«

Das klang fast zu schön, um wahr zu sein. Wird es am Ende doch nur ein Strohfeuer der Begeisterung? Am Anfang Skepsis. »Tage der Entscheidung.« Nach zweieinhalb langen und intensiven Tagen waren wir perplex. Alle schwärmten.

»Das Komische am Leben ist: Wenn man darauf besteht, nur das Beste zu bekommen, dann bekommt man es häufig auch.«
William Somerset Maugham

Neue Klarheit

Bernd hatte neue Klarheit gewonnen, spürte endlich wieder festen Boden unter den Füßen. Inge schilderte ihre Glücksgefühle, weil sie wusste, dass hier etwas Wichtiges für sie in Bewegung gekommen war. Klaus staunte über die Kraft der Gedanken und über seine Erfahrung, dass ein Gedanke das ganze Leben verändern kann. Andere waren baff, wie sehr sie der starke Teamgeist mitgerissen hatte. Diese Gruppendynamik, die Lebensfreude, die sie hier erlebt hatten. Egon war einfach nur sprachlos, dass andere so viel Energie in ihm auslösen können.

Die Zapfstellen des Erfolgstrainers

Der Augsburger Erfolgstrainer Jörg Löhr (38) verkörpert, worüber er spricht. Er steckt voller Power. Auch nach einem 18-Stunden-Tag ist er noch gut drauf. Er war Handballnationalspieler und Europapokalsieger mit der SG Wallau-Massenheim. Nach seiner sportiven Karriere baute er mehrere Fitnessstudios auf, wurde Unternehmensberater und beschäftigte sich mit den Strategien für Erfolg. Als Vorbereitung für seine eigenen Seminare besuchte er rund 200 Seminare. Er ließ sich von den besten Trainern (u. a. Anthony Robbins und Brian Tracy, den Superstars der Branche) inspirieren und ackerte sich durch den Wust der Erfolgs- und Motivationsliteratur.

Musik verstärkt Gefühle

Jörg Löhr hat seinen eigenen Stil. Er scheint immer auf dem Sprung. Er spricht mitreißend. Er bringt Beispiele und Metaphern, die mal witzig sind, mal einfach klingen – und manchmal frappierende Klarheit bringen. Geschickt setzt er in seinen Seminaren Musik ein, denn Musik verstärkt Gefühle.

Die Kraft, die alles verändern kann

Das Wort Emotion signalisiert den Zusammenhang ja schon: Da steckt »motion« drin, und das heißt übersetzt Bewegung. Jörg Löhrs These lautet: »Jeder von uns ist in der Lage, unheimlich viel zu bewegen. Jeder hat die Kraft, alles, ja, fast alles zu verändern. Durch seine Energie, seine Gedanken, seine Körpersprache, seine Einstellung, die seinen Taten vorausgehen.« Weitere Thesen, die darauf aufbauen, lauten:

- »Meine Einstellung, meine Gefühle bestimmen meinen Zustand.«
- »Mein Zustand beeinflusst mein Verhalten.«
- »Mein Verhalten beeinflusst die Resultate.«

Für die Ergebnisse in meinem Leben bin ich – ganz allein ich – verantwortlich und zuständig. Wenn ich etwas ändern will, muss ich mich zuerst selbst verändern.

Gefühle sind die wichtigste Triebfeder hinter all unserem Verhalten und Handeln.

»Handeln kommt von Hand, nicht von Maul«

Wenn mein Zustand schon so entscheidend ist – wie kann ich also meinen Zustand verändern? Das ist sogar auf die Schnelle möglich. Jörg Löhr erklärt, wie. Erstens: Ich verändere den Blickwinkel, also meine Einstellung. Wie wir die Welt sehen, ist entscheidend für unseren Lebenserfolg. Wir können jedes Problem als Problem sehen, das uns den Tag versaut. Oder wir können ein Problem als Herausforderung (»Das ist interessant«) betrachten, die wir lösen wollen. Allerdings: Wer nichts weiter tut, als »positiv zu denken«, zu träumen und zu planen, erreicht noch gar nichts.

Jörg Löhr will vor allem zeigen, wie man ins Handeln kommt. »Handeln kommt von Hand, nicht von Maul.« Seine Lieblingssentenz. Eine andere lautet: »Wenn ich etwas bewegen will, muss ich raus aus der Komfortzone.« Denn unser Wachstum findet nur außerhalb der Komfortzone statt.

Mein Körper, die Wohlfühl-Ladestation

Das erleben wir hier ständig. Von wegen bequeme Pläuschchen. Wir werden ständig gefordert, bis nach Mitternacht. Der zweite, ganz mächtige Hebel, mit dem ich meinen Zustand rasch beeinflussen kann: meine Körperhaltung.

»**Erst wenn du weißt, was du kannst, kannst du anfangen zu tun, was du willst.**«
Jörg Löhr

Jörg Löhrs 15 Grundannahmen des Erfolgs

1. Alles ist in Bewegung.

2. Jeder Mensch hat die meisten Fertigkeiten, die er zum Leben braucht, in sich.

3. Übernimm die Verantwortung, was immer auch geschieht.

4. Das Gehirn lernt schnell.

5. Veränderungen setzen voraus, dass das Ziel klar definiert ist.

6. Alles, was passiert, hat einen bestimmten Sinn und bringt Nutzen.

7. Es gibt keinen Misserfolg, es gibt nur Resultate.

8. Jeder Mensch nimmt seine Umwelt unterschiedlich wahr.

9. Jeder Gedanke hat die Tendenz, sich zu verwirklichen.

10. Deine Umwelt ist ein Spiegel deiner Selbst.

11. Jeder Mensch hat eine bewusste und unbewusste Verhaltensebene.

12. Kein Erfolg ohne Hingabe.

13. Menschen sind deine größte Kraftquelle.

14. Ich muss nicht alles verstehen, um es anwenden zu können.

15. Die Vergangenheit ist nicht die Zukunft.

Wir erleben das vor jeder Pause und nach jeder Pause. Wir werden ein ums andere Mal gebeten, aufzustehen. Da ist auch schon Musik, mitreißende, laute Musik. Wir werden aufgefordert, im Rhythmus mitzuklatschen. Zum Schluss steigert sich unser Tun. Wir klatschen unsere Nachbarn ab, und fünf oder sieben oder neun von ihnen nehmen wir in die Arme. Komisch, es wirkt.

Beim ersten Mal fühle ich mich noch unbehaglich. Aber spätestens nach dem dritten Mal erlebe auch ich diese Lockerungsübung nicht mehr als blödes Muss, sondern als netten Spaß, der seinen Sinn erfüllt. Ich gerate durch diesen kleinen Trick tatsächlich in einen anderen Zustand, fühle mich lockerer, besser.

Das Leben als Spielfeld

Wir Seminarren sind hier, um für das teure Geld etwas zu lernen. Erfolgstrainer Jörg Löhr ist bemüht, unsere Gewohnheiten und die gewohnten Denkmuster zu durchbrechen. Er will uns neuen Zugang anbieten, er macht uns das Seminar als Supermarkt und das Leben als Spiel schmackhaft. Wir können nur erkennen und beeinflussen, was wir wissen. Neues Wissen stärkt das Selbstbewusstsein. Was wissen wir über Erfolg? Jörg Löhr erläutert launig und erhellend seine 15 Grundannahmen des Erfolgs. Und wir?

Wir erfahren in den nächsten Stunden, welche Fesseln uns das Leben unnötig schwer machen.

Jörg Löhr – Unternehmensberater, Inhaber mehrerer Firmen und Top-Erfolgstrainer für Menschen, die mehr in ihrem Leben wollen.

- Wir bemühen uns, das Leben als Spielwiese zu sehen.
- Wir filtern im Seminar unsere wichtigsten Werte heraus.
- Wir gehen auf Ballonreise in die Zukunft.
- Wir entwickeln unsere Vision.
- Wir finden jene Ziele, auf die es uns besonders ankommt.
- Wir lernen zu jonglieren, mehr noch: wir lernen eine Strategie des Lernens.
- Wir lassen uns auf eine große Mutprobe ein.
- Wir erleben, was es heißt, loszulassen.
- Wir springen über unsere Schatten.
- Wir lernen, ins Handeln zu kommen.
- Wir lernen einen großen Teil des Pensums, das Sie im Moment als Buch in der Hand haben.

Emotionen als Starthilfe für die Umsetzung

Manche mögen jetzt einwenden: »Welchen Sinn macht denn dann, bitte schön, ein teures Seminar, wenn es sich inhaltlich kaum von einem (viel preiswerteren) Buch unterscheidet?«

Tatsache ist: Gelesen oder gehört ist nicht gleich erlebt. Es ist ähnlich wie bei einem Livekonzert. Sicher haben Sie selbst schon den Unterschied erlebt. Man kann die drei Tenöre auch als Musikmitschnitt auf CD für rund 30 Mark haben. Der »Act live« auf der Bühne kostet ein Vielfaches. Aber dafür gibt es, wenn alles gut läuft, diese aufgeladene Atmosphäre, dieses außergewöhnliche Feeling, diese Gruppendynamik des Publikums, diese Emotionen, dieses »Dabeisein-und-sich-lebendig-Fühlen«.

»Denke immer daran, dass deine eigene Entschlossenheit, erfolgreich zu sein, wichtiger ist, als alles andere.«
Abraham Lincoln

Die Eigendynamik eines Seminars

Ich selbst habe das auch kaum für möglich gehalten: Diese Intensität, diese Eigendynamik, die entstehen kann, wenn der Trainer es schafft, seine Teilnehmer emotional zu fesseln. Wenn es ihm gelingt, mit starken Metaphern Aha-Erlebnisse zu schaffen, die dann wie ein Auslöser wirken! Plötzlich scheint es ganz leicht, das theoretische Wissen auch in die Praxis umzusetzen. Ich hatte schon einige Bücher über Erfolg gelesen. Ich wusste also teilweise schon, worum es in diesem Seminar gehen wird. Trotzdem keine Enttäuschung – im Gegenteil! Ich fühlte mich bestärkt, ging mit starken Gefühlen, neuen Einsichten und dem Drive, nun endlich auch ins Handeln kommen zu wollen.

> »Plötzlich öffnen sich ganz neue Türen für mich, ich betrete einen neuen Raum meines Lebens. Ich entdecke den Schlüssel zu dem, was ich vor allem suche: Gelassenheit.«
> *Ulrich Pramann*

Einen anderen Raum des Lebens betreten

Komisch, mir scheint, als hätte ich an jenem Wochenende einen anderen Raum meines Lebens betreten. Es öffneten sich neue Türen, ich erkannte sie für mich, diese neue Perspektive: das Leben als Spielwiese. Ich entdeckte, glaube ich, den Schlüssel zu dem, was ich vor allem suche: Gelassenheit. Ich lernte mehr über mich, meine Werte und Hemmungen, die Wichtigkeiten und Nichtigkeiten.

In ein paar Wochen will Jörg Löhr jedem seinen Brief, diese versiegelte Momentaufnahme des inneren Aufbruchs, schicken. Zur Ermutigung und zur Kontrolle, ob man denn inzwischen schon ins Handeln gekommen ist.

Nein, ich will und werde und kann jetzt natürlich nicht alles anders machen. Aber vieles besser.

Wiederholen und vertiefen

Das geht vielen so. Oft sind Teilnehmer nach einem Seminar völlig euphorisch, sie fahren total begeistert nach Hause, sie glauben: Jetzt habe ich meinen Durchbruch geschafft.

Und dann? Dann kommt die große Enttäuschung. Weil nichts passiert. Nein, natürlich reicht es noch nicht, einmal ein Erfolgsseminar zu besuchen, einmal ein Buch über Motivationsstrategien zu lesen oder einmal eine Audiokassette zu hören.

Man muss sich regelmäßig mit dem Thema beschäftigen, man sollte es immer wieder auffrischen, man muss es verinnerlichen, im Unterbewusstsein abspeichern. Erst dann wird das neue Wissen gewissermaßen geistiges Eigentum, ein Teil der eigenen Persönlichkeit. Entscheidend dabei ist, dass wir es schaffen, unsere Lebenseinstellung in fundamentalen Fragen zu ändern. Und selbst dann fällt es immer noch nicht leicht, unser Wissen umzusetzen – und ins Handeln zu kommen.

Einen Brief an sich selbst schreiben

Gestern lag der Brief, den ich am letzten Seminartag an mich selbst geschrieben habe, in meinem Briefkasten:

Lieber Uli,

mir ist gerade sehr heiß, aber vor allem warm – ums Herz. Ich fühle mich unbeschwert, easy. Gerade haben mich sieben Leute, die ich nicht kannte, einen Meter neunzig in den Himmel gehoben. Es war ein neues Gefühl, ich hatte mich ihnen ausgeliefert. Ich hatte keine Angst, keine Scheu, keine Blockaden.
Es war ein neues, leichtes Gefühl. Es war so wichtig und wertvoll, dass ich dieses Gefühl als mein fundamentales Lebensgefühl will. Es ist nicht schwer, glaube ich, dieses Gefühl oft, vielleicht immer in mein Leben zu bringen: Gelassenheit.
Das habe ich ganz oben auf meine Liste gesetzt. Ich will diese Gelassenheit mit meiner Frau leben, mit Jule, meiner Tochter. Mit mir. Mit allen.
Ich will mich leicht fühlen, unbeschwert und werde deswegen regelmäßig und mit Lust laufen und schwere Süße weglassen. Ich weiß, wie wichtig magische Momente sind und gebe sie Menschen, die ich liebe – und ich erwarte nichts dafür.
Ich habe hier viele magische Momente erlebt, Offenheit und Wärme – und will diese Offenheit und Liebe leben. Von sofort an. Ich lasse mich nicht enttäuschen, weil ich Erwartungen nicht erfüllt bekomme. Ich habe keine Erwartungen mehr, weil mit dem Geschenk meines Lebens alle Erwartungen längst übertroffen sind. Jetzt höre ich gerade »The Circle Of Life« von Elton John – und es kitzelt.

Uli

Es reicht nicht, wenn Sie einmal ein Seminar besuchen oder dieses Buch lesen. Sie müssen sich regelmäßig mit dem Thema Erfolg beschäftigen, Ihr Wissen immer wieder auffrischen, es im Unterbewusstsein abspeichern.

231

Was ein seriöses Seminar auszeichnet

»An dem Tag, an dem du die volle Verantwortung für dich selbst übernimmst, an dem du aufhörst, Entschuldigungen zu suchen – an dem Tag beginnt dein Weg zum Ziel.«
Jörg Löhr

Erfolgsseminare liegen momentan im Trend. Umso wichtiger ist es, aus der Fülle an Angeboten das Beste für sich auszuwählen. Um seriöse von unseriösen Seminarangeboten besser unterscheiden zu können, haben wir hier abschließend einige wichtige Kriterien zusammengestellt, die ein seriöses Seminar auszeichnen:

- In den Seminarunterlagen finden sich statt blumiger Versprechungen Details über Ablauf und Ziel des Seminars.
- Die Referenzen des Trainers sind nachvollziehbar.
- Der Trainer erläutert zu Beginn ausführlich das Ziel und Inhalt des Seminars.
- Der Trainer geht auf einzelne Teilnehmer ein, stülpt nicht allen sein Einheitskonzept über.
- Der Trainer erklärt Sinn und Zweck von Übungen.
- Der Trainer behandelt Abweichler in der Seminargruppe mit Respekt.
- Der Trainer fördert Diskussionen.
- Der Trainer setzt sich mit Kritik auseinander, die geübt wird.

Superstimmung beim Erfolgsseminar: Sich vom Teamspirit mitreißen lassen!

Zu guter Letzt

So. Wenn Sie dieses Buch gewissenhaft durchgearbeitet haben, kennen Sie die Spielregeln für Ihren persönlichen Erfolg. Eine der Erfolgsformeln möchten wir hier noch einmal in Erinnerung rufen: Menschen sind Ihre größte Kraftquelle. Niemand ist eine Insel. Sie wissen jetzt, wie Sie andere Menschen für sich und Ihre Ziele gewinnen und warum andere für Ihren Erfolg unverzichtbar sind.

Nichts zurückhalten

Erfolgreiche Menschen halten nichts zurück. Sie geben gern. Geben also auch Sie Erfolgswissen weiter. Verschenken Sie dieses Buch an Freunde, Bekannte und Kollegen. Erzählen Sie Ihrem Partner und Menschen, die Ihnen viel bedeuten, was Sie über die Spielregeln des Erfolgs gelernt haben. Es gibt zwei gute Gründe dafür:

- Erstens stimmt die Managerweisheit »If you wanna reach it, teach it!« Jedes Mal, wenn Sie nämlich über die Gesetze und die Geheimnisse des Erfolgs sprechen, wiederholen, sortieren und trainieren Sie automatisch die für Sie entscheidenden Gedanken.
- Zweitens handeln Sie in Übereinstimmung mit den Spielregeln des Lebens (siehe Seite 91 ff.) – zum Beispiel der Spielregel der Resonanz: Je mehr Sie anderen helfen, erfolgreich zu sein, umso mehr helfen Sie sich, erfolgreich zu werden. Oder der Spielregel des Wachstums: Alles sollte im Fluss sein – auch unser Wissen.

> »Das große Ziel des Lebens ist nicht das Wissen, sondern das Handeln!«
> **Thomas Huxley**

Keine Erfolgsbesessenheit

Jetzt bitte keine Erfolgsbesessenheit! Versuchen Sie, das Leben als Spiel zu betrachten, leben Sie im Hier und Jetzt. Ziele sind wichtig. Jedes Ziel ist Treibstoff für Ihren Motor. Aber versäumen Sie unterwegs nicht, die Fahrt zu genießen. Wir wünschen Ihnen auf Ihrem Erfolgsweg ungewöhnliche Erfahrungen und Spaß. Falls Sie Lust bekommen haben, ein Erfolgsseminar mitzumachen, hier die Adresse: Jörg Löhr Erfolgstraining,
www.joerg-loehr-erfolgstraining.de
Am Schnarrbrunnen 15, 86150 Augsburg,
Tel. 0821/ 3 46 54 6 6 , Fax 0821/ 3 46 54 99

> »Leben ist, was dir passiert, während du andere Pläne hast.«
> *John Lennon*

Register

Literatur

- *Amendt, J. Helmut:* Die universellen Gesetze des Erfolges, dtv, München 1998.
- *Besser-Siegmund, Cora:* Erfolg ist reine Willenssache, Econ Verlag, Düsseldorf 1997.
- *Besser-Siegmund, Cora:* Mentales Training, Das Praxisbuch, Südwest Verlag, München 1998.
- *Birkenbihl, Vera F.:* Erfolgstraining, mvg Verlag, Landsberg 1997.
- *Birkenbihl, Vera F.:* Der persönliche Erfolg, mvg Verlag, Landsberg 1987.
- *Biro, Brian D.:* Beyond Success, Pygmalion Press, Hamilton, MT 1997.
- *De Bo, Edward:* Taktiken und Strategien erfolgreicher Menschen, mvg Verlag, Landsberg 1991.
- *Candield, Jack/Hansen, Mark Victor:* Dare to Win, Berkley Books, New York 1994.
- *Carnegie, Dale:* Der Erfolg ist in dir!, Scherz Verlag, München 1995.
- *Chopra, Deepak:* Die sieben geistigen Gesetze des Erfolgs, Heyne Verlag, München 1996.
- *Cleary, Thomas:* Vier Wege zum Erfolg, Heinrich Hugendubel Verlag, München 1996.
- *Christiani, Alexander:* Weck den Sieger in Dir!, Gabler Verlag, Wiesbaden 1997.
- *Douglas, Merrill:* Success Secrets, Honor Books, Tulsa, OK (ohne Jahr).
- *Egli, René:* Das LOL^2A-Prinzip, Editions d'Olt, Oetweil 1994.
- *Enkelmann, Nikolaus:* Die Formel des Erfolgs, mvg Verlag, Landsberg 1998.
- *Freeman, A./DeWolf, R.:* Die 10 dümmsten Fehler kluger Leute, Piper Verlag, München 1997.

Absolute Grundlagenliteratur sind die Bücher von Dale Carnegie und Napoelon Hill – sie sind zudem gut verständlich und spannend geschrieben.

- *Geist und Gehirn,* Time-Life-Bücher, Amsterdam 1994.
- *Heller, Robert:* Der Schlüssel zum Erfolg,
  Heyne, Campus, München/Frankfurt/M. 1996.
- *Hill, Napoleon:* Erfolg durch positives Denken,
  Ariston Verlag, München, 21. Auflage 1994.
- *Hill, Napoleon:* Denke nach und werde reich,
  Ariston Verlag, München, 27. Auflage 1995.
- *Jones, Charlie:* What makes Winners Win,
  Carol Publishing Group, Secausus, N.J. 1997.
- *Kopmeyer, M. R.:* Lebenserfolg, Knaur-TB, München 1985.
- *Kroschel, Evelyn:* Die Weisheit des Erfolgs, Kösel Verlag,
  München 1996.
- *Lassen, Arthur:* Heute ist mein bester Tag, LET Verlag,
  Bruchköbel 1996.
- *Lasko, Wolf W./Frenzel, Frank:* Die Magie der Erfolgreichen,
  Junfermann Verlag, Paderborn 1996.
- *Lejeune, Erich J.:* Lebe ehrlich, werde reich,
  mvg Verlag, Landsberg 1997.
- *Lejeune, Erich J.:* Du schaffst, was du willst!,
  mvg Verlag, Landsberg 1999.
- *Linneweh, Klaus:* Bevor es mich zerreißt –
  Strategien für erfolgreiches Selbstmanagement,
  Econ Verlag, Düsseldorf 1999.
- *Murphy, Shane:* Die Kunst, erfolgreich zu sein,
  dtv, München 1997.
- *Pramann, Ulrich:* Das Wohlfühlbuch,
  Südwest Verlag, München 1997.
- *Robbins, Anthony:* Erfolgsschritte nach dem Power-Prinzip,
  Heyne-TB München 1996.
- *Robbins, Antony:* Das Prinzip des geistigen Erfolgs,
  Heyne-TB, München 1998.
- *Schäfer, Bodo:* Der Weg zur finanziellen Freiheit,
  Campus Verlag, Frankfurt 1998.
- *Scott, Steven:* Simple Steps to Impossible Dreams,
  Simon und Schuster, New York 1998.
- *Schuller, Robert:* Der Schlüssel zum Erfolg,
  Heyne-TB, München 1996.

Derzeit einer der Bestseller auf dem Buchmarkt: das Buch des Unternehmers Erich J. Lejeune »Lebe ehrlich, werde reich!«

- *Schwertfeger, Bärbel:* Der Griff nach der Psyche, Campus Verlag, Frankfurt 1998.
- *Sheehan, George:* Personal Best, Rodale Press, Emmaus, PA 1989.
- *Sprenger, Reinhard K.:* Die Entscheidung liegt bei dir!, Campus Verlag, Frankfurt 1998.
- *Stanley, Thomas J./ Danko, William D.:* The Millionaire Next Door, Long Street Press, Atlanta, GA 1996.
- *Steffny/Pramann:* Perfektes Lauftraining, Südwest Verlag, München 1998.
- *Sternberg, Robert J.:* Erfolgsintelligenz, Lichtenberg, München 1998.
- *Tepperwein, Kurt:* Die geistigen Gesetze, Goldmann Verlag, München 1992.
- *Theilacker, Jörg B./Sobeck, Barbara:* EQ Training, Ihr Weg zum Erfolg, Südwest Verlag, München 1999.
- *Tracy, Brian:* Thinking Big – von der Vision zum Erfolg, Gabal, Offenbach 1998.
- *Tracy, Brian:* Maximum Achievement, Simon & Schuster, New York 1993.
- *Weiler, Peter:* Endlich mehr Zeit, Südwest Verlag, München 1999.
- *Zerlauth, Thomas:* Sport im State Of Excellence, Junfermann Verlag, Paderborn 1996.

Lesen allein hilft noch nicht – Sie müssen ins Handeln kommen!

Bildnachweis

AKG, Berlin: 27; Bilderdienst Süddeutscher Verlag, München: 18 (Hans-Günther Oed), 178 (imo); Bongarts Sportfotografie, Hamburg: 37 (Frank Peters), 61 (A. Hassenstein), 109, 116 (Marcus Brandt), 130 (Martin Rose), 167 (Tobias Heyer); Interfoto, München: 33 (N.N.), 98 (Ralph Metzger); Löhr Jörg, Augsburg: 10 re., 222, 229, 232; ppw Max Kohr, Berlin: 200 (Max Kohr); Pramann Ulrich, Wörthsee: 10 li; pwe Kinoarchiv, Hamburg: 9, 152; The Image Bank, München: 58 (Dominic Rouse), 62 (Juan Silva), 79 (Froomer Pictures), 102 (Jean Mahaux), 225 (Jerome Lievre); Tony Stone, München: 2 (Dolding/TSI Imaging), 12 (David Madison), 14 (Tim Davis), 46 (Christian Liewig), 48 (Tony May/TSI Imaging), 55 (Tim Flach), 42, 65 (Joe McBride), 66 (David Stewart), 69 (James Balog), 57, 73 (Phil Banko), 90 (James Harrington), 94 (Zane Williams), 97 (Christopher Bissel), 100 (Stephen Studd), 112 (Bruce Ayres), 124 (Paul Kenward), 136 (Mel Lindstrom), 138 (Klaus Lahnstein), 146 (Alan Thornton), 148 (Dennis O'Clair), 159 (Steve Taylor), 162 (Metcalfe/Thatcher), 179 (Brian Bailey), 214 (Gray Mortimore), 221 (John Millar).

Alle Illustrationen stammen von Detlef Seidensticker, München.

Hinweis

Das vorliegende Buch ist sorgfältig erarbeitet worden. Dennoch erfolgen alle Angaben ohne Gewähr. Weder Autor noch Verlag können für eventuelle Nachteile oder Schäden, die aus den im Buch gegebenen praktischen Hinweisen resultieren, eine Haftung übernehmen.

Impressum

© 1999 Südwest Verlag, München, in der Econ Ullstein List Verlag GmbH & Co. KG, München.
Alle Rechte vorbehalten. Nachdruck – auch auszugsweise – nur mit Genehmigung des Verlags.
3. Auflage 2000

»FIT FOR FUN – So haben Sie Erfolg« ergänzt Deutschlands großes Aktivmagazin »FIT FOR FUN«. Die Herausgabe von »FIT FOR FUN – So haben Sie Erfolg« geschieht mit Zustimmung der FIT FOR FUN Verlag GmbH, Milchstraße 1, 20148 Hamburg, einer Unternehmung der Verlagsgruppe Milchstraße.

Redaktion: Dr. Hermann Ehmann
Projektleitung: Antje Eszerski
Redaktionsleitung: Dr. Reinhard Pietsch
Bildredaktion: Sabine Kestler
Herstellung: Manfred Metzger (Leitung), Annette Aatz, Dr. Erika Weigele-Ismael
Umschlag: Dennis Middelmann
DTP-Produktion: Klaus-Manuel Rehfeld

Printed in Italy

Gedruckt auf chlor- und säurearmem Papier

ISBN 3-517-06008-9